KB153542

다산의
마지막
습관

한 그루의 나무가 모여 푸른 숲을 이루듯이
청림의 책들은 삶을 풍요롭게 합니다.

다산의 마지막 습관

기본으로 돌아간다는 것

조윤제 지음

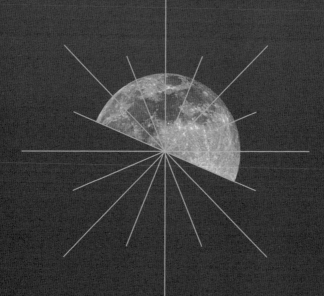

청림출판

매일 마주하는 풍경에 물렸지만
오늘도 새로운 길로 돌아오진 못했다.

내가 겪어온 세월만큼
단단해진 줄 알았다.
하지만 익숙해진 길에
길들여졌을 뿐이었다.

하루하루 내려앉아 나를 가두게 된 껍질,
습관.

"습관이 내일의 운명이 된다면,
나는 매일 새롭게 운명을 시작할 것이다."

정약용은
공부의 정점에서
육십 년간 쌓은 성취를
모두 내려놓았다.

그렇게 나를 모두 비우고
새로운 습관을 채우기 시작했다.

다산이 선택한
생의 마지막 습관,

매일, 기본으로
돌아가는 것이다.

돌아보니
내가 도달한 공부의 끝은
이미 어릴 때 모두
배운 것이었다.

내 나이 예순,

한 갑자를 다시 만난 시간을 견뎠다.

나의 삶은 모두 그르침에 대한

뉘우침으로 지낸 세월이었다.

이제 지난날을 거두어 정리하고,

다시 시작하고자 한다.

이제부터 빈틈없이 나를 닦고 실천하고,

내 본분을 돌아보면서

내게 주어진 삶을 다시 나아가고자 한다.

_정약용, 《자찬묘지명》에서.

다산은《소학》으로 몸가짐을 정돈했다

"점차 하던 일을 거둬들여 마음 다스림(치심治心) 공부에 힘을 쏟고자 합니다. 하물며 풍병은 뿌리가 이미 깊어 입가에 항상 침이 흐르고, 왼쪽 다리는 늘 마비 증세를 느낍니다. 머리에는 잉어 낚시하는 늙은이들이 쓰는 털모자를 쓰고 지냅니다. 근래 들어서는 또 혀마저 굳어 말이 어눌합니다.

스스로 살날이 길지 않음을 알면서도 자꾸 바깥으로 마음을 내달리니, 이것은 주자께서도 만년에 뉘우치신 바입니다. 어찌 염려하지 않겠습니까? 다만 고요히 앉아 마음을 맑게 하려면 세간의 잡념이 천 갈래 만 갈래로 어지러워 갈피를 잡을 수 없습니다. 그래서 도리어 마음을 다스리는 공부가 저술만 못한 것을 깨닫게 됩니다. 이 때문에 문득 그만두지 못하는 것입니다."

다산이 둘째 형 정약전에게 보낸 편지다. 같은 시기 흑산도에 유배되었던 형이 건강을 생각해 저술을 당분간 자제하라고 권하자 다산은 이렇게 답했다. 학문과 수양에 있어서 최고의 경지에 올랐던 다산조차 마음 다스림에는 어려움을 겪었던 것이다. 다산은 스스로 쓴 묘비명에서 "어릴 때는 학문에 뜻을 두었으나, 20년 동안이나 세속의 길에 빠져 다시 선왕의 훌륭한 정치가 있는 줄 알지 못했는데 이제야 여가를 얻게 되었다"라고 고백했다. 그리고 마음공부를 마지막 공부로 삼겠다고 다짐했지만, 역시 쉽지 않다는 것을 느끼며 고뇌했다.

힘난한 귀양 생활에 몸은 점차 쇠약해졌다. 중풍이 심해지고 오한을 견디기도 힘들었다. 마음도 뿔뿔이 흩어져 어디로 갔는지 찾을 길이 없다. 고난의 극한상황, 절망에 처한 상태였다.

다산은 이러한 순간, 집필에서 자신의 길을 찾았다. 복숭아뼈에 세 번이나 구멍이 날 정도로, 몸이 굳어 움직이지 못하는 사람처럼 한자리에 앉아 글을 썼다. 그 어떤 마음공부에서도 찾지 못했던 마음의 안정을 집필에 몰입함으로써 얻을 수 있었다. 마음을 잃었다는 사실을 잊어버림으로써 마음을 다스렸던 것이다.

마음을 다스리는 것이 마음공부라면, 어떤 상황에서도 집필에 집중할 수 있는 것은 수신修身의 힘이다. 마음을 다스리는 공부가 고난에서 자신을 지켜낼 수 있는 힘이라면, 몸을 지키는 공부는 고난 속에서 큰일을 이룰 수 있게 한다. 그 결실이 바로《여유당전서》다.

수신, 잃어버린 나를 찾아
단단히 몸에 새기는 공부

다산은 마흔이 될 때까지 누구나 부러워할 인생을 살았다. 어린 시절부터 탁월한 문재文才로 천재 소리를 들었고, 성균관에 들어가서도 뛰어난 재주로 정조의 눈에 들었으며 이후 과거에 급제하면서 일찌감치 관직의 길로 나섰다. 그리고 정조의 총애를 한몸에 받으며 승승장구했던 그는 마흔이 채 못 된 나이에 형조참의의 자리에 오르며 정점을 찍었다. 심지어 나이든 형조판서의 대행을 명받아서 지금의 장관 직책을 수행하기도 했다. 하지만 다산은 이처럼 화려했던 자신의 과거를 가리켜 '나'를 잃어버린 시간이었다고 했다.

> '나'라는 것은 그 성품이 달아나기를 잘해 드나듦에 일정한 법칙이 없다. 아주 친
> 밀하게 붙어 있어서 배반하지 못할 것 같으나 잠시라도 살피지 않으면 어느 곳
> 이든 가지 않는 곳이 없다. 이익으로 유도하면 떠나가고, 위험과 재화가 겁을 주
> 어도 떠나가며, 새까만 눈썹에 흰 이를 가진 미인의 요염한 모습만 보아도 떠나
> 간다. 그런데 한 번 가면 돌아올 줄 몰라 붙들어 만류할 수 없다. 세상에서 '나'보
> 다 더 잃어버리기 쉬운 것이 없다. 어찌 실과 끈으로 매고 빗장과 자물쇠로 잠가
> 서 지키지 않는가.

큰형인 정약현이 당호를 수오재守吾齋로 짓자 느낀 바를 쓴 〈수오재기守吾齋記〉에 실린 글이다. '수오'는 '나를 지킨다'는 뜻으로, 화를 입었던 다산의

형제 중에서 유일하게 자신을 지켰던 큰형의 신념이라고 할 수 있다. 다산은 그런 형을 부러워하며, 한편으로는 자신을 지키지 못했던 안타까움을 담아 이 글을 지었다. 글은 이렇게 이어진다.

나는 잘못 간직했다가 나(오吾)를 잃은 자다. 어렸을 때 과거가 좋게 보여서 과거 공부에 빠져 지낸 세월이 10년이었다. 마침내 처지가 바뀌어 조정에 나아가 검은 사모에 비단 도포를 입고 미친 듯이 큰길을 뛰어다닌 세월이 12년이었다. 또 처지가 바뀌어 한강을 건너고 조령을 넘어, 친척과 분묘를 버리고 곧바로 아득한 바닷가의 대나무 숲에 달려와서야 멈추게 되었다. 이때는 나도 땀이 흐르고 두려워 숨도 제대로 쉬지 못하면서, 나의 발꿈치를 따라 함께 이곳에 오게 되었다. 나는 나에게 말하기를, '자네는 무엇 때문에 여기에 왔는가? 여우나 도깨비에 끌려서 온 것인가? 아니면 해신이 부른 것인가? 자네의 가정과 고향이 모두 초천笤川에 있는데, 어찌 본고장으로 돌아가지 않는가?' 물었다. 끝끝내 나라는 것은 멍한 채로 움직이지 않으며 돌아갈 줄을 몰랐다. 그 얼굴빛을 보니 얽매인 곳이 있어서 돌아가고자 하나 가지 못하는 듯했다. 마침내 붙잡아서 함께 이곳에 머물렀다.

다산의 고백이 처절하다. 다산은 누명을 쓰고 머나먼 땅으로 귀양을 떠났을 때뿐 아니라 과거를 준비하고 성공을 구가했던 20여 년까지도 '나'를 잃어버린 시간이라고 했다. 하지만 다행히 다산은 '나'를 찾았다. 의외로 머나먼 바닷가 귀양지에서였다. 그의 삶에서 가장 길고 큰 비극의 시간이었지만 다산은 그곳에서 잃어버린 '나'를 찾았다.

최악의 절망에서, 삶을 포기할 수도 있었던 극단적인 고난의 시간에서 다산이 자신을 찾을 수 있었던 힘은 무엇일까? 무엇이 잃어버린 '나'를 찾게 했을까? 그것은 자기 삶의 의미와 가치가 학문에 있고, 오직 집필을 통해서만이 삶의 목적을 달성할 수 있다는 확신이었다. 그동안 잊고 있었던 '학자'라는 정체성에 대한 깨달음이기도 했다. 그리고 그 힘이 된 것은 바로 《소학》에서 얻은 수신이었다.

"나는 《심경》으로 마음을 다스렸고 《소학》을 통해 몸으로 실천했다"

《소학》은 남송 시기 사람인 주자朱子와 그의 제자 유청지劉淸之가 함께 만든 책이다. 주자는 우리가 잘 아는 성리학을 집대성했던 대학자다. 그는 아이들의 교육에도 관심이 많아 《논어훈몽구의》, 《팔조언행명신록》 등의 책을 펴냈는데, 《소학》은 그가 쉰이 넘은 나이에 펴낸 아동교육서의 완결판이라고 할 수 있다.

　주자는 《논어》, 《맹자》, 《예기》 등 백여 권의 고전에서 아이들에게 꼭 필요한 내용을 추려낸 다음 교육(입교立教), 인간의 길(명륜明倫), 수양(경신敬身), 고대의 도(계고稽古), 아름다운 말(가언嘉言), 선행善行의 여섯 편으로 묶었다. 주자는 책의 서문인 〈소학서제〉에서 책의 취지를 이렇게 말했다.

　옛날 아동 교육에서는 물 뿌리고 쓸고, 응대하고 대답하고, 나아가고 물러가는 예절과 어버이를 사랑하고 어른을 공경하고, 스승을 존경하고 벗과 친하게 지내는 도리를 가르쳤다. 이것은 모두 《대학》에서 가르치는 '수신제가치국평천하修身齊家治國平天下'의 근본이 된다. 어릴 적에 배우고 익히도록 한 까닭은 배움이란 지혜와 함께 자라고, 가르침은 마음과 함께 이뤄지게 해서 그 배운 것과 실천이 서로 어그러져 감당하지 못하게 되는 근심을 없게 하고자 함이다.

주자는 어른의 공부인 《대학》을 배우기 전에 반드시 《소학》을 배워야 한다고 했다. 《대학》은 나라와 천하를 평안히 다스리는 큰뜻을 이뤄가는 공부다. 하지만 큰일은 반드시 일상의 도리를 지키는 데서 시작해야 한다. 일상에 충실하지 않으면서 큰 이상을 외치는 것은 허상에 불과하기 때문이다. 그 근본이 바로 《소학》의 가르침, 수신의 공부다. 근본이란 단순한 지식이 아니라 사람의 올바른 도리를 바로 세우는 것이다. 그리고 몸에 익혀 실천할 수 있도록 하는 것이다. 지식을 채우기만 하고 근본이 없다면 사람 구실을 하지 못하는 헛똑똑이가 될 수밖에 없다. 축적한 지식 또한 실천할 수 없는 반쪽짜리 지식이 될 뿐이다.

조선의 대학자들도 이러한 《소학》의 가르침에 공감했다. 율곡 이이는 《소학집주》를 써서 소학 공부의 표준을 제시했다. 퇴계 이황 역시 《성학십도》에서 〈소학도小學圖〉를 그렸고, 조강朝講(임금에게 올리는 아침 강의)에서 "어린 사람들뿐 아니라 장성한 사람도 읽어야 하는 책입니다"라며 《소학》의 필요성을 강조했다.

다산도 아이들의 교육에 많은 힘을 기울였다. 《소학》의 주해서에서 잘못된 것과 부족한 것을 보완해 《소학보전小學補箋》을 썼고, 당시 어린이 교육이 천자문에만 치우친 폐해를 바로 잡고자 《소학주관小學珠串》을 쓰기도 했다.

하지만 다산이 《소학》에 집중한 데는 또 하나 남다른 이유가 있었다. 그는 《소학》을 통해 귀양이라는 최악의 상황에서도 스스로를 바로 세우고, 큰일을 이룰 수 있게 하는 수신을 깨달았다. 다산은 귀양지에서 쓴 《심경밀험》의 머리글에서 이렇게 말했다.

"독실하게 실천할 방법을 찾아보니 오직 《소학》과 《심경》만이 특출하게 빼어났다. 진실로 이 두 책에 침잠해 힘써 행하되 《소학》으로 외면을 다스리고, 《심경》으로 내면을 다스린다면 현인의 길에 이르지 않을까?"

일상에 중독되지 않고, 내가 매일 성장한다는 것

인생을 살다 보면 누구라도 뜻하지 않은 고난을 만날 때가 있다. 스스로 초래한 것도 있지만 다른 사람에 의해, 혹은 환경 때문에 전혀 뜻하지 않게 맞닥뜨릴 때도 없지 않다. 예측할 수도 없고 통제하기도 어려운 재해도 뜻하지 않은 순간에 다가온다. 누구나 이런 힘든 상황이 닥치면 마음의 고통을 겪고 마음이 흔들리게 된다. 이때 마음을 바르게 잡을 수 있으면 고난을 이겨낼 수 있고, 끝내 마음을 잡지 못하면 휩쓸려 무너진다.

다산 또한 귀양지에서 힘든 과정을 겪어야 했다. 하지만 다산은 고난을 맞아 마음을 다스리는 데 그치지 않고 한 단계 더 나아갔다. 바로 고난을 기회로 삼은 것이다. 그 힘이 된 것이 근본을 바로 세우는 수신이었다. 다산은 고난을 통해 마음이 흔들릴 때마다 몸을 바로 세우고 자신이 해야 할 일, 이루고자 하는 일에 집중할 수 있다면 스스로 무너지는 일은 없다는 것을 깨달았다.

수신을 행하는 사람은 고난이 닥쳤을 때 그 의미에 대해 깊게 성찰한다. 맹자는 '하늘이 장차 그에게 큰 사명을 내리려 할 때는 하고자 하는 일을 어긋나게 함으로써 그가 더 큰일을 할 수 있도록 한다'라고 고난의 의미를 설파했다. 다산은 몸소 그것을 증명했다. 전혀 겪어보지 못했던 인생 초유의, 최악의 고난에서 다산은 그 의미를 성찰하며 자신을 바로 세웠다. 끝을 모르는 고통의 시간에서 포기와 절망이 아닌, 희망과 소명을 붙잡은 것이다.

고난을 통해 잃어버렸던 자신의 정체성을 찾는 것도 수신의 힘이다. 사람들은 평온한 일상에 안주하며 자신이 가졌던 꿈과 이상을 잊고 산다. 큰 성공을 구가할 때도 마찬가지다. 성공에 미혹되고 취해서 자신의 본모습을 잃어버린다. 다산은 인생에서 가장 빛났던 순간에 자신을 잃어버렸다고 했다. 다산은 뒤늦게나마 그것을 깨달았지만, 우리 대부분은 평생 자신을 잃어버린 줄도 모르고 지낸다.

어린 시절부터 지녔던 꿈, 하고 싶었던 일, 내가 설정한 삶의 의미와 가치가 나를 이루는 정체성이 된다. 일상은 비범하지 않은 경험들을 반복해서 살아내는 삶의 과정이다. 오늘이 어제 같고 내일이 오늘 같은 날들을 반복하면서 사람들은 욕심과 미혹에 빠지게 되고, 이윽고 나를 잊어버린다. 그때 일상으로부터 본래의 나를 찾아주는 것이 바로 근본으로 돌아가는

《소학》의 가르침이다. 다산은 머나먼 귀양지에서《소학》을 자신의 마지막 공부로 삼았고, 학자로서의 정체성을 깨닫고 진정한 자신을 되찾았다.

마지막으로, 뜻을 이루게 하고 결과를 만들어내는 것도 수신의 힘이다. 다산은 마음이 흔들릴 때마다 집필에 열중했다. 마음을 다스리기 위해 집필에 애를 쓴 것이 아니라 오히려 집필에 마음을 쏟음으로써 마음을 잃어버렸다는 사실을 잊었다.

인간의 마음은 몸과 밀접한 관계가 있다. 마음으로 몸을 다스리지만 반대로 몸을 바로잡음으로써 마음을 잡을 수도 있다. 다산은 이것을 분명히 알았다. 다산은 마음이 흔들릴 때마다 몸을 바로잡았고, 몸이 흐트러질 때마다 마음을 다잡으며 위대한 업적을 이뤘다. 일생의 꿈을 품는 것도 중요하지만 그것을 실천하는 것은 또 다른 일이다. 마음을 다잡고 몸을 바로잡는 수신을 이룰 때 꾸준하게 자신의 일을 할 수 있다. 그리고 포기하지 않고, 지치지도 않고 자신의 자리를 지켜나간다면 이윽고 품었던 꿈도 이룰 수 있다.

《다산의 마지막 공부》에 이어서 쓴 이 책으로 다산이 꿈을 이루기 위해 어떻게《소학》의 가르침을 공부하고 깨닫고 자기 삶에 적용했는지를 알리고자 했다. 다산의 깨달음을 미흡한 내가 제대로 전할 수 있다고 생각하는 것은 교만일 것이다. 다만 그가 자신의 삶으로 보여준 치열한 노력과 실천의 과정을 어떻게 전할까 고민하며, 힘이 닿는 대로 책에 다산의 마음을 담고자 했다.

하지만 스스로 부족하다는 것을 글을 쓰는 순간마다 절실히 깨달을 수밖에 없었다. 그때마다 힘이 된 것은 "마음이 흔들릴 때마다 책상에 앉아 글을 썼다"는 다산의 가르침이다. 비록 부족하지만 다산의 그 절박함을 조금이나마 배워 글을 쓰고자 했다.

《다산의 마지막 습관》이 평온하고 안일한 삶에서 각성을, 고난의 시기에 성찰을, 고난을 뚫고 자기 정체성을 이루어가는 큰 힘을 얻는 데 보탬이 되기를 바란다.

책을 쓰면서 《다산 정약용 시문집》(1~9권, 한국학술정보), 《소학지언》(사암), 《소학집주》(전통문화연구회), 《소학》(홍익출판사)의 많은 도움을 받았다. 감사드린다.

조윤제

독립불개 獨立不改 경신 敬身

: 흔들리지 않는 마음은 단단한 몸가짐에서 나온다

계고 稽古 **이대사소**以大事小
: 강자는 머리를 숙여 자신의 정수리를 보여준다

가언 嘉言 **붕정만리**鵬程萬里
: 감히 짐작할 수 없는 말의 내공을 갖춘다

(선행 善行) 일일청한 一日淸閑
: 하루만이라도 다산처럼 살아본다는 것

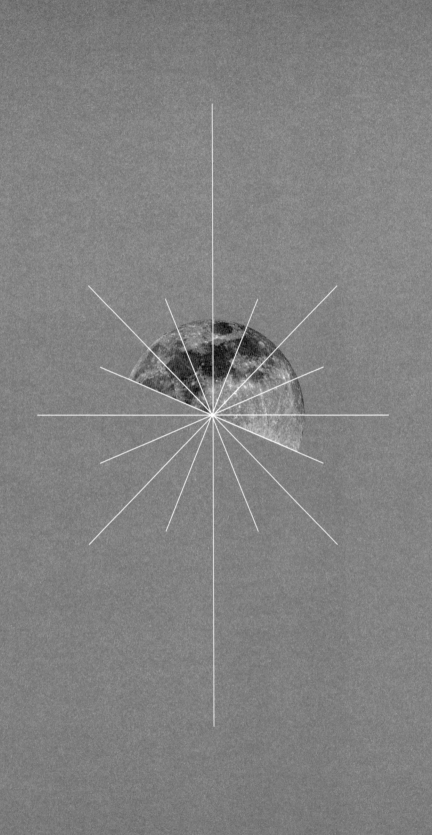

입교

立教

위학일익

爲學日益

· ·

배움이란
매일 채워도 끝이 없다

공부의 마지막은
일상으로 돌아가는 것이다

博學不敎 內而不出
박학불교 내이불출

많은 것들을 폭넓게 배우되 설익은 지식으로 남을 가르치려 하지 말라.
지식과 덕은 마음에 쌓아 갈무리하는 것이지, 밖으로 드러내 보이는 것이 아니다.
《예기禮記》〈내칙內則〉

《논어》에는 '박학독지 절문근사博學篤志 切問近思'라는 말이 나온다. '폭넓게
공부하고 뜻을 충실히 하라, 절실히 묻고 가까운 것에서 미루어 생각하라'
는 뜻으로, 공자의 제자 자하가 진정한 학문의 자세에 대해 한 말이다.《예
기》〈내칙〉에 실린 앞의 예문은 이러한 공부를 어떻게 일상에서 실천해야
하는지에 대한 가르침이다.

스무 살이 되면 성인식인 관례를 치르고 성인의 예를 배운다. 부모에게
효도하는 마음과 어른을 공경하는 마음을 더욱 독실하게 실천하도록 해
야 한다. 또한 본격적으로 어른으로서의 공부를 시작해야 한다. 그 시작이
바로 폭넓게 배우는 것이다.

폭넓게 공부하는 것은 반드시 올바른 뜻을 바탕으로 삼아야 하고 학문

의 깊이를 겸비해야 한다. 학문의 깊이만 추구하고 폭넓은 배움이 뒷받침되지 않으면 식견이 부족한 사람이 된다. 하지만 폭넓게 배우기만 하고 깊이가 없다면 내세울 전문성이 없는 사람이 되고 만다. 또한 학문이 채 무르익기도 전에 함부로 지식을 드러내는 데 급급하다면 경박한 사람이 된다. 이런 사람들의 특징이 자신의 얕은 지식으로 남을 가르치려 드는 것이다. 자신을 드러내고자 하는 교만이 앞서기 때문이다. 당연히 학문 역시 크게 이룰 수 없고, 세상에서 뜻을 펼치고 큰일을 하기에는 그 깊이가 부족하다.

다산은 귀양지에서 두 아들에게 계속 편지를 보내며 가르침을 쉬지 않았다. 그중에서 경전과 역사서를 읽기 권하며 이렇게 말했다.

근본을 두텁게 배양하고 얄팍한 문채文彩는 마음속 깊이 감춰두고 드러내지 말기를 간절히 바란다. 내가 저술에 마음을 두는 것은 당장의 근심을 잊고자 함이 아니다. 한 집안의 부형으로서 귀양하는 처지가 되었으니 저술이라도 남겨 허물을 벗고자 하는데 어찌 그 뜻이 깊지 않다고 하겠느냐?

다산은 앞날을 기약할 수 없는 귀양살이에서 학문과 저술에 매진하는 자신의 뜻을 자식들에게 가르치며 진정한 학문의 의미를 알려준다. 먼저 학문은 남에게 과시하고자 하는 것이 아니라 자기 내면의 깊이를 더하는 것이다. 다산이 자식들에게 권했던 경전과 역사서는 사람됨을 완성해가는 근본에 충실한 공부다. 사람으로서 올바른 삶을 살고 자기 삶의 의미와 가치를 깊이 쌓아가는 공부인 것이다. 그다음 공부를 통해 다른 사람과 세상에 도움이 되어야 한다. 다산이 저술에 매진한 이유는 그동안 쌓아왔던 공부에 대한 결실을 남기고자 함이었다.

또 한 가지 다산의 가르침은 바로 어떤 상황에서도 공부를 쉬어서는 안 된다는 것이다. 역시 두 아들에게 보내는 편지에서 다산은 이렇게 가르쳤다. "이제 너희들은 폐족廢族(무거운 죄를 지어 출셋길이 막힌 집안)이다. 그러므로 더욱 잘 처신해 본래보다 훌륭하게 된다면 이것이야말로 기특하고 좋은 일이 아니겠느냐? 폐족으로서 잘 처신하는 방법은 오직 독서밖에 없다. 독서는 사람에게 가장 깨끗하고 중요한 일일뿐더러, 호사스러운 집안 자제는 그 맛을 알 수 없고, 시골의 자제들은 그 오묘한 이치를 알 수 없다. 반드시 어려서부터 듣고 본 바가 있고, 너희들처럼 중간에 재난을 겪어본 젊은이들이 진정한 독서를 할 수 있다. 그들이 책을 읽을 수 없다는 것이 아니라, 뜻도 모르면서 그냥 글자만 읽어 내려가는 것은 진정한 독서라고 할 수 없기 때문이다."

내공은 드러내는 것이 아니라 드러나는 것이다

공자는 "옛날 학자는 자신을 위해 공부했고, 요즘 학자는 남에게 보이기 위한 공부를 한다(고지학자위기 금지학자위인古之學者爲己 今之學者爲人)"라고 했다. 위기지학은 자신을 충실히 쌓아가는 공부이고 위인지학은 남에게 보이고 과시하기 위한 공부다. 위기지학을 하는 사람은 어제보다 더 나은 오늘,

　　　　　　　　　　　　　　　　　　다산의 마지막 습관

즉 자신의 발전과 성장을 기뻐한다. 당연히 그 한계는 없다.

하지만 위인지학을 하는 사람은 다른 사람과 수시로 비교하며 남보다 앞서기 위한 공부를 한다. 남보다 빠른 출세, 더 높은 자리를 차지하기 위해 공부하는 것이기에 어느 순간이 되면 공부를 멈춘다. 예컨대 성공을 이루면 더 이상 공부할 필요를 느끼지 못하는 것이다. 반대로 출세를 바랄 수 없는 어려운 상황이 되어도 마찬가지로 자포자기하며 공부를 멈춘다. 애초에 공부의 진정한 의미를 모르고 올바른 뜻이 없기 때문이다.

다산이 두 아들에게 가르친 바가 바로 이것이다. 고난 속에서 묵묵히 실력을 쌓아온 사람은 언젠가는 그 진가를 발휘할 기회가 찾아온다. 고난을 통해 얻은 지혜와 통찰을 바탕으로 진정한 공부를 할 수 있기 때문이다. 실제로 다산의 두 아들은 폐족의 한계를 넘어섰다. 큰아들은 고위직은 아니었으나 관직에도 진출할 수 있었고, 두 아들 모두 시인으로 또 문장가로 높은 명성을 누렸다.

실력을 쌓고 자신을 다듬어 가는 데 매진하는 사람은 다른 하찮은 일에 신경 쓸 여유가 없다. 하지만 어느 순간이 되면 그동안 쌓아온 내공과 실력이 자연스럽게 겉으로 배어 나오게 된다. 가득 찬 독이 넘치듯이, 물이 잔뜩 밴 옷감에서 물이 흘러나오듯이, 드러내지 않고 자랑하지 않아도 실력이 드러나고 사람들이 알게 된다.

그러나 얕은 지식과 실력을 함부로 드러내는 사람은 내공이 깊이 쌓일 틈이 없다. 조금만 지식이 모여도 그것을 과시하기 위해 마구 퍼내기에 바빠서 고일 틈도 없다. 이것을 재미있게 표현한 말이 있다. 전국시대의 대학자 순자가 했던 말이다.

군자의 학문은 귀로 들어와 마음에 붙어서 온몸으로 퍼져 행동으로 나타난다. 소인의 학문은 귀로 들어와 입으로 나온다. 입과 귀 사이는 겨우 네 치에 불과하니, 어찌 일곱 자나 되는 몸을 아름답게 할 수 있겠는가?

눈으로 보고 귀로 들은 가르침을 마음속에 깊이 간직하는 것이 진정한 공부다. 그리고 공부의 마지막은 일과 삶에서 실천하는 것이다. 따라서 삶이 계속되는 한 공부는 끝이 없다.

...

인간은 허공에 흩어지는 말이 아니라
땅에 남기는 발자국으로 스스로를 증명한다.

나 또한 누군가의
스승이 된다

幼子 常視無誑 立必正方 不傾聽
유자 상시무광 입필정방 불경청

아이들에게는 항상 속이지 않는 것을 보이며, 바른 방향을 향해 서며,
비스듬한 자세로 듣지 않도록 가르친다.

_《예기》〈곡례曲禮〉

자녀의 성공을 바라지 않는 사람은 없을 것이다. 누구나 아이가 훌륭한 사람으로 성장하기를 바라고, 지금 자신은 부족하더라도 장차 아이들은 이러한 자신을 뛰어넘어주기를 바란다. 그래서 아이들이 좋은 교육을 받기 바라고, 또 좋은 학교에 진학시키기 위해 지원을 아끼지 않는다.

하지만 그 어떤 교육보다 더 중요한 것이 있다. 바로 가정에서의 교육이다. 교육은 학교가 아닌 가정에서 시작되고 또 완성된다. 아이가 올바르게 성장하기를 바란다면 학교에만 맡기지 말고 가정에서부터 상식과 도리를 가르쳐야 한다. 그때 반드시 염두에 두어야 할 것이 있다. 부모가 살아가는 모습이 아이에게 기준이 될 수 있어야 한다. 제아무리 좋은 교육을 제공한다고 해도 부모가 실제 삶에서 가르침과 어긋나게 행동한다면 아이

는 자신이 배워온 모든 것을 의심하게 된다.

공자는 《논어》 〈위정〉에서 "먼저 실천하고 그다음에 말하라(선행기언이 후종지先行其言而後從之)"라고 했다. 제자 자공이 '군자는 어떠해야 합니까'라고 묻자 가르쳤던 말이다. 실천이 따르지 않으면 그 어떤 가르침도 소용이 없으며, 군자의 진정한 자세도 아니라는 것이다.

> 어린 자식들에게는 항상 속이지 않는 것을 보이며, 바른 방향을 향해 서며, 비스듬한 자세로 듣지 않도록 가르친다.

예문은 《예기》 〈곡례〉에 실려 있는 자녀 교육에 대한 구체적인 실례다. 세 가지의 가르침인데, 이 구절에서 특기할 것은 가르침의 방법이다. 바로 보이는 것, 행동하는 것, 듣는 것이다.

먼저 보이는 것이다. 어린 자식들에게 남을 속여서는 안 된다고 가르치지 말고, 속이지 않는 것을 보여주라고 한다. 따라서 원문에서 시眎는 '보이다'라는 뜻의 시示와 같다. 특히 속이지 않는 것을 가르치는 것은 부모가 보여주는 말과 행동의 일관성에서 시작된다. 말과 행동이 다른 것은 남을 속이는 것이다. 심지어 자기 자신마저 속이는 자세다. 자신이 했던 말과 그 후 행동이 다른 것은 지금의 자신이 예전의 자신을 속이는 것과도 같기 때문이다.

특히 아이들에게 하는 부모의 말과 행동이 다른 것은 치명적이다. 했던 말을 지키지 않는 부모의 모습을 보면서 자녀는 자기도 모르게 목적을 이루기 위해 남을 속이는 삶의 방식을 배우게 된다. 이렇게 체득된 삶의 방식은 그 어떤 교육으로도 바로 잡기 힘들다. 그래서 맹자는 "옛날에는 아들을 서로 바꾸어 가르쳤다(고자역자이교지古者易子而教之)"라고 하며, 바르게 가르칠 자신이 없다면 차라리 다른 사람에게 맡기라고 했다.

그다음 '바른 방향을 향해 서다'도 마찬가지로, 항상 바른 길을 걷는 모습을 보여주라는 것이다. 삶에서 바른 방향을 바라본다는 것은 올바른 삶의 가치관을 정립하는 것이다. 그리고 그 길을 향해 뚜벅뚜벅 걸어가는 실천이다. 고전에서 '선다는 것(립立)'은 자기의 주관을 정립한다는 뜻이다. 공자가 '서른이 되어서 뜻을 세웠다(삼십이립三十而立)'고 했던 말도 자신의 주관을 바르게 정립했음을 가리킨다.

바르게 선 사람은 어떤 상황이 오더라도 흔들리지 않는다. 작은 이익과 빠른 결과만을 좇는 얕은 모습을 보이지 않는다. 비록 돌아가더라도 의로운 길을 간다. 부모가 눈앞의 상황에 전전긍긍하지 않고 타협 없이, 바르게 살아갈 때 자녀들은 그것을 따라 하며 자신의 삶 또한 자연스럽게 바로 세운다.

'비스듬한 자세로 듣지 않는다'는 말은 받아들일 때의 태도를 알려준다. 사람들은 책을 통해 다양한 지식을 쌓고, 듣는 것을 통해 견문을 넓혀나간다. 하지만 여기서도 반드시 유념해야 하는 사실이 있다. 많이 듣는 것 못지않게 중요한 것은 바른 자세로 듣는 것이다. 들은 것을 무조건 받아들여서도 안 되고, 왜곡해서 들어도 안 된다. 그래야 올바른 뜻이 바로 설 수 있다. 폭넓게 배워야 하지만 반드시 올바른 뜻에 기반을 두어야 하는 것이다.

사람은 보고 듣는 것으로
이뤄지는 존재다

다산은 18년간의 귀양 생활 동안 끊임없이 두 아들에게 편지를 써서 보냈다. 어려운 상황이었지만 형편이 되는 대로 아들들을 불러 직접 가르침을 주기도 했다. 그들에게 보낸 글을 보면 최악의 상황에서도 자식들의 장래에 대해 다산이 얼마나 절실한 마음이었는지를 잘 알 수 있다.

> 집에 책이 없느냐? 몸에 재주가 없느냐? 눈과 귀가 총명하지 않느냐? 어째서 자포자기하려는 게냐? 폐족이라 생각해서냐? 폐족은 다만 벼슬하는 데 거리낌이 있을 뿐이다. 폐족으로 성인이 되거나 문장가가 되는 데에는 아무런 거리낌이 없다. 식견이 트인 선비가 되는 데에도 아무 문제가 없다. 거리낌이 없을뿐더러 오히려 좋은 점이 있다. 과거시험에 얽매이지 않아도 되는 데다, 가난함과 곤궁함을 통해 오히려 심지를 단련할 수도 있다.

다산이 자식들에게 가르친 것은 고난에 임하는 자세다. 자신 역시 편지에 쓴 글에 부끄럽지 않게 당당하게 고난에 맞섰다. 그리고 끊임없이 학문에 정진했다.

아이가 가장 가깝게 그리고 가장 먼저 배우는 사람은 바로 부모다. 조금 자라게 되면 스승이다. 따라서 예문의 글은 자녀를 가르치는 사람, 즉 부모와 스승에게 주는 가르침이다. 자신의 아이가 능력만 출중하거나 출세를 위해 수단 방법을 가리지 않는 사람이 되기를 바라는 부모는 없을 것이다. 하지만 은연중에는 세속적인 성공이 다른 무엇보다 우선이라는 모습을 바라고 또 보여주고 있는지도 모른다. 부모가 말로는 정의를 외치면서 정작 자신의 삶은 부도덕하다면 자식이 배우는 것은 부도덕이 될 수밖에 없다.

부모라면 누구나 자녀의 성공을 바란다. 아낌없이 자신이 가진 것을 모두 쏟아 붓는다고 해서 비난할 사람 또한 없을 것이다. 하지만 해서는 안될 일은 선을 그어 지켜야 한다. 그 선은 단순히 법의 테두리를 벗어나지 않는 눈치가 아니라, 자기 마음에 귀를 기울여 들을 수 있는 양심의 소리여야 한다.

자식의 앞날을 위한 것이라고 해도 부모의 불의와 부도덕을 보이는 것보다 아이에게 더 큰 불행은 없다. 아이가 남을 속이지 않는 사람, 바른 길로 뚝심 있게 나아가는 어른, 흐트러지지 않고 예의 바른 시민이 되기 원한다면 먼저 아이에게 그런 모습을 보여야 한다. 성공보다 더 소중한 것이바로 진정한 삶의 가치와 의미를 찾는 것임을 말이 아닌 몸으로 보여줘 몸과 마음에 새겨줘야 한다.

사람은 보고 듣는 것으로 이루어지는 존재다.

...

내가 남긴 발자국이 뒷사람의 이정표가 되니
눈길에서는 함부로 걷지 마라.

_이양연

음악은 아이에게
들려주는 미래다

命汝典樂 敎冑子 直而溫 寬而栗 剛而無虐 簡而無午 詩言志 歌永言
聲依永 律和聲 八音克諧 無相奪倫 神人以和
명여전악 교주자 직이온 관이율 강이무학 간이무오 시언지 가영언
성의영 율화성 팔음극해 무상탈륜 신인이화

순임금이 기夔에게 명했다.
"너를 전악으로 임명하니 고관대작의 맏아들을 가르쳐. 그들이 곧으면서도
온화하고, 너그러우면서도 엄정하고, 강하면서도 포학함이 없으며, 대범하면서도
거만함이 없도록 하라. 시는 사람의 뜻을 말로 표현한 것이고, 노래는 가락을 붙여
길게 말하는 것이며, 음률은 길게 읊는 소리를 조화시키는 것이다. 8음이 서로 조화를
이뤄 질서를 잊지 말아야 신과 사람이 화합할 수 있다."

_《서경書經》〈순전舜典〉

《중용》에는 이렇게 실려 있다. "희로애락의 감정이 아직 생겨나지 않은 것
을 '중中'이라고 한다. 그것들이 생겨나 모두 절도에 맞는 것을 '화和'라고
한다. '중'은 천하의 커다란 근본이고, '화'는 천하에 통하는 도다. 중화에
이르면 하늘과 땅이 자리를 잡고, 만물이 자라난다."

'중'은 감정이 겉으로 드러나지 않은 고요하고 평온한 마음을 말한다.
하늘이 준 선한 본성이 그대로 보존되어 있기에 세상의 근본이 되는 것이
다. '화'는 감정이 드러나되 지나치지도, 부족하지도 않도록 조화롭게 드
러난 상태. 따라서 세상이 조화롭게 되고 잘 다스려지려면 화의 도리가

다산의 마지막 습관

지켜져야 한다. 공자는 화를 이루기 위해 조화의 예술인 음악을 항상 접하고 몸에 익혀야 한다고 가르쳤다.

예문에서 순임금이 대신인 기에게 미래의 지도자가 될 고관대작의 맏아들에게 음악을 가르치라고 했던 이유가 바로 여기에 있다. 음악이 일어나지 않으면 교화教化도 일어나지 않고 풍속도 변화시킬 수 없다. 나아가 천지의 조화와 천하의 화평도 일어나지 않는다. 따라서 어느 한 쪽으로 치우치지 않게 스스로를 다스릴 수 있으려면 어릴 적부터 음악을 배우고 몸에 익혀야 하며, 특히 지도자가 될 사람이라면 더욱 그래야 한다.《소학》의 주석서인《집해》에서는 이렇게 해설해주고 있다.

> 곧은 자는 반드시 온화함이 부족하므로 온화하고자 하고, 너그러운 자는 반드시 그 엄숙함이 모자라니 한쪽으로 편벽될까 염려하며 보충하는 것이고, 강한 자는 반드시 오만함에 이르므로 그 오만함을 없애고자 하니, 그 지나침을 막아서 경계하고 금지하는 것이다. 주자胄子(고관대작의 맏아들)를 가르치는 자는 이같이 하되 그 가르치는 바의 도구는 오로지 음악에 있으니, 음악은 사람에게 중화의 덕을 길러서 그 기질의 편벽됨을 구제할 수 있기 때문이다.

곧음에 온화함을, 너그러움에 엄숙함을, 강함에 겸손함을 더하는 것이 바로 중용의 덕이다. 중용은 수양하는 군자들에게 가장 중요한 덕목으로 많은 고전에서 강조하고 있다. 공자의 손자 자사가 쓴《중용》은 이러한 중용의 도리를 상세히 가르치는 책으로《사서》가운데 하나로 꼽힌다. 이외에도 많은 학자들이 저마다 중용에 대한 정의를 내렸는데, 다산은 중용을 이렇게 정의했다.

"'중'은 시간과 사물 간의 차이와 변동에 따라 거기에 알맞은 도리를 말한다. 따라서 평범한 일상에서 변통성 있는 가장 타당한 경지다. '용'은 언제 어디에나 있고 영원불변하다. 따라서 중용의 길은 가장 평범하면서도 수준 높은 덕의 수양이 있어야 올바로 행할 수 있다."

평범하면서도 가장 수준 높은 덕의 경지, 그 중용의 도리를 위해 음악을 반드시 가르쳐야 한다는 것이다.

세상이 사나우니
음악이 필요하다

다산 또한 음악의 중요성에 대해 깊이 공감하고 《악서고존樂書孤存》이라는 책을 남겼다. 육경 가운데 하나인 《악경樂經》이 사라져 존재하지 않음을 안타까워해 기존의 사료에서 악에 관한 모든 것을 집대성해 자신의 독창적인 견해를 밝힌 것이다. 다산은 이렇게 썼다.

성인이 거문고, 비파, 종, 북, 경쇠, 피리 등의 음을 만들어 아침저녁으로 귀와 마음속으로 들여보내 그 혈맥을 움직여 화평하고 즐거운 뜻을 고양한다. 그러므로 순임금의 음악이 이루어지자 여러 관아의 수장들이 서로 화목하고 즐거워지고, 우빈虞賓(순임금의 손님으로, 순임금에게 왕위를 양보한 요임금의 아들 단주를 가리킨다)도 이를 보고 덕으로 왕위를 사양했다. 효과가 이와 같으니, 사람을 가르치면서 반드시 음악으로 하는 것이 마땅치 않겠는가. … 성인의 도道도 음악이 아니면 시행되지 못하고, 제왕의 정치도 음악이 아니면 성공하지 못하고, 천지만물의 정도 음악이 아니면 조화롭게 되지 못한다.

개인의 수양은 물론 세상의 화평을 위해서도 음악이 반드시 필요하다는 것이다. 덧붙여 음악이 왜 필요한지에 대해 다산은 또 이렇게 말했다.

음악이 사라지니 형벌이 가중되고, 전쟁이 자주 일어났으며, 원망이 일어났고, 사기詐欺가 성행하게 되었다. 일곱 가지 감정(희로애락애오욕喜怒哀樂愛惡欲) 가운데 일어나기는 쉬워도 제어하기 어려운 것이 분노다. 답답하고 우울한 사람은 마음이 화평하지 못하고, 분노와 원한이 있는 사람은 마음이 풀리지 않는다. 형벌을 써서 기분을 통쾌하게 하면 일시적으로 풀릴 수 있겠지만, 음악을 듣고 화평해지는 것만 못하다.

음악은 조화로움을 통해 중용의 덕을 취하고, 감정을 잘 다스려 개개인의 삶을 평안하게 한다. 나아가 나라의 통치와 천하의 평안도 음악이 있음으로써 가능하다. 음악 없는 세상은 분노와 원망을 풀지 못해 세상이 혼란스럽게 된다. 따라서 이미 오래전 공자를 비롯해 많은 고전에서는 음악의 중요성을 말했고, 어린 시절부터의 공부를 강조했다.

오늘날 음악을 수양의 도구로 삼아 완성된 경지에 이르자는 조언은 선뜻 와 닿지 않을 것이다. 다만 밥 딜런의 노래에서 위안을 얻으며 마음을 가다듬었다는 스티브 잡스의 회고에서 우리는 음악의 중요성을 짐작할 수는 있을 것이다.

선비처럼 음악을 공부하듯 대할 수는 없겠지만, 음악에서 삶을 보다 풍성하게 가꾸는 즐거움을 얻을 수는 있다. 번거롭고 힘든 일상에서 위로와 함께 새롭게 시작할 수 있는 의욕이 생길 수도 있다. 감정을 잘 다스리고 다른 사람과의 관계를 잘 유지할 수 있는 감성을 키우는 데에도 음악은 큰 역할을 한다.

어린 시절부터 음악에 대한 기본적인 소양을 길러주고, 또 음악을 접하며 살아가는 양식을 가르치는 교육이 당장의 입시 교육에는 보탬이 되지 않을지는 모른다. 하지만 아이가 더 행복한 어른이 되는 데에는 큰 도움이 될 것이다. 꼭 음악이 아니라도 성공이라는 레일에서 벗어나 잠시라도 휴식을 취할 수 있도록 해주는 모든 창작물들에는 사람다운 삶, 풍요롭고 조화로운 삶으로 이끌어주는 힘이 있다.

...

**돌아보면 삶의 각 시기마다 나를 달래준
인생의 주제곡들이 있었다.**

좋은 생각과 좋은 행동
사이만큼 먼 것이 없다

大司徒以鄉三物 教萬民而賓興之 一曰 六德 二曰 六行 三曰 六藝 六德 知仁聖義忠和
대사도이향삼물 교만민이빈흥지 일왈 육덕 이왈 육행 삼왈 육예 육덕 지인성의충화

대사도는 각 지역에서 세 가지 일을 백성에게 가르치고,
그곳의 현명한 사람을 뽑아 천거하는 일을 맡았다. 세 가지 일은 여섯 가지 덕목,
여섯 가지 행실, 여섯 가지 기예다. 그중 여섯 가지 덕목은 지식, 어진 마음,
성스러움, 의로움, 충실함, 조화다.

_《주례周禮》

맹자가 말했던 사람의 착한 본성 네 가지는 불쌍히 여기는 '측은지심惻隱
之心,' 잘못을 미워하고 부끄러움을 아는 '수오지심羞惡之心,' 예의를 지키는
'사양지심辭讓之心', 옳고 그름을 가릴 수 있는 '시비지심是非之心'이다. 맹자는
이 네 가지 선한 마음으로부터 유교의 가장 핵심적인 덕목인 인의예지仁義
禮智가 발현된다고 했다. 측은지심은 인, 수오지심은 의, 사양지심은 예, 시
비지심은 지의 실마리가 된다는 것으로 맹자는 이 마음들을 '네 가지 단
서', 사단四端이라고 불렀다.

맹자에 따르면 인의예지의 단서가 되는 네 가지는 하늘로부터 부여받
은 천성天性으로, 사람이라면 반드시 지니고 있어야 할 마음이다. 맹자는
이 네 가지 가운데 하나만 없어도 사람이라고 할 수 없다고까지 말했다.

그만큼 사람됨의 근본이라고 강조한 것이다.

《주례》에 실려 있는 앞의 예문에서는 각각 여섯 가지의 덕목, 행실, 그리고 기예를 가르쳐야 한다고 했다. 그중에서 여섯 가지 덕목은 맹자가 말한 네 가지 덕목과 크게 다르지 않다. 인의예지에서 예가 빠져 있고 성과 충 그리고 화가 포함되어 있다.《집설》에서는 여섯 가지 덕목에 대해 이렇게 말했다.

> 여섯 가지는 마음에서 나오므로 덕德이라고 했다. 지知는 옳고 그름을 구별함이요, 인仁은 사욕이 없음이요, 성聖은 통하지 않음이 없음이요, 의義는 결단과 제재함이 있음이다. 자기 마음을 다함을 충忠이라고 하고, 어긋나는 바가 없음을 화和라 한다.

이 해석에서 '지'는 맹자의 견해와 같다. 지식이 있어야 옳고 그름을 판단할 수 있는 능력이 생기고, 그것을 실천할 수 있어야 삶의 방향을 바르게 정할 수 있다. 인에 대해서 맹자는 불쌍히 여기는 마음이라고 했지만, 여기서는 사욕이 없다고 해석했다. 사욕이 없다는 것은 자기 욕심을 채우지 않는 것이다.《집설》에 따르면 자기 이익을 따지지 않고 사랑하고 배려하며 사는 것이 바로 인을 실천하는 삶이다.

그다음 성에 대해서는 일반적으로 알고 있는 '성스러움'이나 '탁월함'이 아니라 '통하지 않음이 없다'라고 해석했다. 통하지 않음이 없다는 것은 누구에게나, 어떤 상황에도 보편타당하다는 뜻이다. 즉 공정성과 보편성을 함께 갖추고 있는 것으로 언제나 지켜야 할 도리다. 일상에 적용하자면 사람에 따라 차별하거나 자기 선호도에 따라 일을 판단하지 않는 것을 말한다.

의는 악을 미워하고 부끄러움을 아는 마음이라고 맹자는 말했지만, 여기서는 '결단과 제재함이 있다'라고 했다. 의로움을 행하기 위해서는 불의에 대해 단호하고 타협하지 않는 마음이 있어야 한다. 정의 앞에서 머뭇거려서도 안 되고, 상황과 사람에 따라 마음이 바뀌지 않도록 자신을 굳게 세워야 한다.

충은 자기 마음을 중심에 바로 세우는 것이다. 충실해야 하고, 진실해야 한다. 충이 정립되어 있으면 다른 덕목을 바르게 행할 수 있는 근본이 바로 서지만 만약 스스로 충실하지 않으면 그 어떤 덕목도 온전하게 행할 수 없다.

마지막으로 화는 주변과 어우러져 조화를 이루는 것이다. 삶은 혼자 사는 것이 아니다. 가까이 있는 사람들, 함께 생활하고 일하는 사람과 서로 조화를 이루어 살아갈 때 좋은 세상이 만들어진다.

《주례》에서 말하는 여섯 가지 덕목은 오히려 맹자의 네 가지 덕목보다 더 구체적이고 실천적이다. 삶과 공부의 표준과 지침이 되는 덕목이라고 할 수 있다. 따라서 학문을 시작하거나 바른 도리를 배우는 사람이라면 가장 먼저 명심해야 하는 것들이다. 《집해》에서 이를 잘 말해준다.

비록 초학자에게 갑자기 말해줄 수 없으나 먼저 이것으로 가르쳐서 그 표준을 알게 하지 않으면 장차 무엇으로 뜻을 세우겠는가?

먼저 뜻을 세우고
반드시 실천으로 나아가라

육덕 다음으로 사람을 가르치는 것은 육행이다. 육행은 육덕을 삶에서 실제로 행할 때 드러나는 모습이라고 할 수 있다. 바로 '효우목인임휼孝友睦婣任恤'인데, 그 뜻은 이러하다. "부모에게 효도하고, 형제간에 우애가 있고, 친족과 사이좋게 지내고, 사람들과 화목하게 지내고, 친구 간에 신의를 갖고, 어려운 사람을 도와야 한다."

그다음 육예는 '예악사어서수禮樂射御書數'로 "예절, 음악, 활쏘기, 말타기, 글쓰기, 셈하기"와 같은 실용적인 공부다. 단지 좋은 덕목만 있어서도 안 되며 그것을 바탕으로 삼아 삶을 바르게 살아가는 데 필요한 기본적인 지식을 갖춰야 한다는 것이다. 이로써 보면 《주례》에서 가르치는 바는 '바르고 정의롭게 살아가되, 일상의 삶을 위한 실용적인 지식도 필요하다'라고 정리할 수 있다. 다산이 가르쳤던 '선경후사실용先經後史實用'의 공부법도 이와 같다.

먼저 경학으로 그 기초를 세운 뒤에 앞 시대의 역사를 섭렵해서 그 득실得失과 치란治亂의 근원을 알아야 한다. 또 모름지기 실용의 학문에 힘을 쏟아 옛사람이 경제에 대해 쓴 글을 즐겨 읽어야 한다. 언제나 만백성을 이롭게 하고 만물을 길러내겠다는 마음을 지닌 후에야 바야흐로 군자가 될 수 있는 법이다.

경전으로 사람됨의 기초를 세우는 것은 육덕의 공부다. 역사의 득실과 치란을 아는 것은 육행에 도움이 된다. 경제 공부는 실용의 학문으로 육예의 공부라고 할 수 있다. 근본을 세우는 공부도 중요하지만, 반드시 실용적인 학문도 함께해야 사람과 세상을 이롭게 할 수 있다는 것이다.

오직 성공과 치부에만 열을 올리는 삶은 한계가 분명하다. 동시에 일상에서 실천하지 못하고 이상에만 치우친 삶 또한 곤란하기는 마찬가지다. 이론과 실제, 도덕성과 능력이 어우러져서 조화롭게 발현되는 사람이 진정한 실력자다. 그 바탕은 바로 육덕과 육행, 그리고 육예가 어우러진 균형 잡힌 공부에 있다.

...

공부는 이상에서 실천까지,
그 멀고 먼 간격을 좁히는 과정이다.

계산에 은둔하니 몸밖엔 서적들만 평상에 가득하다.
기력이 다해도 마음은 평안하니 몸도 마르지 않네.
모든 끝은 허무인데 인생 백 년을 무엇에 써야 할까.
이름 하나 남긴다고 낚시는 팽개치고 글이나 읊조리네.

_신작(申綽), 다산과 주고받은 서한 〈화정영공(和丁令公)〉 가운데 일부.

악마가 물들이기 전에
서둘러 나아가라

先生施教 弟子是則 溫恭自虛 所受是極 見善從之 聞義則腹
溫柔孝弟 毋驕持力 志毋虛邪 行必正直 遊居有常 必就有德
선생시교 제자시칙 온공자허 소수시극 견선종지 문의즉복
온유효제 무교지력 지무허사 행필정직 유거유상 필취유덕

스승의 가르침에 제자는 공손한 태도와 겸허한 마음으로 배운 바를 극진히 해야 한다.
선한 것을 보면 따르고 의로운 일을 들으면 실행해야 한다.
항상 온유하고 공경하는 마음을 가져야 하고, 힘만 믿고 교만해서는 안 된다.
뜻을 허망하거나 사악한 데 두어서는 안 되며, 행실은 곧아야 한다.
노니는 곳이나 거처하는 곳은 일정해야 하며 덕이 있는 사람과 사귀어야 한다.

_《관자管子》〈제자직弟子職〉

관자管子는 춘추시대 제나라의 명재상이다. 제나라를 잘 다스림으로써 제
나라 환공을 춘추오패의 하나로 만들었다. 《관자》는 부국강병을 위한 관
자 즉 관중의 정책과 지혜를 담아 쓴 책이다(훗날 관자의 이름을 빌려 쓴 책이
라는 설이 더 가깝다). 제나라를 초강대국으로 만들었던 정치가의 이름을 제
목으로 삼은 책이니만큼 경제, 군사, 사회, 교육 등 전 분야에 걸쳐 폭넓은
분야를 다루고 있다.

특히 《관자》는 나라를 운영하는 데 있어서 인재의 중요성을 깊이 자각
하고, 교육에 관한 실질적인 내용도 많이 다뤘다. 잘 알려진 "1년의 계획

은 곡식을 심는 것만 한 것이 없고, 10년의 계획은 나무를 심는 것만 한 것이 없으며, 일생의 계획은 사람을 심는 것보다 더한 것이 없다(일년지계막여수곡 십년지계막여수목 종신지계막여수인一年之計莫如樹穀 十年之計莫如樹木 終身之計莫如樹人)"도 《관자》에 실린 글이다. 관중 스스로가 뛰어난 인재로 제나라의 부흥을 이끌 수 있었기에 인재의 중요성과 올바른 교육에 대해 당당히 말할 수 있었을 것이다.

하지만 제나라는 관중이 죽은 후 쇠락의 길을 걷는다. 인재의 중요성을 사람들에게 깨우쳤지만 정작 자신의 뒤를 이을 후계자는 키우지 못했던 탓이다. 앞의 예문도 《관자》에 실린 글로 스승의 가르침을 받는 제자의 바람직한 태도를 말하고 있다. 교육에 관심이 많았던 만큼 그 가르침도 상세하고 구체적이다. 만약 이러한 가르침을 잘 순종했던 인재가 있었다면 관중의 뒤를 이을 후계자가 될 수도 있었을 것이다.

먼저 스승의 가르침을 받는 제자에게는 그에 걸맞은 태도가 필요하다. 교육의 효과는 무엇보다 그 교육을 받아들이는 사람의 마음에 달려 있다. 가르침을 주는 사람에게 온화하고 겸손한 자세를 가진 사람은 가르침을 소중히 여기고 함부로 하지 않는다. 그리고 이런 태도로 임해야 배운 바를 극진히 할 수 있다(소수시극所受是極).

극진히 한다는 것은 단순히 지식을 얻는 데 그치지 않고 스스로 도리를 깊이 연구해 지극한 경지에 이름을 이르는 말이다. 주자는 '소수시극' 하는 자세를 《논어》〈술이〉에 실려 있는 '거일반삼擧一反三', '하나를 일러주면 나머지 셋을 안다'의 고사에서 찾았다. 하나를 배워 셋을 알기 위해서는 먼저 배움에 대한 열망이 있어야 한다. 그리고 배운 것과 연관되는 것을 미루어 알 수 있는 지혜, 통찰력이 있어야 한다. 배움에 관한 진취적이고 열정적인 자세가 있어야 배운 것 하나에 머무르지 않고 학문의 완성에 이를 수 있다는 것이다.

그다음 배움은 도덕성의 근본인 효도와 공경(효제孝弟)에 기반을 두고 있어야 한다. 진정한 배움이란 근본을 지키고 익혀 나가는 것이다. 옳고 그름을 알기 위해 지식을 쌓아나가는 것도 중요하고 반드시 필요하다. 하지만 도덕성의 근본이 없는 지식은 해악을 끼칠 수도 있다. 오직 효율과 합리만을 가장 가치 있는 덕목으로 여겨 모든 일을 숫자로 재단하려 하거나, 뜻을 허망하고 사악한 데 두어서 주위에 해악을 끼치는 사람이 될 수도 있다.

삼밭에서는
쑥도 곧게 자란다

다산은 '뜻을 허망하거나 사악한 데 두지 말라'(지무허사志毋虛邪)에서, 사邪를 느릴 서舒와 통한다고 보았다. 뜻을 바르게 세워야 하고, 뜻을 세웠다면 머뭇거리지 말고 용감하게 나아가야 한다는 의미다. 사람들은 누구나 올바른 뜻에 따라 행하고 싶어 한다. 그럼에도 막상 선뜻 나서지 못하는 까닭은 그 일의 이해타산을 따지기 때문이다. 하고자 하는 일이 옳음을 알지만 닥칠지도 모를 불이익을 생각하거나, 잠깐 뜻을 굽혔을 때 주어지는 이익에 눈을 빼앗기면 망설일 수밖에 없다.

그때 필요한 것이 바로 단호한 결단이다. 바른 일이라는 확신과 불의에 굽힐 수 없다는 결단이 있으면 흔들리지 않고 단호하게 나아갈 수 있다. '느리게 하지 말라'는 조언에는 바로 이러한 사람의 심리를 꿰뚫은 다산의 통찰이 담겨 있다.

'밖에서 노니는 곳이나 거처하는 곳은 일정해야 하며 반드시 덕이 있는 사람과 사귀도록 해야 한다'는 환경에 영향을 받는 사람의 한계를 지적한 말이다. 바로 '근묵자흑 근주자적近墨者黑 近珠者赤'의 성어가 말하는 바와 같다. 검은 물감을 만지는 사람은 검은 물이 들기 마련이고, 빨간 물감을 가까이해도 마찬가지다. 아무리 피하려고 해도 그 자리를 물러서지 않는 이상 물감이 튀는 것을 막을 수 없다.

고전에서는 이렇게 물들기 쉬운 인간에게 지혜의 말을 일러준다. 사람인 이상 주위로부터 영향을 받을 수밖에 없다면, 좋은 곳을 찾아가면 되는 것이다. 바로 마중지봉麻中之蓬의 지혜다. 곧게 자라는 삼밭에서 자라면 구불구불 자라는 쑥도 곧고 바르게 자란다는 뜻인데, 사람도 마찬가지다. 바른 사람, 올바른 인재 곁에 함께 있으면 나 자신도 바르게 될 수 있다. 다산은 맏아들 학연에게 이렇게 경계했다.

수신修身은 효도와 우애로써 근본을 삼아야 하니, 여기에 본분을 다하지 않은 것이 있으면 아무리 학식이 높고 글재주가 좋더라도 흙담에다 색칠하는 것일 뿐이다. 내 몸을 이미 엄정하게 닦았다면 그 벗도 자연히 단정한 사람일 것이다. 동류는 함께 모이므로 특별한 힘을 기울이지 않아도 된다. 천륜에 야박한 사람은 가까이해서도 안 되고, 믿어서도 안 되며, 정성을 다해 나를 섬기더라도 절대 가까이하지 마라. 끝내 은혜를 배반하고 의리를 망각하니 아침에는 따뜻하게 대하다가도 저녁에는 냉정해지기 때문이다.

다산이 자신의 삶을 돌아보며 얻었던 깨우침이다. 억울한 누명을 쓰고, 믿었던 사람에게 배신을 당했기에 더욱 절실했을 것이다. 친구를 사귀는 기준은 능력도, 학식도 아닌 인간의 도리에 본분을 다하느냐에 있다. 따라서 인륜에 어긋나는 사람은 설사 나에게 아무리 잘해도 피해야 한다.

하지만 이때 가장 먼저 해야 할 일이 있다. 유유상종이라는 말이 있듯이 굳이 힘쓰지 않아도 비슷한 사람끼리 자연히 모인다. 먼저 나 자신을 근본 위에 바르게 세워야 한다. 내가 바른 뜻 위에 굳게 서면, 바른 뜻을 가진 사람이 함께한다.

...

공부란 모자람에 물들지 않는
분별을 익히는 것이 아니다.
물들고 싶은 사람이 되도록
스스로를 닦는 노력이다.

일상의 사소한 것들이
모두 나의 스승이다

顏色整齊 中心必式 夙興夜寐 衣帶必飭 朝益暮習 小心翼翼 一此不懈 是謂學則
안색정제 중심필식 숙흥야매 의대필칙 조익모습 소심익익 일차불해 시위학칙

얼굴빛이 안정돼 있으면 마음도 경건해지므로
아침에 일어나서 저녁에 잠들 때까지 옷매무새를 항상 단정히 하라.
아침저녁으로 배우고 익혀야 하며 마음을 작게 하고 공경하는 태도를 지녀야 한다.
이러한 마음가짐을 한결같이 유지하면서
조금도 나태해지지 않는 것을 '배움의 방법'이라고 한다.

_《관자》〈제자직〉

바로 앞 장의 '뜻을 허망하게 두어서는 안 된다'에 이어지는 글이다. 앞의 내용이 올바른 뜻을 가지고 배움에 임해야 한다는 뜻이라면, 이 장은 배움을 위해 취해야 하는 겉모습을 이야기하고 있다.

《대학》〈전7장〉에는 "마음이 없으면 보아도 보이지 않고, 들어도 들리지 않고, 먹어도 그 맛을 알지 못한다. 이를 일러 수신이라고 하니 그 마음을 바르게 함에 있다(심부재언 시이불견 청이불문 식이부지기미 차위수신 재정기심心不在焉 視而不見 聽而不聞 食而不知其味 此謂修身 在正其心)"라고 실려 있다.

마음과 몸의 연관성을 말해주는 구절로, 여기서 수신의 바로 전 단계는 정심正心이다. 몸을 바르게(수신修身) 하기 위해서는 마음이 바르게(정심正心) 되어야 한다는 것이다. 이는 반대로 마음이 바르게 되려면 몸을 바르게 해

야 한다는 이치와도 통한다. 즉 마음과 몸은 서로 영향을 주는 것으로 어느 한 쪽이 무너지면 자연히 다른 것도 제대로 될 수 없다. 예문의 첫문장 '얼굴빛이 안정되어 있으면 마음도 반드시 경건해진다'가 그것을 말해준다. 마음이 경건해지기를 원한다면 먼저 얼굴빛부터 안정되어야 한다.

다음에 실려 있는 문장은 하루를 시작해서 저녁에 잠자리에 들 때까지 취해야 하는 바른 자세를 말한다. 복장을 바르게 해야 하며, 배움의 자세를 잃어서는 안 된다. 또한 마음을 작게 해서 공경하는 태도를 지녀야 한다. '마음을 작게 하다'의 원문인 '소심익익小心翼翼'은《시경》〈대아大雅〉의 '승민烝民'에 나오는 구절이다. 주나라 선왕을 보좌한 중산보仲山甫의 인격과 덕을 찬양한 글로 소심익익은 소심한 성격에 대한 비난이 아니라 매사에 신중하고 공경하는 자세에 대한 칭찬이다. 이런 마음가짐을 흔들림 없이 지키고 한순간도 나태함이 없이 열심히 한다면 올바른 배움의 자세를 갖췄다고 할 수 있다.

올바른 배움의 자세는 바른 마음과 함께 겉모습의 경건함을 함께 지녀야 하는 것이다. 마음이 바로 서야 뜻이 허망한 곳으로 흐르지 않고, 겉모습이 빈틈이 없어야 올바른 배움을 얻을 수 있다.

《논어》〈안연〉에는 이에 대해 재미있는 대화가 실려 있다. 위나라 대부 극자성이 공자의 제자 자공에게 "군자는 본디 바탕만 갖추고 있으면 되는 것이지, 겉모습이나 형식을 꾸며서 무슨 소용이겠습니까?"라고 묻자, 자공은 이렇게 대답했다. "무늬도 바탕만큼 중요하고 바탕도 무늬만큼 중요합니다. 호랑이와 표범의 가죽에 털이 없다면, 개와 양의 가죽과 다를 바 없습니다."

다산의 마지막 습관

학문과 수양을 통해 내면을 잘 갖췄다면 겉으로도 잘 표현할 수 있어야한다는 가르침이다. 학문과 수양은 깊은데 잘 표현하지 못하는 사람은 거칠고 야만적으로 보일 수 있다. 하지만 내면은 잘 갖춰져 있지 않은데 겉만 번드르르한 사람은 속 빈 강정이다. 겉과 속의 괴리가 심해지면 가식적이게 된다. 겉과 속이 잘 어우러져야 어른다운 어른이라 할 수 있다.

오늘 내가 당당한 까닭은
어제 충실했기 때문이다

다산도 바탕과 겉모습이 어우러지는 올바른 배움의 자세에 대해 두 아들과 제자들에게 항상 강조했다. 먼저 제자 반산 정수칠에게 준 가르침은 몸가짐과 마음의 관계를 말해준다.

> 활달해 자유스러움을 좋아하고 구속을 싫어하는 자는 '하필 꿇어앉아야만 학문을 할 수 있는 것인가'라고 하지만, 이는 그릇된 말이다. 사람은 경건한 태도를 지을 때 그 무릎이 저절로 꿇어지며, 꿇어앉은 자세를 풀면 마음의 경건함도 역시 해이해지기 마련이다. 안색을 바르게 하고 말씨를 공손히 하는 것은 꿇어앉지 않고는 이루어지지 않는다. 이 한 가지 일에 따라 자기의 의지와 기개(지기志氣)가 드러나니, 꿇어앉지 않으면 안 된다.

배움에 대한 열망과 경건한 마음이 있다면 자연스럽게 무릎을 꿇는 자세가 나온다. '무릎을 꿇어야 바른 자세다'라고 강요하는 것이 아니라 마음이 올바르다면 자연히 무릎을 꿇게 되니 그것은 강요에 의한 것도, 노력에서 나오는 것도 아니다. 만약 겉모습이 해이해지면 마음의 경건함도, 배움에 대한 열망도 사라지게 된다. 다음은 두 아들에게 주는 훈계다.

> 군자는 의관을 바르게 하고, 시선을 높이 두며, 묵묵히 바로 앉아 공손하기가 마치 흙으로 빚은 사람 같고, 말은 도탑고도 엄정해야 한다. 이와 같은 뒤에야 능히 뭇사람을 위엄으로 복종시킬 수 있고, 명성이 퍼져 마침내 오래도록, 멀리까지 이르게 된다.

다산의 이 말도 역시 겉모습의 엄정함을 말하고 있다. 군자의 모습이 꾸며서 된 것이 아닌 것처럼 다산이 두 아들에게 가르친 것도 역시 모습을 꾸미라는 말이 아니다. 스스로의 삶이 곧 배움이며, 일상이 곧 배움의 장소라는 것을 아는 사람이 자연스럽게 행하는 모습이다. 평상시 이렇게 행할 때 그 위엄이 드러나고 사람들로 하여금 믿고 따르게 만들 수 있다. 당연히 그 명성이 자연스럽게 퍼져 나간다.

다산이 제자와 아들에게 이와 같이 가르침을 내릴 수 있었던 까닭은 자신의 삶이 가르침과 한 치의 어긋남이 없었기 때문이다. 복숭아뼈에 세 번 구멍이 났다는 '과골삼천踝骨三穿'의 고사가 바로 그가 가진 당당함의 근본을 말해준다. 흙으로 빚은 것처럼 미동도 하지 않은 채 글을 썼던 엄격함이 있었기에, 누구도 다산이 가진 진정성을 부인할 수 없었던 것이다.

내면의 충실함은 엄정한 겉모습이 뒷받침되어야 하듯이, 이루고 싶은 큰 꿈이 있다면 하루하루의 충실함이 바탕이 되어야 한다. 일상은 단지 하루만의 모습이 아니다. 하루하루를 충실히 쌓아가는 것이다. 이런 모습이 누적되고 쌓이면 감히 상상하기 어려운 결과를 만들 수 있다.

...

평범한 일상들이 쌓이고 쌓여 비범해졌을 때,
우리는 '위대하다'고 한다.

사람이 되고자 공부하지 말고
먼저 사람이 되어라

行有餘力 則以學文
행유여력 즉이학문

행하고도 남은 힘이 있으면 그때 학문을 닦아라.

《논어論語》〈학이學而〉

학문은 지식을 더하는 것이다. 그러나 지식을 쌓는 것이 학문의 전부는 아니다. 유교의 핵심 덕목인 인의예지仁義禮智는 그 핵심이 인仁으로 귀결된다. '사랑'이 모든 덕목을 아우르는 것이다. 그래서 인, 의, 예, 지의 순서로 공부하는 것이다. 맨 마지막은 '지'로, 먼저 인의예를 근본으로 한 이후에 배움을 더해야 진정한 학문이 된다. 이 글은 원래 《논어》〈학이〉에서 유래되었는데, 그 전문은 이렇다.

"공부하는 사람은 집에 들어와서는 어버이를 섬기고, 집밖으로 나가서는 어른을 공경하며, 말과 행동을 삼가고 신의를 지키며, 널리 사람을 사랑하고 인한 사람과 친하게 지내되, 이런 몸가짐을 행하고도 남은 힘이 있으면 그때 학문을 닦아라(제자입즉효 출즉제 근이신 범애중이친인 행유여력 즉

이학문弟子入則孝 出則悌 謹而信 汎愛衆而親仁 行有餘力 則以學文)."

여기서 보면 학문을 하기에 앞서 해야 할 일은 무엇보다 사람됨의 근본을 실천하는 것이다. 달리 말하면 삶에서 먼저 올바른 사람이 된 후에 공부로 뒷받침하는 것이다. 정자程子는 이렇게 풀이했다. "배우는 자로서 직분을 다하고 여력이 있으면 글을 배울 것이니, 그 직분을 닦지 않고 글을 먼저 배움은 위기의 학문(위기지학爲己之學)이 아니다." 여기서 '위기의 학문'이란 자기 자신을 위한 학문이라는 뜻으로, 《논어》〈헌문〉에 나오는 유명한 구절에서 비롯된 말이다.

하지만 오늘날 우리 세태는 출세를 위한 공부를 최우선으로 한다. 어릴 적부터 수험공부만을 강조하고 공부를 잘하면 다른 모든 것에는 너그럽다. 물론 현실은 어릴 때부터 치열하게 경쟁해야 하고, 성적과 시험에서 누구도 자유로울 수 없다. 눈앞의 시험이 앞날을 좌우하기 때문이다. 학생은 물론 성인이 되어서도 마찬가지다. 치열한 경쟁에서 이기려면 반드시 지식이라는 무기가 있어야 한다.

하지만 예문을 유심히 살펴보면 지식을 쌓는 공부를 아예 하지 말라는 이야기는 아니다. 단지 먼저 사람됨의 근본을 바로 세우라는 권유다. 바로 인의예지에서 인의예의 덕목을 충실히 한 다음에 지知, 즉 지식을 쌓는 노력을 해야 한다. 만약 이처럼 사람됨의 근본을 바로 세우는 공부가 병행되지 않는다면 그 공부는 극단으로 흐를 수밖에 없다. 성공을 위해 수단과 방법을 가리지 않게 되고, 도덕성이 없는 냉혹한 지식인이 될 수도 있다. 이른바 똑똑한 악이 될 수도 있는 것이다. 예문의 가르침은 바로 그것을 말해준다.

다산처럼 쓰고 싶다면
다산처럼 살아야 한다

다산은 문장학을 배우려고 찾아온 이인영이라는 젊은이에게 진정한 배움의 의미와 그 순서에 대해 말해준다. 많은 지식과 탁월한 글의 능력을 갖춘 영민한 청년이었지만 진정한 바른 뜻(독지篤志)으로 세상을 이롭게 하겠다는 생각은 없었다. 그는 다산에게 오직 좋은 글만 쓸 수 있다면 세상을 버려도 좋다고까지 피력했다. 이처럼 극단으로 치우친 청년에게 어떤 말을 해주어야 할까. 다산은 이렇게 가르친다.

문장이란 무엇일까? 학식이 안으로 쌓여 그 아름다움과 멋이 겉으로 드러나는 것이다. 기름진 음식을 배불리 먹으면 몸에 윤기가 흐르고, 술을 마시면 얼굴에 홍조가 피어나는 것과 다름이 없는데 어찌 갑자기 이룰 수 있겠는가? 중화의 덕으로 마음을 기르고, 효우의 행실로 성품을 닦아, 공경함으로 지니고, 성실로 일관하되, 변함없이 노력해야 한다. 사서四書로 몸을 채우고, 육경六經으로 식견을 넓히며, 사서史書로 고금의 변화에 통달해야 한다.

… 지금부터 문장학에 뜻을 끊고 서둘러 돌아가 늙은 어머니를 봉양하라. 안으로 효우의 행실을 돈독히 하고, 밖으로는 경전 공부를 부지런히 함으로써 성현의 바른 말씀이 언제나 몸에서 떠나지 않도록 해야 한다. 과거시험도 준비해서 앞길을 열고, 임금 섬기기를 바라도록 하라. 그리하여 태평한 시대의 상서로운 인물이 되고, 후세의 위인이 되어야 한다. 경박한 취미로써 천금 같은 몸을 가볍게 버려서는 안 된다. 진실로 자네가 고치지 않는다면, 차라리 노름질이나 술집

에서 노는 것이 더 나을지도 모른다.

사서와 육경, 그리고 역사서를 공부하는 것은 지식의 근본을 세우는 일이다. 그리고 얻은 배움을 삶에서 실천함으로써 진정한 자신의 것을 만들수 있다. 그것을 바탕으로 과거를 보고 나라를 위해 일하는 사람이 된다면 배움의 가치를 구현하는 것이다. 문장은 바로 이러한 바탕 위에서 자연스럽게 드러날 때 그 의미와 가치를 지닐 수 있다. 가벼운 잔재주나 기교에 의지한다면 그 문장은 깊이도 없을뿐더러 진정한 가치를 갖지 못한다. 근본을 든든히 하지 않고, 행함을 통해 확신을 얻지도 않고, 세상의 경륜도 쌓지 않은 채 문장의 기교만을 배우고자 하는 것은 겉멋에 불과하다.

다산이 이처럼 통렬한 지적을 하며 방황하는 젊은이에게 길을 제시할수 있었던 까닭은 자신의 삶이 이를 뒷받침했기 때문이다. 다산은 평생을 두고 경전을 공부했던 유학의 전문가이자, 어릴 때부터 많은 시와 문장을 남긴 대 문장가이기도 했다. 그가 두 아들을 가르친 바는 더 통렬하다.

진부해 새로울 것 없는 이야기나 지루하고 쓸데없는 주장 따위는 한갓 종이와 먹을 낭비하는 것이다. 직접 진귀한 과일이나 채소를 심어, 먹고살 도리를 넉넉하게 하는 것만 못하다.

가벼운 잔재주나 인기에 영합하는 헛된 재주, 쓸데없는 주장을 펼치는 학문은 차라리 하지 않는 것이 낫다. 이런 공부를 할 바에는 차라리 농사를 지으라는 것이다. 농사를 지으면 살림살이가 넉넉해지지만 헛된 공부는 종이와 먹은 물론 소중한 시간도 날려 보내는 것이 되기 때문이다.

그 어떤 지식도 삶에서 드러나지 않으면 빛을 잃는다. 실천하지 않는 지식은 공허하다. 명성과실名聲過實, 명성은 높으나 실속이 없는 사람이 바로 이들이다. 그럴듯한 겉모습과 높은 명성으로 한때를 풍미하지만 이들의 결말은 언제나 허망하다. 머지않아 실속 없는 내면이 드러나기 때문이다.

진정한 공부는 삶에서 실천하는 것이다. 그리고 실천을 통해 배우는 것이다. 지식은 배움으로 얻지만, 근본은 지식으로 바로 세울 수 없다. 지식보다 사람됨이 먼저다.

...

공부는 사람이 하는 것이다.
그래서 공부하는 데에는 자격이 필요하다.

예술은 말로 할 수 없는 것을
말하는 것이다

興於詩 立於禮 成於樂.
흥어시 입어례 성어락

시에서 감성을 일으키고 예를 통해 바로 서고 음악으로 완성한다.

_《논어》〈태백泰伯〉

시와 음악은 감성을 키워주는 예술이다. 예는 사람과 사람 간의 관계에서 반드시 지켜야 할 덕목이다. 이 세 가지를 묶어 공자는 개인의 수양을 위해 가장 소중한 도구라고 말했다. 사람으로서 반드시 실천해야 하는 덕목인 인의예지를 위해서는 반드시 시와 음악 그리고 예가 바탕이 되어야 한다는 것이다.

공자가 보기에 시의 주된 목적은 감정을 순화하는 데 있다. 이는 시를 짓는 사람뿐만 아니라, 시를 감상하는 사람에게도 마찬가지로 적용된다. 시인은 자신의 뜻을 담아 시를 짓고, 그 시를 듣거나 읽는 사람은 시를 통해 감동을 받는다.

또한 시에는 옳고 그름을 분간하는 정서가 있다. 주자朱子는 시에 대해 이렇게 말했다. "시의 성정에는 원래 바름과 악함이 있어서 그 옳고 그름을 쉽게 알 수 있다. 또한 억양이 반복되어 사람의 마음을 쉽게 감동시킬 수 있다. 그러므로 처음 배우는 사람은 선한 것을 좋아하고 나쁜 것을 미워하는 마음을 스스로 일으킴으로써 쉽게 그칠 수 없게 한다."

시가 선과 악을 쉽게 가르치고, 반복하는 데에서 생기는 가락을 통해 듣거나 읽는 이의 마음을 움직이게 함으로써 스스로를 지켜나가게 한다는 것이다. 하지만 시의 이점은 그에 그치지 않는다. 공자는 제자들에게 이렇게 말했다.

> 얘들아, 왜 시를 공부하지 않느냐? 시를 배우면 감흥을 불러일으킬 수 있고, 사물을 잘 볼 수 있으며, 사람들과 잘 어울릴 수 있고, 원망을 해도 사리에 맞게 할 수 있다. 가까이는 어버이를 섬기고 멀리는 임금을 섬기며, 새와 짐승과 풀과 나무의 이름에 대해서도 많이 알게 된다.

시는 감성을 일으키는 데 그치지 않고 사람의 도리를 잘 알게 할뿐더러 풍부한 상식도 얻게 해준다는 것이다. 공자가 그토록 시를 권한 까닭은 바로 여기에 있다. 옳고 그름에 대한 분별이 있고, 그것을 삶에서 실천할 수 있으며, 기본적인 상식을 갖춘 어른이 될 수 있는 길이 바로 시에 있기 때문이다.

그다음 예로서 바로 설 수 있다는 말은 타인과의 관계를 바르게 하는 것을 가리킨다. 《논어》의 맨 마지막 문장에 나오는 "예를 모르면 바로 설 수 없다(부지례 무이립야不知禮 無以立也)"가 이를 말해준다. 예절은 사랑과 배려의 마음으로 사람을 대하는 것이다. 행동거지 하나부터 찬찬히 다스리고 인생의 태도를 바로 세워야 타인과의 관계도 바르게 맺을 수 있고 자기 수양도 이룰 수 있다.

주자는 "예란 공경과 사양함과 공손함을 근본으로 삼아, 살과 힘줄과 뼈의 묶음을 굳세게 해준다. 그러므로 배움의 중간에서 우뚝 자립해 사물에 흔들리지 않고 마음을 빼앗기지 않는 것은 반드시 여기서 얻는다"라고 했다. 근본을 든든히 세워주고, 배움의 과정에서 뜻을 빼앗기지 않도록 굳게 지켜주는 것이 바로 예다.

음악은 감정을 순화시키는 역할을 한다. 하지만 그보다 더 중요한 역할은 조화를 알게 해주는 것이다. 주자는 "음악은 오성(다섯 음)과 십이율(열두 가락)을 통해 춤과 노래를 함으로써 사람의 성정을 기르고, 더러운 것을 씻어낼 수 있게 한다. 의義가 정밀해지고 인仁이 완숙해져서 스스로 도덕과 조화를 맞출 수 있게 되므로, 배우는 자의 끝은 반드시 음악을 통해 이룰 수 있으니, 이것이 학문의 완성이다"라고 했다.

음악을 통해 배움이 완성된다는 말은 바로 여기서 비롯된 것이다. 사람이 지켜야 할 기본 덕목인 인과 의를 함양하기 위해서는 감성과 성품이 바탕에 있어야 하며, 이러한 감성과 성품은 음악과 같은 예술을 접하는 경험을 통해 길러진다. 따라서 공자는 자연스럽게 도덕과 조화를 이루는 경지에 도달하기 위해서는 글만 파는 데에서 머무르지 않고 예술을 자주 벗해야 한다고 역설했으며, 나아가 예술이 배움은 물론 삶의 완성에까지 이를 수 있게 도와주는 역할을 한다고 봤다.

예술은 싸워온 세월처럼 험해진
노인의 마음도 달랜다

다산도 18년이라는 험난한 귀양 생활 동안 시와 음악에서 큰 힘을 얻었다. 시와 음악에서 마음의 위로를 얻고 스스로 시를 짓고 음악을 즐김으로써 고난을 이길 힘을 얻을 수 있었다. 아들에게도 시를 공부하기를 권했는데, 큰아들 학연에게 부친 편지에 실린 글이다.

> 임금을 사랑하고 나라를 근심하지 않는 것은 시가 아니다.
> 시대를 상심하고 세태를 안타까워하지 않는 것은 시가 아니다.
> 찬미하고 풍자하고 권면하고 경계하는 뜻이 없다면 시가 아니다.
> 뜻이 서지 않고 배움이 순수하지 않으면 큰 도를 듣지 못하니, 임금에게 미치고
> 백성을 윤택하게 할 마음을 지니지 못한 자는 능히 시를 지을 수가 없다. 너는
> 힘쓰도록 해라.

시는 시대의 울음이라고 했다. 옛사람들은 울분과 고뇌가 마음에 응어리질 때, 그 감정을 시로 풀어냈다. 하지만 오늘날 시는 여기에 한정되지 않는다. 시는 자신의 감정을 솔직하게 드러내고, 사람들의 마음을 흔들고, 아름답고 간결한 언어로 삶을 빛나게 한다. 시를 직접 짓지 않더라도 누군가 자신과 시절에 대해 솔직하게 털어놓은 시를 가까이할 수 있다면 내 삶을 이해받은 것 같은 위로를 느낄 수 있다.

또한 다산은 음악에 대해서도 조예가 깊었다. 귀양지인 강진에서 단풍

놀이로 시름을 달래며 지은 글에서 그는 이렇게 말했다.

음악을 연주하는 자는 금속악기로 시작해서 마칠 때는 소리를 올려 떨친다. 순수하게 나가다가 끊어질 듯 이어지며, 마침내 화합을 이룬다. 이렇게 해서 악장이 이루어진다. 하늘은 일 년을 한 악장으로 삼는다. 처음에는 싹트고 번성해 곱고 어여쁜 온갖 꽃이 향기롭다. 마칠 때가 되면 곱게 물들이고 단장한 듯 색칠하여 붉은색과 노란색, 자줏빛과 초록빛을 띤다. 너울너울 어지러운 빛이 사람의 눈에 환하게 비친다. 그러고 나서는 거둬들여 이를 간직한다. 그 능함을 드러내고 그 묘함을 빛내려는 까닭이다. 만약 가을바람이 한 차례 불어오자 쓸쓸해져서 다시 떨쳐 펴지 못하고 하루아침에 텅 비어 떨어진다면, 그래도 이것을 악장을 이루었다고 할 수 있겠는가?

다산은 자연의 소리, 계절의 느낌에서 음악의 이치를 깨달았다. 그리고 자신의 삶에 비유해, 어떤 고난에서도 결코 포기해서는 안 된다는 의지를 보였다. 아무도 손대지 않아도 아름답게 조화를 이루어가는 자연이 바로 음악의 이치다. 그리고 쓸쓸한 가을이 오더라도 겨울을 기다려야 하는 것이 삶의 이치다. 다산은 음악을 통해 그렇게 깨달았다.

어려움이 닥치면 더 큰 어려움이 올 수도 있다는 것을 알고, 그것을 견뎌내야 따뜻한 봄을 누릴 수 있다. 그래서 다산을 비롯해 경지에 올랐던 사람들은 음악을 취향이 아니라 수양의 도구로 삼았다. 사람과 세상을 조화롭게 만드는 것이 수양의 목적이자 결과였기 때문이다. 굳이 말로 표현하지 않아도 그 속에 담겨 있는 깊은 의미를 음미하고 깨닫는 것이 예술이며, 삶의 이치다. 그리고 학문, 나아가 삶의 완성이다.

...

독자가 자신뿐일지라도
시인이 시를 쓰는 까닭은,
살다 보면 시를 쓸 수밖에 없는 순간이 오기 때문이다.

인간은 지식이 아닌
태도로 증명된다

賢賢易色 事父母能竭其力 事君能致其身 與朋友交言而有信 雖曰未學 吳必謂之學矣
현현역색 사부모능갈기력 사군능치기신 여붕우교언이유신 수왈미학 오필위지학의

현인을 존경하는 마음을 미인을 좋아하는 마음과 바꿔서 하고, 있는 힘을 다해
부모를 섬기고, 신명을 다해 임금을 섬기며, 벗을 사귈 때 말에 믿음이 있는 사람이라면
비록 '학문을 한 적이 없다'라고 할지라도 나는 반드시 배운 사람으로 인정할 것이다.

_《논어》〈학이〉

자하子夏는 학문과 문장에 뛰어나 공자의 현명한 제자 열 명을 일컫는 공문
십철孔門十哲에 속하는 학자다. 하지만 성향이 진취적이지 못하고 소극적인
데가 있었다. 잘 알려진 '과유불급過猶不及'의 고사에서 불급, 즉 '미치지 못
함'에 해당하는 제자가 바로 자하다. 그러나 학문에 있어서는 공자의 제자
가운데 가장 뛰어나 배움에 관한 많은 통찰을 남겼다.

예문은 자하가 말했던 배운 사람의 조건이다. 설사 배움이 없어 지식은
부족하더라도 자신의 삶을 진실하고 충실하게 살아간다면 배운 사람으로
인정할 수 있다는 것이다. 자하가 말했던 '박학독지 절문근사博學篤志 切問近思'
와 함께 중요한 배움의 원칙이라고 할 만하며, 그 비유는 현실적이고 꾸밈
이 없다.

먼저 현명한 사람을 존경하는 마음을 미인을 좋아하듯이 할 수 있어야 한다. 아름다운 사람에게 마음이 끌리는 것은 인간의 본성이다. 그런 마음을 절제하는 것은 보통의 경지에서는 어렵다. 《논어》〈위령공〉을 보면 공자가 이렇게 한탄했다. "다 되었구나! 나는 아직 덕을 좋아하기를 아름다운 여자 좋아하듯이 하는 사람을 보지 못했다."

아무리 덕성이 뛰어나다고 해도 아름다운 여성에 끌리는 마음을 극복하기는 어렵다는 고백이다. 공자조차 그러한 욕망을 이기기가 쉽지 않았던 것이다. 그러나 인간의 한계를 깨달았다고 해서 욕심을 절제하는 노력을 그칠 수는 없다. 자하는 오히려 그렇기에 타협하지 말고 더욱 노력해야 한다고 말한다. 이성에게 끌리는 본성을 인정하되, 그 마음을 바꿔서 현명한 사람과 가까이하며 배우는 것이 배움의 첫걸음이라는 것이다.

부모를 섬기며 임금을 섬기는 것은 인의 실천이다. 부모를 섬길 때는 힘을 다해야 하고, 임금을 섬길 때는 몸을 바칠 각오로 해야 한다. 공자는 인의 첫걸음은 바로 자기와 가장 가까운 사람, 즉 부모를 사랑하는 데에서 시작한다고 했다.

그다음은 친구들과의 신의를 지키는 것이다. 그 첫걸음은 바로 자신의 말과 사소한 약속부터 지켜나가는 것이다. 흔히 중요하고 큰 약속은 반드시 지켜야 한다고 생각하지만 일상에서 맺는 약속은 사소한 것으로 생각하기 쉽다. 하지만 진정한 신뢰는 그러한 수없이 스치는 작은 말들을 지켜나가는 데에서 시작된다. 작은 것조차 지키지 못하는데 큰 것을 잘 지킬 것이라고 믿기는 힘들다. 결국 자하가 말했던 배운 사람의 조건을 종합하면 네 가지 기본적인 인륜을 지켜나가는 것이라고 할 수 있다. 주자는 이

다산의 마지막 습관

렇게 해석했다.

현인의 어짊을 좋아하되 여색을 좋아하는 마음과 바꿀 수 있다면 선을 좋아함에 진실함이 있는 것이다. '임금을 섬길 때 신명을 다한다'는 말의 원문인 능치기신 能致其身에서 치致는 위委와 같은 뜻으로 '자기 몸을 자기 것으로 여기지 않는다'는 의미다. 이 네 가지는 모두 인륜의 큰 것이다. 행함에 있어서 반드시 그 정성을 다해야 하니 진정한 배움이란 바로 이와 같은 것이다. 그러므로 자하는, 이처럼 할 수 있는 사람이라면 설사 그 타고난 자질이 부족해도 이미 배움의 경지에 이른 것이라고 인정했다. 일찍이 배운 적이 없다 하더라도 반드시 배운 사람이라는 것이다.

"공부해서 남을 주지 않는 사람은 배웠다고 인정하지 않겠다!"

공자가 제자 자로에게 완성된 사람(성인成人)에 대해 가르치며 이렇게 말했다. "이익이 될 일을 보면 의로운가를 생각하고(견리사의見利思義), 나라가 위태로운 것을 보면 목숨을 기꺼이 바치며(견위수명見危授命), 오래된 약속이라도 잊지 않고 실천한다면(구요불망평생지언久要不忘平生之言), 완성된 인간이라고 할 수 있다."

선을 좋아함에 진실한 것은 견리사의의 자세라고 할 수 있다. 몸 담고 있는 국가와 조직에 신명을 다하는 것은 견위수명의 자세다. 자신이 했던 말과 약속을 잘 지키는 것은 신의의 자세다. 이로써 보면 자하가 말했던 배운 자의 조건이란 완성된 사람의 조건과 같다. 배움이란 단순한 지식을 채우는 것이 아니라 자신의 완성을 향해 노력하는 과정인 것이다.

지식은 많으나 그 지식으로 자신의 영달만을 위하고 사람의 도리를 지키지 않는 사람은 진정으로 배웠다고 할 수 없다. 만약 이런 사람을 만난다면 자하는, '설사 많이 배웠다고 해도 나는 배운 사람으로 인정하지 않겠다'라고 평가했을 것이다.

다산 또한 배운 사람의 조건을 말했던 적이 있다. 그는 학문을 이루거나 세상에 이름을 떨치는 것에 앞서 효가 가장 근본이 되어야 한다고 가르쳤다. 〈곡산향교에 효를 권장하는 글(유곡산향교권효문論谷山鄕校勸孝文)〉에 실린 글이다.

> 근세의 학자는 겨우 학문을 한다는 이름을 얻으면 몸가짐을 무겁게 하며 하늘의 이치를 말하고 음양의 도를 이야기한다. 벽 위에 태극팔괘太極八卦(주역의 이치)와 하도낙서河圖洛書(고대 중국 예언서의 기본이 된 책)를 걸어놓고 자기 말로는 궁리해 살핀다고 하며 어리석은 자들을 속인다. 그러면서 부모가 추위를 호소하고 굶주림을 참으며 질병으로 신음해도 살피지 않고 일할 생각을 하지 않는다. 그러다 보니 궁리해 살피는 것이 부지런하면 할수록 학문에서 점점 더 멀어지게 된다. 진실로 능히 부모에게 효도하는 자라면 비록 배우지 않았다고 해도 나는 반드시 배웠다고 할 것이다.

다산의 마지막 습관

다산도 역시 공부의 근본에 대해 이야기하고 있다. 공부란 사람답게 살기 위해 하는 것인데, 부모를 모시는 가장 기본적인 도리를 행하지 않는다면 단지 겉치레에 불과하다. 어려운 학설과 고상한 말을 하고 있지만 정작이것은 남을 속이고 자신조차 기만하는 것이다.

배움을 지식의 많고 적음으로 판단하고, 출세와 영달의 도구로 생각하는 세태다. 하지만 덕으로 뒷받침하지 않는 지식은 오히려 자신을 망치고 집안과 나라를 망치는 도구가 될 수도 있다. 맹자는 지식을 '옳고 그름을 가리는 덕목(시비지심是非之心)'이라고 했다. 아무리 많은 지식을 가졌다고 해도 옳고 그름을 가릴 수 없다면 그를 배운 사람이라고 할 수 없다. 하물며 옳고 그름을 알면서도 행하지 않는 것은 비겁하다. 공자는 "알면서도 행하지 않는 것은 용기가 없기 때문이다(견의불위 무용야見義不爲 無勇也)"라고 했다. 입으로는 정의를 외치면서 정작 행동은 불의하다면 더욱 비난받아 마땅하다. 가식과 위선이 더해지기 때문이다.

...

책에는 독이 있어 섣부르게 읽으면 중독된다.
책에 중독되면 글월이나 섬기는 책의 노예가 된다.

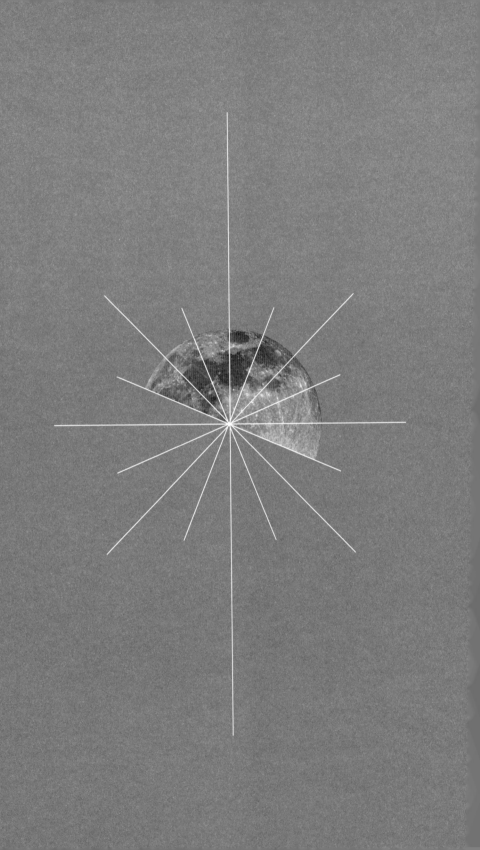

명륜
明倫

자승자강
自勝者强

· ·

예의란 타인이 아닌
스스로를 이겨내는 자세다

세상을 바꾸고 싶다면
책상부터 정리하라

凡內外 鷄初鳴 咸盥漱 衣服 斂枕簟 灑掃室堂及庭 布席 各從其事
범내외 계초명 함관수 의복 렴침점 쇄소실당급정 포석 각종기사

모든 안팎의 사람들은 첫닭이 울면 세수하고 양치질하고 옷을 입는다.
베개와 대자리를 걷고 방과 마루, 뜰에 물을 뿌리고 청소한 다음 자리를 펴놓는다.
그런 다음에 각자가 맡은 일을 한다.
_《예기》〈내칙〉

《논어》〈자장〉에는 공자의 제자 자하와 자유가 논쟁하는 고사가 나온다.

자유가 말했다. "자하의 제자들은 물 뿌리고 비질하는 일이나, 손님 응대하는 일, 나아가고 물러나는 예절은 잘하지만 그런 것은 말단이다. 근본적인 것을 따져 보면 아무것도 하는 것이 없으니 어찌하려는 것인가?"

자하가 이를 듣고 말했다. "아! 언유(자유)의 말이 지나치구나. 군자의 도에서 어느 것을 먼저 전하고 어느 것을 뒤에 미루고 게을리하겠는가? 이를 풀과 나무에 비유하자면, 종류에 따라 가르침을 달리하는 것이다. 군자의 도에서 어느 것을 함부로 하겠는가? 처음부터 끝까지 일관되게 갖추고 있는 것은 오직 성인聖人뿐이로다."

자유는 자하가 너무 기초적인 일에 치우쳐 정작 높은 차원의 도를 제자

들에게 가르치지 않는 것을 탓했다. 그래서야 언제 수양과 학문의 진전이 있겠느냐는 것이다. 하지만 자하의 생각은 달랐다. 군자의 도는 일상의 일에서부터 높은 도에 이르기까지 어느 것 하나 미치지 않는 것이 없어야 한다고 봤다. 학문의 처음에서부터 높은 차원의 도까지 모든 것을 알고 있는 사람은 오직 성인밖에 없으니, 제자들은 자기 수준에 맞게 기본적인 것에서부터 높은 도에 이르기까지 합당한 배움을 얻어야 한다는 것이다.

자유와 자하, 두 사람은 모두 공문십철에 속한다. 특히 공자는 이 둘을 학문과 문학에 뛰어난 제자로 꼽았다. 이처럼 높은 학식과 수양을 지닌 두 사람 가운데 누구의 견해가 옳은지에 대해서는 선뜻 판단하기가 어려울 것이다. 단지 두 사람이 제자를 가르치는 교육 방식에 차이가 있을 것이라고 짐작할 뿐이다.

하지만《논어》에 실려 있는 공자의 가르침을 보면 자하가 좀 더 공자의 뜻에 가깝다고 볼 수 있다.《논어》〈헌문〉에 실려 있는 고사를 보면, 공자가 "나를 알아주는 사람이 없다"고 한탄하는 장면이 나온다. 자공이 의아해서 "어찌 사람들이 스승님을 몰라주겠습니까?"라고 묻자 공자는 이렇게 대답했다. "하늘을 원망하지 않고, 다른 사람을 탓하지 않는다. 일상의 일을 배워서 심오한 이치에까지 도달했으니(하학이상달下學而上達), 나를 알아주는 것은 저 하늘이로다!"

공자의 학문은 차원이 높다. 하지만 그 시작은 바로 일상의 사소한 지점에서부터였다고 공자는 말하고 있다. 아무리 높은 차원의 도라고 해도 일상에서 깨달음을 얻은 것이다. 자하가 말했듯이 공부의 근본은 도와 덕일지라도 그 시작은 바로 가까운 하루하루의 삶을 충실히 하는 것이다.

크고 복잡한 것을 해결하고 싶으면
작고 단순한 것에서부터 시작하라

앞의 예문은 《예기》 〈내칙〉에 있는 글이다. 〈내칙〉은 여성들이 행해야 하는 도리를 뜻한다. 옛 생각이기에 오늘날의 관점과는 어긋나는 부분도 많다. 하지만 우리는 현실에 맞춰 해석하고 필요한 핵심만 받아들이면 된다. 한두 가지 시대와 맞지 않는 생각 때문에 고전의 지혜를 모두 부정하면 시대를 뛰어넘는 소중한 지혜마저 버리게 된다.

예문의 글은 모든 사람이 행해야 하는 하루를 시작하는 규범이다. 첫닭이 울면, 요즘으로 치면 알람이 울리면 모두 일어나 하루를 준비해야 한다. 먼저 자신의 몸을 가다듬고, 침구 등 주변을 정리한다. 그리고 집안을 깨끗이 청소한 후에 각자가 맡은 일을 시작한다. 이는 단순히 몸을 깨끗이 하고 주변을 정돈하는 데 그치지 않는다. 몸과 주변을 깨끗이 하는 일을 통해 하루를 시작하는 마음의 준비를 하는 것이다. 《소학집설》에서는 이렇게 해석했다. "베개와 대자리를 걷는다는 말은 사사로이 쓰는 물건을 남에게 보이지 않도록 정리한다는 의미다."

집안에서 어떤 위치에 있든, 사회에서 그 어떤 대단한 일을 하는 사람도 마찬가지다. 자신의 영역은 스스로 정리해야 한다. 물론 일정한 지위에 오르면 누군가를 시켜야 하는 일들이 생긴다. 특히 사회생활을 하다 보면 지위에 따라서 행하는 일이 정해져 있기도 하다. 그럴 때에는 각자가 주어진 책임에 충실해야 할 것이다. 하지만 사적인 일마저 남을 시켜서는 안 된다. 이렇게 일과 일 밖에 대한 경계가 무너지면 이른바 '갑질'을 하는 사

다산의 마지막 습관

람이 된다. 그런 사람은 아무리 뛰어난 능력을 지녔다고 해도 인정을 받을 지언정 존경을 받을 수는 없다.

조던 피터슨의 《12가지 인생의 법칙》을 보면, 인생의 중요한 법칙 가운데 한 가지는 '세상을 탓하기 전에 방부터 정리하라'다. 의외다. 인생을 좌우하는 통찰이라기에는 시시하기까지 하다. 하지만 찬찬히 곱씹어보면 인생의 중요한 법칙 가운데 하나로 손색이 없다. 불행이 닥쳤을 때 큼지막하고 먼 데서만 답을 찾는 사람은 그 고난을 이겨내기가 힘들다. 반대로 사소한 지점부터 차근차근 돌아보며 해법을 찾아나간다면 고난을 이겨낼 가능성이 훨씬 높아진다. 그 시작은 바로 자신의 삶을 단순화하고, 옳지 않은 것은 중단하고, 주어진 일상에 충실하는 것이다.

공자가 말했듯이 그 어떤 높은 이상도 땅에서부터 시작해야 한다. 자기 집 쓰레기 분리배출도 제대로 하지 않으면서 지구온난화를 걱정한다면 우스꽝스러워 보일 뿐이다. 자신은 물론 온 집안이 부도덕한 사람이 사회의 정의를 외치는 것도 마찬가지다. 아무리 높은 이상도 그 시작은 현실에 발을 딛고 있는 자신이다. 그리고 자신이 만들어가는 일상이다. 일상에서 증명되지 않으면 그 어떤 것도 인정받을 수 없다. 학문도 마찬가지다. 다산은 이렇게 말했다.

궁리窮理(사물의 이치를 깊이 연구함)란 현묘하고 심오한 이치를 탐색하며 만 가지 변화를 두루 섭렵하는 일을 이르는 것이 아니라, 우리가 날마다 행하는 도리(인륜人倫)를 마땅히 다 헤아려 말없이 마음속에서 나누어 살피는 것(분변分辨)이다.

일상의 도리를 충실히 살피는 것에서 시작하면 만 가지 이치에도 통달할 수 있다.

...

아침에 일어나 귀찮음을 떨치고 침대를 정리한다.
사소한 일이지만 나는 하루의 시작부터 이겨냈다.

첫 번째에서 이겼다면 두 번째에서도 이길 것이고,
그렇게 이겨낸 경험이 쌓이면 승리는 습관이 될 것이다.

가장 가까운 사이부터
진심을 다하라

出則告 反必面 所遊必有常 所習必有業 恒言不稱老
출즉고 반필면 소유필유상 소습필유업 항언불칭노

나갈 때는 반드시 알리고, 돌아와서는 반드시 얼굴을 비추며,
다니는 곳은 반드시 일정해야 하고, 익히는 바는 반드시 이룸이 있어야 하고,
평소에 자신이 늙었다고 말해서는 안 된다.

_《예기》〈곡례曲禮〉

이 구절의 앞에는 이렇게 실려 있다. "무릇 자식 된 자의 예는 겨울에는 따뜻하게 해드리고, 여름에는 시원하게 해드리고, 어두우면 이부자리를 해드리고, 새벽에는 안부를 살펴야 한다."

나이든 부모님이 편안하게 생활하도록 보살펴드리는 것은 당연한 자식의 도리일 것이다. 하지만 이것보다 더 중요한 것이 바로 예문의 구절이다. 바로 부모의 마음이 편하도록 살피는 것이다.

《논어》에는 공자가 효에 대해 제자를 가르친 말이 거듭해서 실려 있다. 먼저 자유가 효를 묻자 공자는 이렇게 가르쳤다. "요즘 효라는 것은 부모를 물질적으로 봉양하는 것을 말한다. 그러나 개나 말조차도 모두 어미를 먹여 살리는데, 공경할 줄 모른다면 짐승과 무엇이 다르겠는가?" 단순히

먹고사는 것만 살핀다고 해서 효도가 아니라는 것이다.

자하가 묻자 이번에는 이렇게 대답했다. "항상 밝은 얼굴로 부모를 대하는 것이 어렵다. 일이 있을 때는 아랫사람이 그 수고로움을 대신하고, 술이나 밥을 윗사람이 먼저 드시게 한다고 해서 그것을 효도라고 할 수 있겠는가?" 표현은 다르지만 같은 뜻이다. 겉으로 꾸며 모시는 것이 아니라, 부모의 마음을 항상 밝게 해드리기 위해 스스로부터 밝은 얼굴로 대하는 것이 효도라는 것이다. 바로 부모의 마음을 헤아려 그에 합당하게 행하는 것을 말한다.

"부모는 오직 자식이 병날까 그것만 근심한다"라는 말도 마찬가지다. 부모는 자식이 편안하고 잘될 때 가장 행복하다. 이로써 보면 효도는 그리 어려운 일이 아니기도 하고, 무엇보다 어려운 일이기도 하다. 내가 열심히 노력해서 잘 되고 건강한 것이 가장 큰 효도이기 때문이다.

예문에서 말하는 바도 이와 비슷하다. 나갈 때 반드시 말씀을 드린다는 것은 자신이 위험하지 않은 곳으로 간다는 것을 알려 부모의 마음을 편안하게 해드리는 것이다. 다니는 곳은 반드시 일정해야 한다는 것도 같은 뜻이다. 돌아와서 얼굴을 비추는 것은 무사히 귀가했음을 말씀드리는 것이다. 익히는 바에 이룸이 있어야 한다는 것은 헛된 일에 빠지지 말고 노력한 만큼 성취를 이룬 모습을 보여드리는 것이다.

자신이 늙었다는 말을 부모 앞에서 해서는 안 된다는 것은, 그 말로 인해 부모가 자신의 나이를 자각하고 의기소침해지는 것을 막기 위함이다. 누구나 나이가 드는 것이 세상의 이치지만 부모들은 자식의 성장을 보고 세월을 느낄 때가 많다. 만약 자식이 나이가 많다고 한탄하면 부모는 더 마음이 상하기 마련이다.

《집성》에서 송대 유학자인 여대림呂大臨은 이렇게 해석했다. "부모의 자식 사랑은 지극하다. 다니는 바가 일정해야 한다는 것은 평안하기를 바람이고, 익히는 바에 이룸이 있어야 한다는 것은 바르게 살아주기를 바람이다. 만약 몸을 가볍게 여기고 스스로 사랑하지 않으면 그 뜻을 봉양하는 것이 아니다."

효도란 자기 자신을
소중히 하는 것이다

효도란 부모에게 잘하는 것에서 나아가 자기 자신을 소중히 하는 것이다. 부모가 가장 바라는 것이 자식의 행복이기 때문이다. 따라서 열심히 배우고 또 힘껏 일해 성취를 이루는 삶 자체가 부모를 섬기는 것이다. 나아가 최선을 다한 삶의 자세는 반드시 의로워야 한다. 자식이 남의 눈에 피눈물이 나게 하면서까지 성공하기를 바라는 부모는 없고, 오히려 그러한 성공은 부모를 가슴 아프게 만들기 때문이다.

다산도 학문의 근본이란 효제孝悌(부모에 대한 효성과 형제간의 우애)라고 했다. 그러면서 기본을 행하지도 않으면서 학문을 한다는 자들의 위선과 가식을 꾸짖었다. 하지만 다산의 효도는 이론이나 학문에 그치지 않았고, 세밀하고 실천적이었다. 심지어 조선시대엔 여성들의 영역이었던 부엌일에 대해서도 효도를 하기 위해서는 마땅히 챙길 수 있어야 한다고 했다.

〈곡산향교에 효를 권장하는 글〉에 실린 글이다.

> 음식을 만들 때 시고 짜고 달고 깔깔한 맛까지 세세하게 신경 쓸 필요는 없다.
> 그러나 《예기》〈내칙〉 등 여러 편에 그 지지고 볶고 국 끓이고 산적한 고기의 맛
> 과 생강, 계피, 소금, 젓국, 간장 등의 식품에 대해 아주 자세하고 정밀하게 논하
> 고 거듭해서 무겁게 말한 것은 무슨 까닭일까? 바로 부모를 봉양하기 위해서다.
> 지금 사람들은 가세가 조금만 넉넉하면 여성들은 음식 준비에 손을 대지 않고
> 남성들은 아예 이를 외면하는 형편이다. 그렇게 전부 봉양을 종들에게 떠넘기고
> 선 혹시라도 음식 맛이 제대로 맞지 않으면 종들만 매질하고 타박한다. 이와 같
> 이 하면서도 끝내 자기 잘못을 깨닫지 못하니 이것이야말로 잘못이 아닌가.

부모를 모시는 것과 같은 일상의 가장 기본적인 도리조차 행하지 못하
면서 입으로만 하는 공부는 겉치레에 불과하다. 특히 신분이 높아지고 부
유해지면 식사와 같은 사소하면서 귀찮은 지점에 대해서는 무관심해진
다. 다산은 그것을 안타까워했다. 그에게 효도란 거창한 일이 아니라 조선
시대 당시엔 군자로서 금기시하던 부엌에도 관심을 가지는 사소한 정성
이다. 그렇게 부모의 봉양을 직접 챙기는 것이 부모를 향한 자식의 마음이
어야 한다. 이렇게 할 때 집안의 다른 사람들도 부모의 음식에 관심을 갖
게 된다.

공부의 목적은 지식을 쌓아 출세하는 데 있지 않다. 만약 가족이 굶주
리고 아프다면 어떻게든 그 형편에 책임을 질 수 있어야 한다. 그리고 나
를 키워준 부모를 봉양할 수 있어야 한다. 배움의 목적은 이처럼 사람답게

사는 데 있다.

하지만 진정으로 공부했다면 이보다 한 걸음 더 나아갈 수 있어야 한다. 바로 부모의 마음을 편안하게 하는 것이다. 그러기 위해서는 우선 내 마음이 먼저 편안하고 즐거워야 한다. 그리고 하루하루를 충실하게 살아야 한다. 자식의 행복을 보는 것이 부모에게는 가장 큰 기쁨이다.

...

우리는 부모가 되고 나서야
너무 늦게 부모의 마음을 깨닫는다.

용기란 삶의 비겁함마저
안아주는 것이다

不登高 不臨深 不苟訾 不苟笑
부등고 불임심 불구자 불구소

높은 곳에 올라가지 않으며, 깊은 물에 들어가지 않으며,
구차하게 남을 비방하거나 웃지 말아야 한다.

_《예기》〈곡례〉

맹자는 올바른 도리, 즉 의를 버려야 한다면 차라리 죽음을 택하는 것이
낫다고 했다.《맹자》〈고자 상〉에서는 이렇게 말했다. "물고기도 내가 먹
고 싶고, 곰 발바닥 요리도 욕심이 나지만 이 둘을 모두 가질 수 없다면 당
연히 물고기는 포기하고 곰 발바닥 요리를 택할 것이다. 삶도 내가 바라는
것이고 의義도 내가 역시 바라는 것인데, 이 둘을 함께 취할 수 없다면 삶을
버리고 의를 택한다."

의와 목숨 둘 다 가지면 좋겠지만, 만약 둘 중에 하나를 취할 수밖에 없
는 상황이 오게 되면 생명보다는 의를 취하겠다는 말이다. 물론 성인의 경
지에 이른 맹자가 했던 말이기에, 평범한 우리는 공감할지언정 그런 상황
이 닥치지 않기를 바랄 뿐이다. 하지만 맹자도 역시 함부로 목숨을 버리는

것은 올바른 도리가 아니라고 말하고 있다. 운명에 순응해야 하지만 제 맘대로 살고 쉽게 목숨을 버리는 것은 하늘의 뜻(천명天命)에 바르게 순응하는 일이 아니라는 것이다.《맹자》〈진심 상〉에 실려 있다.

> 명命이 아닌 것이 없으니 그 바름을 순종해 받아들여야 한다. 이런 까닭에 명을 아는 자는 기울어진 돌담 아래에 서지 않는다. 그 도를 다하고 죽은 자는 바른 명이다. 범죄를 저지르고 죽은 자는 바른 명이 아니다.

삶과 죽음은 모두 천명에 속한 것이기에 순응할 수 있어야 한다. 하지만 '목숨은 어차피 하늘에 달렸다'고 하면서 함부로 사는 것은 바른 일이 아니다. 이를테면 위험한 줄 알면서도 기울어진 돌담 밑에 서는 것은 용기가 아니라 만용이다. 마찬가지로 올바르게 살지 않고 범죄를 저지르다가 목숨을 잃는 것도 바른 일이 아니다. 사람과의 관계에서도 마찬가지다. 함부로 남을 비방하거나 비웃으면 원한을 사게 되고 위험에 빠지게 된다. 결국 스스로를 위험에 빠뜨리게 하는 것이다.

앞의 예문에 대해《소학집해》〈증주增註〉에서는 이렇게 풀었다. "높은 데 올라가지 않고 깊은 물에 들어가지 않는 것은 스스로 위험에 빠지지 않는 것이다. 소씨(소연邵淵)는 '자식은 이미 마땅히 자신을 낮춰 그 부모를 높이고, 마땅히 자신을 소중히 여겨 그 몸을 아껴야 한다'고 말했다."

사람은 누구나 위험에 빠지지 않도록 조심해야 하고, 특히 부모를 모시고 있는 사람은 자신을 아껴 부모에게 자식을 잃는 슬픈 일이 일어나지 않게 해야 한다는 것이다.

큰일을 도모했다는 것은
많은 순간 타협했다는 것이다

다산의 삶은 험난했다. 젊은 나이에 정조의 총애를 받으며 승승장구했지만 사람들의 시기를 받고 당쟁에 휘말려 죽을 위험에 처하기도 했고, 다행히 목숨을 건졌지만 긴 유배 생활을 해야 했다. 비록 의로움을 좇았고, 스스로 부끄럽지 않은 삶을 살기 위해 노력했지만 자신을 지키지 못했던 회한이 없지 않았을 것이다. 다산의 당호인 '여유당與猶堂'은 이러한 삶에 대한 성찰에서 나왔다. 《도덕경》〈15장〉에 실려 있는 글에서 자신의 삶을 돌아본 것이다.

"신중하라, 한겨울에 내를 건너듯이. 두려워하라, 사방에서 에워싸인 듯이(여혜 약동섭천 유혜 약외사린與兮 若冬涉川 猶兮 若畏四隣)." 다산은 이 구절에서 앞의 두 글자를 따서 당호(여유당)로 삼았다. 다산은 직접 쓴 《여유당기與猶堂記》에서 이렇게 말했다.

나의 병은 내가 잘 안다. 나는 용감하지만 지모가 없고 선善을 좋아하지만 가릴 줄을 모르며, 맘 내키는 대로 즉시 행해 의심할 줄을 모르고 두려워할 줄도 모른다. 그만둘 수도 있는 일이지만 기쁠 수 있다면 그만두지 못하고, 하고 싶지 않은 일이지만 꺼림칙해 참을 수 없으면 그냥 넘어가지 않았다. 그래서 어려서부터 멋대로 돌아다니면서도 의심이 없었고, 장성해서는 과거 공부에 빠져 돌아설 줄 몰랐고, 나이 서른이 되어서는 지난날을 깊이 뉘우치면서도 두려워하지 않았다. 이 때문에 선을 끝없이 좋아했으나, 비방은 홀로 많이 받고 있다. 아, 이것이 또한 운명이란 말인가? 이것은 나의 본성 때문이니, 내가 또 어찌 감히 운명을 말하겠는가? 노자의 말을 보건대, "신중하라, 한겨울에 내를 건너듯이. 두려워하라 사방에서 에워싼 듯이"라고 했으니, 이 두 마디 말은 내 병을 고치는 약이 아닌가? 대체로 겨울에 시내를 건너는 사람은 차가움이 뼈를 에듯 하므로 부득이한 일이 아니면 건너지 않는다. 사방에서 이웃이 엿보는 것을 두려워하는 사람은 다른 사람의 시선이 자기 몸에 이를까 염려하기 때문에 부득이한 경우라도 하지 않는다.

다산은 평생 하고 싶은 일, 해야만 하는 일은 망설이지 않고 행하며 살아왔다. 설사 하고 싶지 않은 일이라고 해도 잘못된 일, 불의한 일은 참을 수 없기에 두려움 없이 행했다. 학문을 좋아했기에 쉼 없이 공부했고, 정의로운 일이기에 남을 비판하는 데 주위를 돌아보거나 망설이지 않았다.

하지만 많은 사람의 원한을 사고 비방을 받아 귀양 생활을 하면서 깨달은 것은 삶은 보다 신중해야 하고, 두려운 마음으로 절제해야 한다는 것이었다. 다산은 《여유당기》의 결론을 이렇게 내렸다. "마음에서 일어나고 뜻에서 싹트는 모든 것은 매우 부득이한 것이 아니면 그만두며, 매우 부득이한 것일지라도 남이 알지 못하게 하려는 것은 그만둔다. 진실로 이같이 된다면, 천하에 무슨 일이 있겠는가?"

두려움 없이, 당당하게 삶을 살아가는 자세는 당연히 필요하다. 굳건한 마음이 없으면 일을 이루기 힘들다. 하지만 천명을 마음대로 할 수 없듯이, 삶 자체도 언제나 순탄하지만은 않다. 법과 원칙대로만 이루어지지 않을 때도 많고, 때로는 정의롭다고 해서 반드시 승리하는 것도 아니다.

어떤 상황에서도 소신과 믿음을 함부로 굽혀서는 안 된다. 하지만 과감한 결단과 함께 자신을 지킬 수 있는 세심함도 갖춰야 한다. '담대심소膽大心小', 담대하면서도 세심하게 주위를 살피는 삶의 자세가 필요하다. 큰일을 이루고 싶다면 더욱 그렇다.

...

용기란 떨쳐 일어나는 굳센 기운이 아니라
하기 싫은 일을 할 수밖에 없을 때 필요한 힘이다.

다산의 마지막 습관

살아간다는 것은
죽음보다 무겁고 무섭다

父母存 不許友以死
부모존 불허우이사

부모가 살아 계실 때는 벗에게 목숨 거는 일을 허락해서는 안 된다
_《예기》〈곡례〉

벗 '우友'는 손 수手와 또 우又가 합쳐져서 만들어진 글자다. '또 하나의 손'이 되어 나를 돕는 사람이 바로 친구인 것이다. 그리스 철학자 제논은 한 걸음 더 나아가 "친구는 또 하나의 자아다"라고 말했다. 모든 것을 아낌없이 함께 나누는 친구는 마치 또 하나의 자신과도 같은 존재라는 것이다.

'관포지교管鮑之交'는 춘추시대 제나라의 재상 관중과 포숙의 우정에서 유래된 말이다. 제환공과 대적함으로써 죽을 위기에 처했던 자신을 구해 제나라의 재상으로 추천했던 포숙과의 우정을 두고 관중은 이렇게 표현했다. "나를 낳아준 이는 부모님이지만 나를 알아준 이는 포숙이다(생아자 부모 지아자포자야生我者父母 知我者鮑子也)." 친구란 나를 알아주는 사람(지아자知我者)으로, 나에게 생명을 준 부모와도 같은 존재라는 것이다. 그만큼 소중한

존재라는 이야기인데, 따라서 고사에서는 친구의 우정을 죽음에 빗댄 것이 많다. '문경지교刎頸之交'도 그중 하나다. 전국시대 조나라의 명재상 인상여와 명장군 염파의 우정을 가리키는 말로, '서로 목숨을 내어줄 수도 있는 우정'을 뜻한다.

하지만 앞의 예문에서는 '부모가 살아 있을 때는 벗에게 목숨을 걸어서는 안 된다'고 말한다. 이 구절을 두고 《소학증주》에서는 "부모가 계신데 몸을 남에게 허락하면 이는 부모를 잊는 것이다"라고 설명했다. 만약 자녀가 다치게 되면 부모의 상심이 너무나 클 것이므로 몸을 함부로 해서는 안 된다는 말이다.

하지만 바른 삶을 위해서는 또 다른 요구사항이 있다. 같은 책에는 이렇게 실려 있다. "부모가 계실 때, 친구와 함께 죽기를 약속해서는 안 된다. 하지만 만약 친구와 같이 길을 가다가 환란을 당하면, 어버이가 있음을 핑계로 구원해주지 않아서도 안 된다."

부모가 계실 때는 목숨을 함께하겠다는 약속을 해서는 안 되지만, 실제로 위험에 닥쳤을 때는 부모를 핑계로 친구를 버려서도 안 된다는 것이다. '나는 부모가 계시기에 너와 함께 위험에 빠지면 안 되겠어'라고 한다면, 부모를 핑계로 자기의 안전을 지키려는 비겁한 행동에 불과하다. 모든 덕목의 근원이라고 할 수 있는 효의 도리는 이런 것이 아니다. 물론 둘 다 위험에 빠지지 않는 것이 최선이겠지만, 만약 한 사람이 위험에 빠진다면 설사 위험하더라도 구하기 위해 최선을 다하는 것이 우정이다.

이런 이치를 잘 알려주는 구절이 《맹자》 〈이루 하〉에 실려 있다.

"받을 수도 있고 받지 않을 수도 있는데 받으면 청렴함에 상처를 입는다. 줄 수도 있고 주지 않을 수도 있는데 주면 은혜에 상처를 입는다. 죽을 수도 있고, 죽지 않을 수도 있는데 죽으면 용기가 상하게 된다(가이취 가이 무취 취상렴 가이여 가이무여 여상혜 가이사 가이무사 사상용 可以取 可以無取 取傷廉 可以與 可以無與 與傷惠 可以死 可以無死 死傷勇)."

삶과 죽음의 무게는
다른 누구도 아닌 나의 것이다

인간의 삶은 매 순간마다 선택의 연속이라고 할 수 있다. 하지만 모든 일이 선을 그은 것처럼 명확하게 구분되는 것은 아니다. 옳고 그름도 마찬가지다. 만약 무엇을 가지고자 할 때 갖는 것이 옳다는 확신이 없다면 차라리 갖지 않는 것이 맞다. 탐욕이 될 수도 있기 때문이다. 베풀 때도 마찬가지다. 굳이 베풀지 않아도 되는 사람에게 은혜를 베푼다면 차라리 베풀지 않음만 못할 수도 있다. 베풂에 진정성이 없기 때문이다. 진정으로 도움을 주겠다는 마음이 아니라, 나 자신의 만족을 위한 것일지도 모른다.

나를 과시하는 마음으로 베푼다면, 받은 사람에게 큰 도움이 되지 않을 뿐더러 진심으로 기뻐하지 않을 수도 있다. 죽음도 마찬가지다. 무모한 죽음은 진정한 용기가 될 수 없다. 죽음을 가볍게 여겨서도 안 되고, 아무런 의미 없이 죽음을 선택해서도 안 된다. 그것은 소중한 삶의 가치를 모욕하는 것이나 다름없다.

인류 역사상 최고의 역사서로 꼽히는 《사기》의 저자 사마천은 마흔여

덟의 나이에 생식기를 뿌리째 잘리는 '궁형'이라는 형벌을 받았다. 죽음보다 더 치욕적인 형벌이었지만 그는 자신의 책을 완성하기 위해 끝까지 살아남았다. "태산보다 더 무거운 죽음이 있고 기러기 깃털보다 더 가벼운 죽음이 있다(사유중어태산 혹경어홍모死有重於泰山 或輕於鴻毛)"라고 하며《사기》를 완성하기 전에는 헛되이 죽을 수는 없다는 결단을 내렸다. 바로 이런 태도가 삶과 죽음을 대하는 진정한 용기라고 할 수 있다.

이 고사에서 우리는 다산의 삶을 떠올리게 된다. 그는 죽음보다 더 혹독한 18년간의 귀양 생활에서 자신의 삶을 지켜나갔다. 자기가 해야 할 일을 놓치지 않고 묵묵히 해나갔다. 폐족으로 절망에 빠진 자식들을 이끌었고, 시골에 묻혀 있던 뛰어난 아이들을 제자로 삼아 훌륭한 학자로 길러냈고, 자신의 소명인 책을 완성해나갔다. 위대한 사람들에게 죽음은 오히려 쉬운 일일지도 모른다. 죽음으로 인해 자신의 삶의 가치와 의미를 잃는 것이 이들에게는 더 견딜 수 없는 일일 것이다.

오늘을 살아가는 평범한 사람들이 사마천이나 다산처럼 죽음과 삶의 무게를 가늠해야 할 상황에 처하는 경우는 드물지도 모른다. 친구 간의 우정은 소중하지만, 친구를 위해 목숨을 걸어야 하는 상황도 상상하기 어렵다. 여기서 우리가 생각해야 할 점은 바로 죽음과 삶의 의미다.

그 어떤 삶에도 지켜나갈 소중한 가치가 있다. 그 어떤 죽음보다 삶은 더 소중하다. 죽음 이후에는 더 이상 아무것도 이룰 수 없지만 삶은 그 가능성이 무한하기 때문이다. 모든 삶은 찬란하다.

계로가 죽음에 대해 묻자 공자는 이렇게 답했다.
"아직 삶도 모르는데 어찌 죽음을 알겠는가?"
_《논어》

사람은 자신을 존중하는 이에게 목숨마저 바친다

君使臣以禮 臣事君以忠
군사신이예 신사군이충

임금은 예로써 신하를 대하고, 신하는 충으로써 임금을 섬긴다.

_《논어》〈팔일八佾〉

안자晏子는 공자와 비슷한 시기에 활동했던, 제나라 역사상 가장 뛰어난 재상 가운데 하나로 꼽히는 인물이다.《논어》를 비롯해 많은 고사에 소개되고 있는데 모두가 그의 훌륭한 인격과 뛰어난 재능을 칭찬하고 있다. 심지어《사기》의 저자 사마천은 "안자가 지금 살아 있다면 나는 그의 마부를 하더라도 모시고 싶다"라고 말할 정도였다. 그의 행적을 모은《안자춘추晏子春秋》에 실린 고사다.

제나라 군주 경공이 안자에게 물었다. "충신은 군주를 어떻게 모시는 것이오?" 이에 안자가 대답했다. "군주가 재난을 당할 때 그를 위해 죽지 않고, 군주가 망명할 때 그를 배웅하지 않는 것입니다."

의외의 대답에 경공이 깜짝 놀랐다. "군주가 신하를 위해 땅을 봉해주

　　　　　　　　　　　　　　　다산의 마지막 습관

고 관작도 나눠 줬는데 군주가 재난을 당해도 군주를 위해 죽지 않고, 군주가 망명할 때 배웅도 하지 않는 것은 도대체 무슨 연유요?"

안자가 말했다. "신하의 건의가 받아들여져 올바로 행해지면 평생 재난이 있을 리가 없는데 신하가 군주를 위해 죽는 일이 왜 일어나겠습니까? 신하의 간언이 받아들여지면 평생 망명할 필요가 없는데 신하가 군주를 배웅할 일이 있겠습니까? 신하의 간언이 받아들여지지 않아 군주가 재난을 당했는데도 그를 위해 죽는 것은 헛된 죽음입니다. 간언이 받아들여지지 않았는데도 군주가 망명한다는 이유로 그를 배웅한다면 그것은 거짓 충성에 불과합니다."

이 고사는 신하가 일방적으로 군주를 모셔야 하는 것도 아니고, 군주 역시 권세만 휘두를 것이 아니라 자기 책임을 다해야 한다는 군신 간의 도리를 말해준다. 역설적으로 말한 것이지만 군주와 신하의 올바른 관계에 대한 통렬한 지적이다.

앞의 예문은 《논어》 〈팔일〉에 실려 있는데, 노나라 임금 정공定公이 '군주와 신하의 관계는 어때야 하는지'를 묻자 공자가 대답해준 말이다. 당시 막강한 세력을 구가하며 군주의 권위까지 위협하는 계손씨에게 시달리던 정공은 올바른 군신의 관계에 대한 해답을 공자에게 구하고자 했었다.

공자도 안자와 마찬가지로 군주와 신하는 일방적인 것이 아니라 서로 존중해야 하는 관계라고 말한다. 군주는 신하에게 반드시 예를 지켜야 하고, 신하는 충심으로 군주를 보필해야 한다는 것이다. 같은 뜻의 말이지만 안자에 비해 공자의 말은 훨씬 부드럽다.

여기서 충이란 흔히 알고 있는 일방적인 복종과 무조건적인 충성이 아니다. 경건하고 충실하게 임금을 대하되, 반드시 올바른 도리를 따르도록 군주를 이끌어야 한다는 것이다. 그 구체적인 방법이 《효경》에 실려 있다.

"군자가 임금을 섬길 때 조정에 나가서는 충성을 다할 것을 생각하고, 집에 돌아와서는 임금의 허물을 보충할 것을 생각한다. 임금의 훌륭한 점은 받들고 잘못된 점은 바로잡으려고 한다. 이런 생각 때문에 군주와 신하가 서로 친애할 수 있다."

신하가 군주를 충실하게 모시는 자세의 핵심은 군주의 잘못에 대해 직언을 하고 고치도록 하는 것이다. 리더의 뜻에 무조건 따르거나 지시에 무조건 복종하는 것은 충성이 아니다.

존중받고 싶다면
먼저 존중하라

정조의 총애를 받았던 다산도 신하가 임금에게 어떤 존재가 되어야 하는지를 말했던 적이 있다. 실제로 다산은 벼슬에 오르기 전부터 정조의 총애를 받았고, 벼슬길에 오른 후에는 그 뜻이 맞아서 함께 많은 일을 도모했다. 하지만 총애를 받았으나 사적에는 기록되지 않았던 것을 한탄했다. 《논어》에서는 "그 지위에 있지 않으면 정사를 도모하지 않는다"라고 했고, 《주역》에서는 "군자는 생각하는 범위가 그 지위에서 벗어나지 않는다"고 했는데, 그 가르침을 새기지 못했기에 그랬을 것이라고 후회하기도 했다. 그리고 자신이 생각하는 신하의 몸가짐에 대해 이렇게 말했다. 두 아들에게 준 가훈에서다.

임금을 섬길 때에는 임금의 존경을 받는 사람이 되어야지, 임금의 총애를 받는 것은 중요하지 않다. 또 임금의 신뢰를 받는 사람이 되어야지 임금을 기쁘게 하는 사람이 되는 것은 중요하지 않다. 아침저녁으로 임금을 가까이 모시는 사람은 임금이 존경하는 사람이 아니며, 시나 글을 잘하고 기예를 가진 사람도 임금이 존경한다고 할 수 없다. 글씨를 민첩하게 잘 쓰는 사람도 그렇고, 얼굴빛을 잘 살피며 비위를 맞추는 사람, 자주 벼슬을 그만두겠다고 하는 사람, 권력자에게 이리저리 빌붙는 사람도 임금이 존경하지 않는다.

사람들이 보기에 능력이 있어도, 처세술이 좋아도 좋은 신하라고 할 수 없다. 군주의 마음에 들어 총애를 받거나 비위만 잘 맞추는 사람도 마찬가지다. 다산이 벼슬을 하던 당시 많은 벼슬아치들이 보이던 모습일 것이다. 다산이 정의했던 좋은 신하란 임금의 존경을 받는 사람이다. 그리고 흔들리지 않는 굳건함으로 임금의 신뢰를 받는 사람이다. 하지만 다산은 스스로 그런 신하가 되지 못했다고 자신을 돌아본다. 임금의 총애를 받고 기쁘게는 했을지 모르나 존경과 신뢰를 받는 신하가 되기에는 부족했다는 것이다. "비록 경연에서 온화하게 말을 주고받고, 일을 처리할 때 비밀히 부탁하고, 임금이 마음속으로 믿고 의지해 서신이 자주 오가고, 하사품이 자주 내려질지라도 그런 것을 총애나 영광으로 믿어서는 절대 안 된다."

다산은 정조의 큰 사랑을 받았으나 오히려 다른 신하들의 시기를 받아 끊임없이 모함에 시달렸던 자신의 모습을 후회했다. 그리고 임금 역시 그

책임을 질 수밖에 없다고 한탄했다. 정말 크게 키워줄 만한 인물이라면 차라리 그 아끼는 마음을 감추고 조용히 양육시켜나가는 것이 더 좋았지 않았을까 하는 아쉬움이다.

'선우후락先憂後樂'이라는 말이 있다. "선비는 마땅히 천하 사람의 근심에 앞서서 근심해야 하고, 천하 사람들이 다 즐거운 뒤에 즐거워해야 한다"는 뜻으로 사회지도층의 도덕적 의무를 말한다. 하지만 오늘날 오히려 보이지 않는 계급 질서는 더 견고해지고, 심지어 비열하기까지 한 세태다. 높은 지위, 많은 재산은 마치 그 어떤 나쁜 행동도 저질러도 되는 권리처럼 받아들여지고, 높은 지위에 이르면 사람들을 위해 근심하는 것이 아니라 사람 위에 군림해도 된다는 착각이 상식처럼 되었다.

사람과 사람의 관계는 계급을 막론하고 서로 간의 존중이 바탕이 되어야 한다. 그 어떤 지위나 부, 권력을 가졌어도 마찬가지다. 눈앞의 사람을 존중할 줄 모르면 존중받을 자격이 없다. 그 옛날 무소불위의 권력을 지닌 임금에게도 신하를 존경하고 신하에게 진심으로 존경받을 것을 요구했다. 오늘날은 말할 것도 없을 것이다.

...

"구성원들의 가치를 인정하고 존중하는 것."

크리스틴 포래스 교수(조지타운대)가
직장인 2만 명에게 리더의 자질을 물은 다음 내린 결론이다.

설득은 자기 자신부터
설득하는 데에서 시작된다

子路問事君 子曰 勿欺也 而犯之
자로문사군 자왈 물기야 이범지

자로가 임금을 섬기는 방법을 묻자 공자는 "진실을 속여서는 안 된다.
속이지 말고 범하여 간해야 한다"고 답했다.

_《논어》〈헌문憲問〉

자로는 공자의 제자로 이름은 중유仲由다. 공자의 제자 가운데 가장 용맹하고 걸출한 인물로 공자를 만나기 전에는 칼을 차고 다니며 한량 생활을 했고, 공자의 제자가 되고서도 옛 버릇을 버리지 못해 공자의 걱정거리가 되었다. 공자는 사람들에게 "자로는 용기에서는 나를 앞서지만 그것을 제대로 사용할 줄은 모른다. 자로처럼 강직한 성품에 용맹이 지나친 사람은 제 명에 죽기 어렵다"고 말하기도 했다.

실제로 자로는 괴외의 난을 바로잡고자 현장을 찾았다가 죽임을 당하고 만다. 죽음을 앞두고서도 "군자는 죽더라도 갓을 벗지 않는다"며 갓끈을 다시 묶고 죽음을 맞음으로써 공자의 가르침을 끝까지 지키려고 했던 인물이다.

강직했던 만큼 자로는 스승인 공자 앞에서도 당당히 자신의 생각을 밝혔다. 오히려 강직함이 지나쳐 예에 어긋나는 바가 있지는 않을까 걱정해야 할 정도였다. 당연히 임금 앞에서도 자기 생각을 밝히는 데 주저함이 없었을 것이다.

앞의 예문은 《논어》 〈헌문〉에 실려 있는데, 별다른 설명 없이 이 문장만 실려 있다. 따라서 많은 고전에서 이 문장을 해석해준다.

《소학집해》에서 주자는 "범한다는 것은 얼굴을 범해 간쟁함을 이른다"라고 했다. 임금이 화가 나서 얼굴이 붉게 변한다 해도 곧고 바른 말을 해야 한다는 것이다. 한편 사마광의 제자인 범조우范祖禹는 자로의 강직한 성품을 잘 간파했다. "안색을 범하는 것은 자로에게 어려운 게 아니었지만 속이지 않는 게 어려웠다. 그러므로 공자가 먼저 속이지 말라고 했고 후에 안색을 범하라고 가르친 것이다."

《심경》의 저자 진덕수는 "거짓말을 하고 바르지 않음을 '기欺'라 하고, 곧은 말을 하고 숨기지 않음을 '범犯'이라 하니, 기와 범은 서로 반대다. 《예기》 〈단궁〉에 '임금을 섬기되 범함은 있고 숨김은 없다(위사군 유범이무은謂事君 有犯而無隱)'고 실려 있다"라고 말했다. 거짓말을 하는 것과 범하는 것은 서로 반대되는 것이니 거짓말을 한다는 것은 범하지 않으려는 것이고, 만약 진실을 말해야 하면 어쩔 수 없이 임금의 얼굴을 범할 수밖에 없다는 것이다. 진덕수가 말했던, 《예기》 〈단궁〉에 실린 말은 이렇다.

어버이를 섬기는 데 숨기는 것은 있어야 하고 범하여 간하는 일은 있어서는 안 된다. 임금을 섬기는 데는 범하여 간해야 하고 숨기는 것이 있으면 안 된다. 스

승을 모시는 일은 범하는 일도, 숨기는 일도 없어야 한다(사친유은이무범 사군유범

이무은 사사무범무은 事親有隱而無犯 事君有犯而無隱 事師無犯無隱).

어버이에 대해서는 그 마음이 상하지 않게 헤아려야 하니, 진실이라고
해도 반드시 말해야 하는 것은 아니다. 부모를 대할 때 중요한 것은 꼭 진
실을 밝혀 따지는 것이 아니라 부모를 지켜드리는 일이기 때문이다.

하지만 임금에게는 모든 일을 밝힐 수 있어야 한다. 임금은 개인이라기
보다는 나라를 상징하는 인물이기 때문이다. 임금의 심기만 살피고 진실
을 은폐하는 것은 나라를 망치는 일이 될 수도 있다. 불편하지만 중요한
정보를 은폐하면 나라를 망하게 할 수도 있고, 나라가 망한다면 임금도 신
하도 백성도 존립할 수 없다.

마음은 진심과
마주했을 때 움직인다

그러나 친구 앞에서도 바른말을 한다는 것은 현실적으로 쉬운 일이 아니
다. 하물며 최고 권력자의 얼굴이 붉어지는 상황과 아무렇지 않다는 듯 맞
닥뜨릴 수 있는 사람은 거의 없을 것이다. 평소엔 임금 앞에서도 직언을
해야 한다고 주장할 수 있겠지만 막상 그것이 자기 일로 닥치면 쉽지 않은
것이 사실이다. 강직하고 용감한 자로라고 해도 마찬가지였을 것이다.

다산은 이런 인간의 한계에 대해 솔직하게 털어놓았다. 모함을 받아 억

울하고 험난한 삶을 살았기에 권력의 속성을 잘 알고 있지만, 바른 도리를 말해야 한다는 도리 역시 회피할 수 없었기 때문이다.

> 초야에서 진출한 선비가 가장 좋은 것이니 그때는 임금이 그 사람에 대해 잘 알지 못하기 때문에 론論이나 책策 같은 글을 올리는데, 그 글은 충직하고 강직하고 간절해도 해롭지 않다. 미사여구로 문장이나 꾸미는 작은 솜씨는 설사 한 세상에 회자된다고 해도 광대가 우스갯짓을 하는 행동 따위일 뿐이다.

벼슬을 하면서 임금의 앞에서 강직한 간언을 하기는 어렵다. 그래서 꾸미는 말을 하게 되는데, 그것보다는 차라리 초야에서 갓 올라온 선비처럼, 또는 아예 초야로 물러나 강직하게 간언하는 것이 좋지 않겠느냐는 솔직한 심정을 말한 것이다. 하지만 다산은 설사 관직에 있어도 절대로 간언을 회피해서는 안 되는 직책이 있다면서 이렇게 말했다. "언관言官의 지위에 있을 때는 날마다 적절하고 바른 논의論議를 올려서 위로는 임금의 잘못을 공격하고 아래로는 백성들의 숨겨진 고통을 알리도록 해야 한다."

임금에게 간언하고 잘못을 지적해야 하는 직무를 지닌 언관은 아무리 두렵더라도 그 일을 회피해서는 안 된다. 실제로 다산은 사헌부 지평, 사헌부 간언 등 가장 중요한 언관의 직을 맡아 수행하기도 했다.

권력 앞에서 함부로 말하고 행동하는 것은 무모한 일이다. 특히 자신의 임명권자나 안위를 위협할 수 있는 사람에게는 더더욱 그렇다. 하지만 조직이 잘못되고 있는 데도 침묵하는 것은 비겁하고 무책임한 일이다. 특히 자신이 맡은 직무와 관련된 일에서는 더욱 그렇다. 이때 필요한 것은 거북한 이야기라도 부드럽게 할 수 있는 지혜다. 최대한 상대의 마음을 상하지 않게 올바른 도리를 말할 수 있어야 한다.

물론 결코 쉬운 일은 아니다. "설득이 어려운 까닭은 상대의 마음을 알아내 거기에 자신의 의견을 맞출 수 있어야 하기 때문이다"라고 《한비자》에는 실려 있다. 상대방의 심리를 읽고, 적절한 비유와 감성적인 표현으로 공감대를 형성할 수 있는 공부가 필요하다. 하지만 그 무엇보다 중요한 점은 반드시 진실을 바탕으로 해야 한다는 것이다.

...

상대를 대하는 진심은 자기 자신에게
다른 마음을 품지 않는 데에서 우러나온다.

사람은 누구나 매일 인생의 시험을 치른다

鄙夫 可與事君也與哉 其未得之也患得之 旣得之患失之 苟患失之 無所不至矣
비부 가여사군야여재 기미득지야환득지 기득지환실지 구환실지 무소부지의

필부와 더불어 임금을 섬길 수 있겠는가? 그는 관직을 얻지 못했을 때는
얻을 것만 걱정하고, 얻고 난 후에는 잃어버릴까 걱정한다.
항상 관직을 잃어버릴까 걱정한다면 그 어떤 짓도 못할 것이 없다.

_《논어》〈양화陽貨〉

닭이 울면 일어나 부지런히 선한 일을 행하는 자는 순舜임금의 무리요, 닭이 울면 일어나 부지런히 이익을 추구하는 자는 도척盜跖의 무리다. 순임금과 도척을 나누는 차이를 알고 싶은가? 이익을 추구하는 것과 선한 일을 행하는 것 사이의 차이일 뿐이다.

《맹자》〈진심 상〉에 실린 유명한 글이다. 맹자는 올바른 사람과 부도덕한 사람을 나누는 것을 자기 이익을 추구하느냐 아니냐로 보았다. 물론 선과 악을 지나치게 단순화했다고 할 수 있다. 하지만 이미 많은 고전에서 자신의 이익을 추구할 때에는 반드시 바른 도리에 기초해야 한다고 말하고 있다.《논어》에 거듭해서 실려 있는 '견리사의見利思義'가 대표적이다. 이

익이 되는 일을 보면 먼저 그것이 의로운 일인지를 생각하라는 것이다. 〈이인〉에 실려 있는 "부귀영화는 사람들이 바라는 것이지만 정당한 방법으로 얻은 것이 아니라면 누려서는 안 된다"도 같은 뜻의 말이다.

예문의 글은 관직의 관점에서 자기 이익만 추구하는 사람들의 모습을 말한 것이다. 관직에 오르지 못했을 때는 오직 벼슬자리 하나 얻을 것만 생각하고, 관직에 올랐을 때는 자리보전만 생각하는 것은 자기 이익에 휘둘려 끌려 다니는 삶이다. 다산은 좀 더 구체적으로 이런 사람의 행태를 말하고 있다. 홍문관의 직제인 청직淸職을 폐지해야 한다는 주장을 하는 〈직관론〉에 실린 글이다.

"재정이 남는지 모자라는지를 분별하지 못해도 청직을 맡는 데는 해가 되지 않는다. 군대의 일이나 소송과 옥사를 몰라도 청직을 맡는 데 문제가 되지 않는다. 뿐만 아니라 문학이나 관직의 언어를 등한히 해도 청직을 맡는 데 상관이 없다. 어리석고 용렬해 일찍이 시비를 따지고 부족한 것을 채우기에 모자람이 있어도 안 될 것이 없다. 기준도 없이 당론을 과격하게 세워 인재를 가로막고 능히 그 새순을 누르고 싹을 꺾기나 한다. 남의 사사로운 일을 들춰내서 각박하고 잔혹한 논리를 펴고, 남의 과오를 캐서 때를 노려 참소하고 이간질한다. 이것이 바로 청직을 맡은 자가 하는 일이다. 그러다가 수령이 되어 외지로 나가라는 명을 받으면 '나를 업신여기는 것'이라며 탐탁지 않게 여긴다. 친구들은 위로하고 전별하며 그를 떠나보낸다. 저들은 과연 어떤 사람들인가? 다 똑같은 이들일 뿐이다. 이 사람을 시켜 저 사람을 기르게 하는데도 마땅치 않게 여기니 그 뜻을 세움이 오만한 것이 아니겠는가?"

청직이란 임금에게 간언하는 간관이나 세자를 가르치는 시강의 역할을 하는 사람을 일컫는 말이다. 당시 가장 권위 있는 자리이며 누구나 선망하는 좋은 관직이었다. 하지만 다산이 봤을 때 정작 이들은 실력도 없고 일에 임하는 태도 역시 정당하지 않았다.

실력에 상관없이 오직 자기 편만을 챙겨 능력 있는 인재의 등용을 막았고, 자기편일 경우 어떠한 잘못도 눈감아주지만 다른 당파의 경우에는 이유를 불문하고 공격했다. 또한 지방의 목민관으로 나가는 명을 받으면 자기를 업신여기는 인사라고 여겨 불만을 드러냈다. 이런 이가 목민관이 되면 백성을 어떻게 대할지는 명약관화한 일이다. 이런 이유에서 다산은 차라리 청직을 없애는 것이 좋겠다고 한탄을 했다. 그리고 대신과 같은 높은 관직은 물론 하급관리에 이르기까지 진정한 공직자의 자세에 대해 이렇게 말한다.

"대신의 의리는 사람을 써서 임금을 섬기는 까닭에 선악을 밝게 판단해 어진 인사를 등용하고, 시비를 밝게 구별해 뛰어난 인재를 발탁하는 것이다. 이리하여 어진 인사와 뛰어난 인재가 한몸이 된 것처럼 한 사람의 임금을 섬기는 것, 이것이 대신의 직분이다."

"미관말직에 있을 때에도 신중하고 부지런하게 정성을 들여 맡은 일을 다해야 한다. … 남의 잘못을 지적할 때는 탐욕스럽고 비루하고 음탕하고 사치스러운 점만 지적해야지, 편파적으로 의리에만 의거해 자기와 뜻이 같은 사람이면 편을 들고 뜻이 다른 사람이면 공격해서 함정에 몰아넣어서는 안 된다."

인생은 고난으로
판가름 나지 않는다

삶의 자세 역시 마찬가지다. 이익을 좇는 데에만 급급하다면 이익이 된다 싶으면 그 어떤 일도 서슴없이 하게 된다. 당장 재산을 늘리고 성공할 수는 있을지 모르겠으나 인생의 목적과 수단이 바뀌면서 삶은 곧 피폐해질 것이고 바른 사람들도 하나둘 곁을 떠난다.

역경에 처했을 때도 마찬가지다. 어떤 상황에서도 스스로를 잃지 않는 사람은 역경마저 잊어야 할 어두운 역사가 아니라 의미 있는 시간으로 간직할 수 있다. 다산은 스스로 쓴 묘비명에서 자신의 귀양 생활을 이렇게 이야기했다.

> 육경과 사서를 가져다 골똘히 연구했다. 한나라와 위나라 이래로 명과 청에 이르기까지 유가의 학설 중에서 경전에 보탬이 될 만한 것을 널리 수집해 꼼꼼히 살펴 잘못된 것을 바로 하고, 취하고 버릴 것을 드러내어 일가의 말로서 갖추었다. … 경계하고 공경해 부지런히 노력하는 동안 늙음이 이르는 것도 알지 못했다. 이야말로 하늘이 내게 준 복이 아니겠는가?

다산은 최악의 상황에서 오히려 중요한 성취를 이뤄냈다. 다산 같은 위인이 아니라 평범한 우리네 삶에서도 닥쳐온 고난으로 인생이 결정되지는 않는다. 마찬가지로 많은 이익을 얻는 순간이 반드시 삶에서 귀한 시간이 되는 것도 아니다. 어떤 상황에 처하느냐는 누구도 자기 뜻대로 할 수

없다. 하지만 그 상황에서 무엇을 얻고 무엇을 이루느냐는 자기 자신에게
달려 있다.

...

인간은 나약하고 초라하다.
그래서 비루함에 맞서는 위대한 도전을 할 수 있다.

다산의 마지막 습관

친구란 같은 위치에서
같은 곳을 바라보는 존재다

寡婦之子非有見焉 弗與爲友
과부지자비유견언 불여위우

과부의 아들은 탁월한 재주가 없으면 벗으로 삼지 않는다.

_《예기》〈곡례〉

《논어》〈학이〉에는 공자가 군자의 자격에 대해 했던 말이 실려 있다. "군자가 신중하지 않으면 위엄이 없으니, 학문을 해도 견고하지 못하다. 진실하고 믿음성 있는 행동에 힘쓰며, 자기와 같지 않은 자를 벗 삼지 말고, 허물이 있으면 고치기를 꺼려하지 말아야 한다."

그중에 벗을 사귀는 기준이 '자기와 같지 않은 자를 벗으로 삼지 말라(무우불여기자無友不如己者)'인데, 듣기 매우 거북한 말이다. 어린 시절에 듣고 질색했던 '너보다 공부 못하는 아이와는 사귀지 말라'는 잔소리와 같은 느낌이기도 하다. 그러나 공자는 사람을 점수로 평가하듯 가려서 사귀라고 말한 것이 아니다. 친구란 학문과 수양에서 함께 수행하며 서로에게 서로를 함양해주는 존재여야 한다는 가르침이다. 즉 같은 눈높이로 앞을 함께 바라볼 수 있도록 북돋아주는 것이 친구이기에 바라보는 방향이 다르면 벗이 되기 어렵다는 의미다.

《예기》〈곡례〉에 실려 있는 앞의 예문 또한 선뜻 받아들이기 어렵고 받아들여서도 안 되는 지점들이 있다. 당장 '과부의 아들'이라는 말 또한 소외된 자를 일컫는 일종의 비유임을 감안해도 편견을 전제로 삼았기에 그릇된 표현이다.

다만 우리는 예문을 곧이곧대로 받아들일 것이 아니라 행간에 숨은 의미를 찾아야 한다. 예문에는 '어려운 환경에 갇힌 사회적 약자라고 해도 재주를 갖추고 있다면 그 능력을 인정해야 한다'는 뜻이 담겨 있다. 아무리 어려운 여건에 처해 힘겨울지라도 탁월한 능력을 쌓을 수 있으면 누구에게도 머리를 숙이지 않고 벗으로 어깨동무할 수 있는 위치에 오를 수 있다는 의미이기도 하다.

친구란 구분해 나눌 수 있는 단위가 아니다

다산은 신분에 따른 차별을 철저히 반대했다. 특히 신분과 사회적 지위가 높다고 해서 그 사람이 뛰어날 것이라는 예단에는 전혀 동의하지 않았다. 다음은 흑산도에서 귀양 중이던 둘째 형 정약전에게 보낸 편지다.

사대부 자제만 해도 모두 쇠미한 기운을 띠고 있어 다 아랫길입니다. 그 정신 상태는 책만 덮으면 모두 잊어버리고, 품은 뜻은 하류에 안주합니다. 《시경》, 《서경》, 《주역》, 《예기》 가운데 미묘한 말과 논의를 이따금 한 번씩 말해주어 향학을 권해 보면 그 꼴이 마치 발이 묶인 꿩과 같습니다. 쪼아 먹으라고 해도 쪼지 않아 머리를 눌러 낟알에 갖다 대면 부리와 낟알이 서로 닿아도 끝내 쪼아 먹지 않는 자들입니다. 장차 이를 어찌하겠습니까?

다산은 사대부 집안 아이들의 나약함과 나태함을 깊이 한탄했다. 그들은 굳이 노력하지 않아도, 도전하지 않아도 신분이 보장되기에 노력하지도, 도전하지도 않았다. 다산은 또한 신분에 따른 차별 없이 인재를 등용해야 한다고 주장하는 〈통색의通塞議〉에서 이렇게 말했다.

신은 엎드려 생각하건대 인재를 얻게 된 지가 이미 오래입니다. 온 나라의 인재를 뽑아 발탁하더라도 부족할까 염려되는데, 대부분을 버려서야 되겠습니까? 온 나라의 백성들을 다 모아 배양하더라도 진흥시키지 못할까 두려운데, 대부분을 버린단 말입니까? 소민小民(평민)이 그중에 버림받은 자이고 중인中시(의원, 역관 등 중간 계급)이 그중에 버림받은 자입니다. 서관西關(평안도와 함경도) 사람이 그중에 버림받은 사람이고, 심도沁都(강화도) 사람이 그중에 버림받은 자입니다. 관동과 호남 절반이 그중에 버림받은 자이고, 서얼이 그중에 버림받은 자이고, 북인과 남인은 버린 것은 아니나 버린 것과 같으니, 버리지 않은 자는 오직 문벌 좋은 집안 수십 가호뿐입니다. 이 가운데서도 사건으로 인해 버림을 당한 자가 또한 많습니다.

다산은 신하들과 각 지방의 방백들이 천거한 뛰어난 인재들이 차별 없이 과거를 보게 하는 것을 하나의 방편으로 제시했다. 능력이 뛰어난 자들은 신분을 가리지 않고 과거를 보게 해서 차별 없이 등용하자는 제안이었다. "과거에 합격한 자들을 이른바 유력가문 집안과 같이해서 그 자손으로 하여금 영원토록 청명한 집안이 되게 하는 것입니다. 이렇게 하면 나라의 풍속을 개혁함이 없이 막혀 있는 인재를 진작시키고 답답한 울분을 소통할 것이니, 이 방법보다 더 좋은 것이 없습니다."

지역과 사회적 계급, 당파에 관계없이 모든 사람에게 균등하게 기회를 제공하고 공정한 심사를 거쳐 자신의 꿈과 이상을 펼칠 기회를 주자는 것이다. "기회는 평등하고, 과정은 공정하고, 결과는 정의로워야 한다"라는 구호를 연상케 하는 주장이다.

오늘날 '금수저'라는 체념 섞인 유행어가 일상에서도 범람하고, 여전히 특권층이 누리는 갖가지 이권과 특혜가 없다고 자신하기 어렵다는 점에서 보면, 다산의 주장이 더욱 절실하게 다가온다. 다산 역시 명문가의 자손으로 많은 것을 받으며 성장했을 것이기에 꺼내기 쉽지 않은 비판이었을 것이다.

예문에서 이야기한 '과부의 아들', 그리고 다산이 말했던 '버림받은 자' 등 스스로를 소외된 처지이자 소수이며 약자라고 느끼는 사람이 많을 것이다. 살아오며 맞닥뜨린 보이지 않는 차별과 그릇된 편견에서 비롯된 불공정한 처사에 분노를 참을 수 없을 때도 많았을 것이다.

공정이니 기회니 운운하며 말은 얼마든지 그럴 듯하게 꾸밀 수 있지만 오늘날 현실은 여전히 여간해선 약자가 이겨내기 어려울 정도로 불공정한 것이 사실이다. 만약 그렇게 기울어진 사회를 겪으며 울분을 넘어 좌절을 느끼고 체념하고 싶은 상황이라면, 도무지 앞이 보이지 않는 암담한 상황에서 다산이 어떻게 살아냈는지를 떠올렸으면 한다.

"복숭아와 오얏은 말을 하지 않아도 나무 밑에 저절로 길이 생긴다(도리불언 하자성혜桃李不言 下自成蹊)"라고《사기》에 실려 있다. 누군가는 편하게 길을 가는데, 가시를 꺾고 돌멩이를 골라내며 새로운 길을 만들어야 하는 처지가 억울할 것이다. 그러나 내가 이렇게 내준 길 덕분에 뒤를 따르는 누군가는 편하게 걸을 것이다. 그리고 훗날 고개를 돌렸을 때 자신의 등 뒤를 좇는 사람들이 길게 줄을 늘어선 광경을 볼 것이다.

...

고통 없이 가볍게 쓰인 글은
쉽게 휘발되기 마련이다.

남의 욕망을 나의 욕망으로
착각하며 사는 것은 불행한 인생이다.
그렇게 자신을 속이며 살다 보면
인생 전체가 거짓말이 된다.

_《인생의 공식 64》 중에서

말이란 지나온 발자국에서
우러나와야 한다

正爾容 聽必恭 毋勦說 毋雷動 必則古昔 稱先王
정이용 청필공 무초설 무뇌동 필칙고석 칭선왕

용모를 단정히 하고 공손하게 듣는다. 표절해서 말해서는 안 되며,
부화뇌동해서도 안 된다. 반드시 옛것을 근거로 삼아 선왕의 가르침을 말해야 한다.

_《예기》〈곡례〉

《논어》〈옹야〉에는 '질승문즉야 문승질즉사 문질빈빈 연후군자質勝文則野 文勝
質則史 文質彬彬 然後君子'라는 유명한 성어가 실려 있다. "바탕이 겉모습을 넘어서
면 촌스럽고, 겉모습이 바탕을 넘어서면 형식적이게 된다. 겉모습과 바탕
이 잘 어울린 후에야 군자답다"는 뜻이다.

내면의 충실함과 외면의 단정함이 함께 어우러져야 한다는 말로, 공자
는 학문과 수양에 대해 말한 것이지만 인생의 모든 측면에 통하는 이치다.
겉만 그럴 듯한 것뿐만 아니라 내용만 꽉 찬 것 또한 한계가 분명하니 겉
과 속이 모두 충실해야 한다. 나아가 속이 충실하다면 그것을 겉으로도 잘
드러낼 수 있어야 한다.

《예기》〈곡례〉에 실려 있는 앞의 예문은 배움의 자리로 나아갈 때 취해

다산의 마지막 습관

야 할 자세에 대해 말한다. 첫머리에 나온 '용모를 바르게 하고 반드시 공손하게 들어야 한다'는 배움에 충실한 사람이 겉으로 드러내는 자세다. 다산은 두 아들에게 이러한 이치를 명심시켰다.

지난번에 너를 보니 옷깃을 여미고 무릎 꿇고 앉으려 하지 않아, 단정하고 엄숙한 빛이 전혀 보이지 않았다. 이는 나의 병통이 한 번 옮겨가서 너의 못된 버릇이 된 것이니, 성인이 '먼저 외모로부터 수습해나가야 바야흐로 마음을 안정시킬 수 있다'고 가르친 이치를 모르는 것이다. 세상에 비스듬히 눕고 삐딱하게 서서 큰소리로 지껄이고 어지러이 보면서 공경하게 마음을 지킬 수 있는(주경존심主敬存心) 자는 없다. 그러므로 '몸을 움직이는 것(동용모動容貌)', '말을 하는 것(출사기出辭氣)', '얼굴빛을 바르게 하는 것(정안색正顔色)'이 학문을 하는 데 가장 먼저 해야 할 것이니, 이 세 가지에 힘쓰지 못한다면 아무리 하늘을 꿰뚫는 재주와 남보다 뛰어난 식견을 가지고 있더라도 끝내 발을 땅에 붙이고 바로 설 수 없다.

그다음, 남의 주장을 옮겨서는 안 된다는 것은 학식을 자랑하기 위해 남의 것을 제 것인 양 말해서는 안 된다는 것이다. 학문에 편법이 있어서는 안 된다는 당연한 이치는 공부를 넘어 인생의 모든 측면에 해당한다. 출세를 위해, 성공을 위해 편안한 길만 찾으려 한다면 스스로를 망치는 길이 된다. 편법이 불법이 되고 결국은 수단과 방법을 가리지 않는 부도덕한 인물이 될 수도 있다. 다산은 느리더라도 정도를 걸으라고 권한다. 그는 '여러 유생에게 베푼 말(위다산제생증언爲茶山諸生贈言)'에서 이렇게 말했다.

"가을이 깊으면 열매가 떨어지고, 물이 흘러가면 도랑이 만들어진다.

이는 이치가 그런 것이다. 너희들은 모름지기 지름길을 찾아서 가야지, 울퉁불퉁한 돌길이나 덤불이 우거진 곳으로 가서는 안 된다."

여기서 지름길이란 흔히 알고 있는 빠르고 편하게 목적지에 도달할 수 있는 길이 아니다. 빠른 결과를 위해 요령을 부리거나 편법을 쓰라는 말도 아니다. 다산이 말했던 지름길은 기본을 탄탄히 하고 정도를 걷는 것이다. 기본을 탄탄히 할 때 자연스럽게 학문의 결과를 얻을 수 있고 정도를 걸을 때 오히려 더 빨리 도달할 수 있다. 예문에서 말하는 표절은 지름길이 아니라 망하는 길이다.

한 권의 책을
차근차근 씹어 삼키듯이 읽어라

다산은 책을 접할 때 단순히 많이만 읽는 다독이 아닌 초서抄書를 강조했다. '초서'란 책에서 중요한 부분을 뽑아서 직접 기록하며 책을 읽는 것이다. 당연히 느릴 수밖에 없다. 아들에게 보내는 글에서 다산은 초서를 이렇게 설명하며 권했다.

학문의 요령에 대해 전에 말했거늘, 네가 필시 이를 잊은 게구나. 그렇지 않고서야 어찌 초서의 효과를 의심해 이 같은 질문을 한다는 말이냐? 한 권의 책을 얻더라도 내 학문에 보탬이 될 만한 것은 뽑아 기록해 모으고, 그렇지 않은 것은 눈길도 주지 말아야 한다. 이렇게 한다면 비록 백 권의 책이라도 열흘 공부거리에 지나지 않는다.

기초를 다지며 정도를 차근차근 밟아가는 것이 가장 빠른 지름길이다. 분위기에 휩쓸려 사람들의 그럴 듯한 의견을 그대로 따르는 것도 바람직하지 않다. 자기 생각이 없이 남을 따라서 배우고 말하는 것은 학문의 발전이 없다. 후한 말기 유학자 정현鄭玄은 이렇게 말했다.

"우레가 울리면 만물이 응하지 않는 것이 없다. 사람의 말은 마땅히 자기에게서 나와야지 우레에 응하듯이 해서는 안 된다(뇌지발성 물무부동시응자 인지언당각유기 부당연야雷之發聲 物無不同時應者 人之言當各由己 不當然也)."

자연에서 우레는 엄청난 소리와 위력을 가진다. 따라서 세상 만물은 우레가 울리면 저절로 귀를 막고 몸을 움츠린다. 하지만 사람의 말과 행동은 무작정 큰 소리, 주위를 위협하는 위력적인 말에 영향을 받아서는 안 된다. 분명히 뜻을 세우고 생각에 따라 말하고 행동해야 한다.《논어》에 실려 있는 "군자는 조화를 이루되 같음을 추구하지 않고, 소인은 휩쓸려 어울리되 조화를 이루지는 못한다(군자화이부동 소인동이불화君子和而不同 小人同而不和)"가 말하는 바와 같다.

분위기에 휩쓸려 눈치껏 의견을 따르는 자세는 진정한 조화가 아니다. 조화란 무작정 하나로 합쳐지는 것이 아니라 각각 분명한 주관과 독창성을 지킨 채 같은 곳을 바라보며 힘을 합치는 것이다. 목적과 목표를 향해 한 방향으로 나아가되 그 방법이 획일적이어서도 안 되며, 하나의 방법만 강요해서도 안 된다.

마지막 구절 '반드시 선왕의 가르침을 말해야 한다'는 오늘날의 관점에서는 적절히 재해석해 받아들여야 하는데, '온고이지신溫故而知新'의 지혜를 생각하면 되겠다. 기존의 것을 바꾸고, 뒤틀고, 다르게 생각해서 새로운 것을 만들어내는 것이다. 하늘 아래 완전히 새로운 것이 없듯이, 모든 창의적인 생각 또한 기존의 것들로부터 비롯된다. 이때 고전의 지혜는 큰 힘이 될 수 있다. 바로 사람에 관한 지혜이자, 오랜 시간 동안 변함없는 진리이기 때문이다.

배움에서는 몸을 바르게 정돈한 다음 주변에 휩쓸리지 않도록 허리에 힘을 주며, 빠른 결과를 위해 조급해하지 않고 차근차근 나아가는 자세가 필요하다. 모자란 듯 꾸준하게 내공을 쌓아갈 수 있다면 드러내지 않아도 자연스럽게 품격이 드러나는 어른이 될 것이다.

...

배움이란 모방에서 시작해
독창으로 나아가는 과정이다.

그래서 앞선 이가 남긴 발자국을
따라 밟을 때는 겸손해야 한다.

좋은 친구를 얻는 방법은
먼저 좋은 친구가 되는 것이다

朋友切切偲偲 兄弟怡怡
붕우절절시시 형제이이

친구 사이는 간곡하게 선을 권해야 하며 형제 사이는 화목해야 한다.

_《논어》〈자로子路〉

《논어》〈자로〉에는 "어떤 사람을 선비라고 할 수 있습니까(하여사가위지사의何如斯可謂之士矣)?"라고 제자들이 묻는 장면이 두 번에 걸쳐 나온다. 선비의 길을 가고자 하는 제자들이 선비로서의 바른 자세와 올바른 덕목을 알고 싶어서 스승인 공자에게 물어본 것이다. 이에 공자는 제자의 성향에 맞게 답을 주고 있는데, 먼저 자공의 물음에 대한 대답이다.

"자신의 행동을 부끄러워할 줄 알고, 외국에 사신으로 가서도 임금의 명을 욕되게 하지 않으면 선비라고 할 수 있다." 자공은 치부致富를 비롯해 언변과 외교술에 뛰어난 인물로 이른바 세속적인 능력이 탁월했다. 그래서 공자는 진정한 선비란 자신의 행동이 도리에서 벗어난 것은 아닌지 항상 염두에 두고 행동해야 하며, 특히 사신으로 가서도 어긋남이 없도록 해야 한다고 가르쳤다. 지나치게 성공에 집착한 나머지 정도를 벗어나서는 안 된다는 맞춤형 가르침이다.

이번에는 자로가 스승에게 같은 질문을 했다. 그러자 공자는 자로의 성향에 맞게 대답해준다. 그 전문은 이렇다.

"서로 진심으로 격려하며 노력하고, 잘 화합하고 즐겁게 지내면 선비라고 할 수 있다. 친구 사이는 간곡하게 선을 실천하고 악을 멀리하도록 권하며 형제는 화목하고 즐겁게 지내야 한다."

자로는 한량 출신으로, 그 성향이 활달하고 적극적인 만큼 감정을 잘 조절하지 못해 함께 공부하는 동문은 물론 주위 사람들과도 잘 화합하지 못했다. 앞의 예문, "친구 사이는 간곡하게 선을 실천하고 악을 멀리하도록 권하며 형제는 화목하고 즐겁게 지내야 한다"는 공자가 자로에게 주는 구체적인 실천 덕목이다.

친구 간의 덕목에서 '절절切切'이란 간절한 마음을 뜻하고, '시시偲偲'는 바른 길을 가도록 권면하는 것이다. 충고란 상대를 위하는 마음으로 절실하게 권하는 것이다. 형제 간의 덕목에서 '이이怡怡'는 화목하고 즐거운 모습을 말한다.

공자는 친구 간에는 간곡하고 절실한 마음으로 충고해야 한다고 말했지만, 타인의 허물을 지적하는 것은 결코 쉬운 일이 아니다. 아무리 진실한 마음으로 다가가더라도 뜻을 제대로 전달하는 것조차 쉽지 않다. 충고란 아무리 의도가 좋더라도 듣는 사람에게는 자존심이 상하는 일이기 때문이다.

또한 충고하는 사람에게도 자신이 상대보다 낫다는 교만한 마음이 무의식적으로 있기 마련이다. "세상에서 가장 쉬운 일은 남에게 충고하는 일이고, 가장 어려운 일은 스스로를 아는 일이다." 그리스 철학자 탈레스가 말했듯이, 내 눈에 보이는 상대방의 결점을 쉽게 지적할 수는 있다. 하지만 그때에는 반드시 조건이 있다. 반드시 나의 부족함도 인정하는 겸손을 전제로 삼아야 한다. 나의 부족함을 깨닫는 바탕이 없이 함부로 던지는 충고는 교만함이고, 듣는 사람에게 상처로 남게 된다.

친구란 나의 소리를 들어주고
이해해주는 존재다

하지만 친구의 장점만을 보고 무조건 칭찬을 늘어놓는 일은 반드시 경계해야 한다. 다산은 친구 이문달과 주고받은 편지에서 친구와의 바른 관계에 대해 이렇게 말했다.

> 십 년 전에 서울의 여러 벗과 강학하며 도에 대해 논할 때의 일입니다. 갑이 말 끝마다 칭찬하면 을은 몸을 받들어 사양합니다. 이번에 을이 배나 더 칭찬합니다. 그러면 갑은 말이 떨어지기가 무섭게 겸양합니다. 마침내 몇 년 후에 보면 누구도 벼슬길에 나아가 우뚝하게 선 사람이 없습니다. … 벗을 귀하게 여기는 것은 '절시마탁切偲磨礲' 하는 유익함이 있기 때문입니다. 돌침으로 뼈에 침을 놓듯이 어리석음과 게으름을 경계하고, 쇠칼로 눈동자의 백태를 깎아내듯 허물과 잘못을 바로잡아야 합니다.

이문달이 편지로 지나치게 다산을 칭찬하는 말을 늘어놓자 내놓은 대답이다. 진실한 사귐은 벗을 무조건 칭찬하는 것이 아니라, 스스로 보지 못하는 잘못을 보고 신랄하게 지적해 고치도록 하는 것이 옳지 않겠느냐는 지적이다. 위의 글에서 말줄임표 앞의 문장은 〈서암강학기西巖講學記〉에서 이삼환이 했던 말을 다산이 옮긴 것이다. 토론에 참여하는 사람이 쉽게 저지를 수 있는 잘못에 빗대어 친구 간의 올바른 도리를 말하고 있다.

말줄임표 다음 문장에 있는 '절시마탁'에서 절시는 예문의 문장 '절절시시'에서 따온 말이다. 마탁은 '절차탁마切磋琢磨'에서 따온 말로 '부지런히 학문을 닦고 수양을 하는 자세'를 말한다.

다산은 진정한 형제의 도리에 대해서도 자신의 삶과 글로 잘 말해주고 있다. 다산의 둘째형 정약전은 다산이 강진에서 유배 생활을 할 때 흑산도에서 유배 생활을 하며 우리나라 최초의 수산학 서적인《자산어보》를 썼던 인물이다. 다산에 비해 상대적으로 덜 알려졌지만, 정조가 '형이 동생보다 더 낫다'라고 칭찬했던 대단한 학자였다. 탁월한 학문과 높은 수양의 경지로 다산과 편지로 교류하며 다산의 학문적인 성취에 큰 힘이 되었다. 다산은 수시로 형에게 편지를 보내 저술에 관해 의견을 묻기도 하고, 서로 위로하고 격려하며 힘을 얻었다. 하지만 정약전은 모진 귀양살이에서 다산보다 먼저 세상을 떴고, 다산은 형님이자 학문적인 동지를 잃은 슬픔을 자신의 두 아들에게 보낸 편지에서 이렇게 밝힌다.

외로운 천지 사이에 다만 우리 손암巽庵(정약전의 호) 선생이 있어 나의 지기였는데, 잃고 말았다. 이제부터는 비록 얻는 바가 있어도 장차 어디에 말하겠느냐?

사람이 자기를 알아주는 이가 없으면 죽은 사람이나 다름이 없다. 아내와 자식도 내 지기가 될 수 없고, 집안도 모두 지기가 아니다. 지기가 세상을 떴으니 어찌 슬프지 않겠느냐?

다산은 형 정약전의 존재를 지기知己, '나를 알아주는 존재'라고 표현했다. 최고의 우정을 뜻하는 '관포지교管鮑之交'의 고사에서 관중이 절친한 친구 포숙을 두고 '나를 알아주는 존재'라고 했던 데서 나온 말이다. 평상시에는 서로 화목하며 즐겁게 지내고, 고난에 처했을 때는 서로 의지하며 힘이 되고, 학문과 수양에서는 서로 격려하며 동행하고, 세상에서 오직 나를 알아주는 지기가 될 수 있는 존재가 바로 형제와 벗이다.

...

친구란 서로의 등을 보는 존재가 아니라
등을 맞대는 존재다.

좋은 약은 거듭할수록
약효가 바래진다

忠告而善道之 不可則止 毋自辱焉
충고이선도지 불가즉지 무자욕언

진실한 마음으로 조언하고 인도하되, 그래도 할 수 없다면
그만둘 일이지 스스로 치욕을 당하지는 마라.

_《논어》〈안연顏淵〉

《논어》〈위령공〉에서는 자공이 공자에게 인을 묻는 장면이 나온다. 인은 유가의 가장 핵심이 되는 개념이다. 하지만 명확하게 정의해주지는 않아서 많은 제자들이 스승에게 물었는데, 공자는 그때마다 제자의 수준과 성향에 따라 다르게 말해줬다.

공자는 자공에게는 이렇게 말했다. "기술자는 일을 할 때 먼저 연장을 잘 손질한다. 마찬가지로 어떤 나라에 살든지 그 나라의 대부 중에서 현명한 사람을 섬기고, 그 나라의 선비 가운데 인한 사람과 벗해야 한다." 학문과 수양의 길을 함께 가는 사람의 중요성을 기술자에 빗대 말해준 것이다. 앞의 예문은 자공이 벗을 대할 때 어떻게 해야 하는지를 묻자 공자가 가르쳐준 말이다.

"진실한 마음으로 조언을 해주고 잘 인도하되, 그래도 할 수 없다면 그만둘 일이지 스스로 치욕을 당하지는 마라."

벗에게 잘못이 있을 때 진실한 마음으로 조언을 건네는 것은 당연한 일이다. 하지만 듣지 않는다면 친구의 허물을 바로잡는 데 집착해서는 안 되며 한 걸음 물러서야 한다는 것이다.

《논어》〈이인〉에서 공자의 제자 자유가 그 이유를 잘 말해준다. "임금을 섬김에 자주 간언을 하면 치욕을 당하고, 친구에게 자주 충고를 하면 소원해진다(사군삭사욕의 붕우삭사소의事君數斯辱矣 朋友數斯疏矣)."

임금을 위한답시고 때와 상황을 살피지도 않고 무시로 충고한다면 심기를 거스르게 된다. 결국 치욕을 당하게 되는데, 이러한 치욕은 임금의 완고함이 아니라 스스로가 불러들인 것이다. 친구 간에도 마찬가지다. 부족한 점이 보일 때마다 수시로 충고한다면, 아무리 좋은 말이라고 하더라도 듣기 괴로워진다. 결국 친구는 함께하는 자리를 조금씩 피하게 되고, 사이 또한 점점 멀어진다. "듣기 좋은 말도 한두 번이지…." 아마 많이 들어본 말일 것이다.

주자는 이 구절을 이렇게 해설했다. "벗은 인을 돕는 존재이므로 그 마음을 다해 고해주고 그 말을 선하게 하여 인도한다. 그러나 의로써 합한 자이므로 불가하면 그만둬야 한다. 만약 너무 자주 해서 소원하게 되면 스스로 욕을 당하는 것이다."

함께 수양하는 벗이란 더불어 인仁을 추구하는 자이기에 서로 부족한 점을 충고하며 함께 고쳐나가야 한다. 하지만 모든 면에서 다 같을 수는 없다. 학문과 수양의 완성이라는 같은 목표를 향해 가지만 방법이 다를 수도 있는 것이다. 또한 나에게는 맞는 방법이지만 친구에게는 맞지 않을 수도 있다. 사람마다 성향이 다르기 때문이다. 그때 상대에게 내 충고를 강요하는 것은 독선일 뿐이다.

《근사록》에서 정자程子는 충고하는 방법을 이렇게 제시했다.

"함께 있으면서 잘못을 충고하지 않는 것은 충실하지 않은 것이다. 서로 진실한 마음으로 교제하면 말하기 전에도 그 마음이 전해져 말을 하면 사람이 믿게 된다. 선한 일을 권할 때 정성은 남음이 있고, 말은 부족하게 해야 상대에게는 유익하고 나에게는 충고를 무시당하는 욕됨이 없다(책선지도 요사성유여이언부족 즉어인유익 이재아자 무자욕의責善之道 要使誠有餘而言不足 則於人有益 而在我者 無自辱矣)."

진정한 친구란 말이 아닌 마음으로 통하는 관계다. 굳이 말로 하지 않아도 눈빛만 보면 그 마음을 알 수 있다. 하지만 부득이 말로 해야 한다면 말은 최대한 줄이고 넘치도록 정성을 담아야 한다. 말로 전달할 수 있는 마음에는 한계가 있다. 진심은 말이 아닌, 마음으로 전달된다.

말로 전해지는 충고라면
굳이 말로 할 필요도 없다

다산은 귀양지에 있으면서도 함께 학문과 수양의 길을 가는 사람에게 때때로 충고의 서신을 보냈다. 충직하지만 때로는 신랄하게 꾸짖을 때도 있었다. 귀신에게 제사를 지낸 일로 물의를 빚고 귀양을 가게 된 김기서가 잘못을 뉘우치지 않고 반성하는 기미를 보이지 않자 바로잡을 것을 권하며 서신을 보냈다.

> 형의 본뜻은 선을 즐거워하고 의리를 사모하는 데에서 나왔겠지요. 하지만 터럭만큼도 귀신에게 아첨하거나 허망한 뜻을 품은 적이 없다고 하여, 스스로 당연하게 생각해 부끄러움이 없다고 여기실까 염려됩니다. 이런 까닭에 원망하고 번민하는 뜻이 절실하고, 자신을 탓하거나 뉘우치는 마음은 참되지 않은 것입니다. 이와 같다면 만년에 허물이 클 것입니다. 어찌 감히 한 마디 말로 통절하게 충고하지 않을 수 있겠습니까?

최대한 예의를 지키면서도 그 충고는 통렬하다. 하지만 진실한 마음은 제대로 전해졌을 것이다. 다산은 학문적인 이견이 있는 학자와 치열하게 논쟁하며 과감하게 비판하기도 했다. 하지만 당장 합의에 이를 수 없다면 그 결론은 후세로 미루는 것이 좋겠다고 했다. 서로 자기주장만 내세우며 섣불리 결론을 내리고자 한다면 어설픈 논쟁이 될 뿐이라는 이유에서였다. 〈김승지에게 보내는 글(여김승지與金承旨)〉에서 다산은 이렇게 말했다.

> 학자가 의리를 공부하고 익히는 것은 절차탁마를 중히 여겨야지 부화뇌동해서는 안 됩니다. 설령 갑과 을의 논쟁이 있다고 해도, 서로 힘써 자세히 살펴 마침내 함께 바른 데로 돌아가는 것이 옳습니다. 만약 서로 선입견만 고집해서 받아들이기를 기꺼워하지 않는다면 잠시 놓아두고 논하지 말아야 합니다. 그러고는 천천히 후세의 군자를 기다릴 뿐입니다. 어찌하여 각각 깃발을 세워 서로 치고

받으며 경위涇渭(시비를 가림)를 가리고 남북을 나눈다는 말입니까?

　서로 자신의 주장만 내세우는 것은 내가 상대보다 낫다는 우월감이나 나만 옳다는 아집에서 비롯된다. 내 주장이 옳다고 믿는다면 상대방이 주장하는 바에 대해서도 한 번쯤 생각해볼 수 있어야 한다. 그 주장의 근거는 무엇인지, 내 주장과는 다른 점이 무엇인지, 서로 합치될 방법은 없는지를 객관적으로 생각해보는 것이다. 이때 필요한 것이 역지사지의 상상력이다. 역지사지는 인문고전을 통해 얻을 수 있다. 바로 다산이 자신의 글과 삶을 통해 생생하게 말해주고 있다.

…

**상대방의 허물을 지적하는 일은
나의 죄를 고해하듯 조심스러워야 한다.**

　　　　　　　　　　　　　　　　　　　다산의 마지막 습관

친구는 희귀하고
변치 않는 우정은 더욱 희귀하다

益者三友 損者三友 友直 友諒 友多聞 益矣 友便辟 友善柔 友便佞 損矣
익자삼우 손자삼우 우직 우량 우다문 익의 우편벽 우선유 우편녕 손의

유익한 벗이 셋이 있고 해로운 벗이 셋이 있다. 곧은 사람,
신의가 있는 사람, 견문이 넓은 사람을 벗하면 유익하다.
아부하는 사람, 줏대 없는 사람, 말만 잘하는 사람은 해롭다.
_《논어》〈계씨季氏〉

《논어》에는 좋은 벗을 사귀어야 한다는 말이 거듭해서 실려 있다. 수양과 학문에서는 함께 동행하는 존재가 그만큼 중요하다는 것이다. "자기보다 못한 자를 벗으로 사귀지 말라", "인한 사람이 사는 마을에 거처하지 않는 것은 지혜롭지 못한 일이다", "사람의 허물은 그가 어울리는 무리를 따른다", "덕이 있는 사람은 외롭지 않다. 반드시 이웃이 있다" 등 표현은 달라도 모두 좋은 이웃과 벗을 사귀어야 한다는 말이다.

하지만 어떤 친구가 좋은 친구인지 해로운 친구인지를 구체적으로 말해주지는 않았는데, 〈계씨〉에 실린 앞의 예문에서 이를 밝혀준다. 유익한 벗 세 종류, 해로운 벗 세 종류를 딱 집어서 말해주는데 한 가지 공통점이 있다. 모두 말의 신의에 관한 것이다.

공자는 사람됨을 그 사람의 말로 판단했다.《논어》의 맨 마지막 문장 "말을 알지 못하면 사람을 알 수 없다(부지언 무이지인야不知言 無以知人也)"가 뜻하는 바와 같다. 말은 곧 사람이며, 사람을 알려면 그의 말을 제대로 듣고 판단할 수 있어야 한다는 것이다. 마찬가지로 나 역시 내가 하는 말로 다른 사람에게 평가받는다는 것을 새길 수 있어야 하겠다.

《집해》에서는 주자가 앞의 예문을 이렇게 해설했다. "벗이 곧으면 고쳐야 할 잘못을 듣게 되고, 벗이 신실하면 함께 신실함에 나아가고 견문이 많으면 밝음에 나아간다. 편은 익숙함이다. 편벽은 격식(위의威儀)에만 익숙하고 곧지 않은 것이고, 선유는 남을 기쁘게 하는 것만 잘하고 성실하지 않은 것이고, 편녕은 말에만 익숙하고 듣고 보는 것에 실체가 없는 것이니, 세 가지 손익은 정반대가 된다." 유익하고 해로운 벗은 각각 반대되는 성향을 가지고 있다는 것이다.

곧은 사람은 정직하고 강직하다. 거짓말을 하지 않고 때와 상황에 따라 쉽게 바뀌지 않는다. 자신은 물론 다른 사람의 잘못을 대할 때에도 솔직하다. 자기 스스로가 잘못된 길로 가지 않는 만큼 친구 역시 나쁜 길로 이끌지 않는다.

신의가 있는 사람은 진실하고 믿음직하다. 약속은 반드시 지키고 책임감이 있어서 솔선수범한다. 이런 친구 곁에 있으면 그의 좋은 점을 닮게 되고 함께 신실한 사람이 될 수 있다.

지식과 경험이 많은 사람은 깊은 식견과 다양한 견문이 있어서 매사에 바른 판단을 내릴 수 있다. 재미있는 이야기와 창의적인 발상으로 분위기를 즐겁게 하는 것은 덤이다.

그다음 해로운 세 벗도 역시 '말'에 문제가 있는 사람이다. 공자는 주로 말에 흠결이 있는 사람을 멀리해야 한다고 말하고 있다.

먼저 아부하는 사람은 말과 행동에 진실성이 없다. 겉으로는 예의를 잘 지키는 것 같지만 속은 다르다. 상대를 살피며 살뜰하게 비위를 맞추지만 이 사람의 관심사는 자신의 이익뿐이다.

줏대 없는 사람은 선량한 사람으로 보여 평소에는 좋은 관계를 유지할 수 있다. 하지만 그 마음에 일정함이 없다. 특히 손해 보는 일이 생기면 얼굴색을 바꾸고 냉정해진다.

말만 잘하는 사람은 말이 가벼워 신뢰감이 없다. 말은 그럴 듯하지만 정작 그 화려함이 실천으로 이어지지는 않는다. 당연히 자신의 말을 쉽게 잊어버린다.

공자의 가르침은 비유와 상징이 많아 그 뜻을 정확히 알기 어려운 것도 많다. 하지만 공자가 말했던 벗의 종류와 구별법은 구체적이고 명확해서 누구나 쉽게 이해하고 적용할 수 있다. 그 핵심은 말의 신실함이다. 그 사람의 말을 듣고 벗으로 사귈지 말지를 신중하게 판단하라는 것이다.

누구에게나 친구가 있지만
진짜 친구는 드물다

다산 역시 친구의 존재를 소중히 여겼기에 많은 친구가 있었고, 함께 공부하고 여가를 즐기며 교제했다. 하지만 귀양길에 이르자 많은 친구들이 연락을 끊었다. 다산은 곤궁한 시절에도 친구를 잃지 않았던 두보를 부러워하며 자신의 처지에 대해 이렇게 말했다.

"내가 유배된 후로 절친하던 친구들은 모두 끊어졌고, 사람들은 나를 헌신짝처럼 버리고 말았다. 그들에 대한 나의 정 역시 점차 소원해져서 날로 멀어지고 잊혀만 간다. 다만 모진 풍상을 맞기 전에 즐겁게 노닐던 발자취를 더듬어보면 눈에 선하고 머릿속에 또렷하게 떠오른다."

그리고 진정한 벗이란 어떤 존재여야 하는지, 친구를 사귈 때는 어떤 자세를 취해야 하는지를 〈남하창수집南荷唱酬集〉 서문에서 이렇게 말했다.

사람에게는 누구나 벗이 있다. 그러나 문예로 벗을 사귄 사람은 때로는 기예와 재능을 다투다가 한 글자 한 구절의 잘하고 못한 데에서 틈이 벌어져 그 좋은 인정과 의리를 보전하지 못하고, 명분과 절조로 벗을 사귄 사람은 때로는 기개와 절조를 서로 높다고 오르고 내리고 굽히고 펴는 사이에 뜻이 엇갈려 그 좋은 정의를 보전하지 못하고, 도학으로 벗을 사귄 사람은 경서의 뜻을 논변하거나 예법의 이견으로 시비가 생겨 마침내 원수가 된 경우가 헤아릴 수 없이 많다. 오직 덕행으로 사귄 벗만이 처음에는 서로 마음에 감동하여 사모하고, 오래되면 화합하여 감화되며, 마침내 금석처럼 친밀해져 떨어질 수 없게 된다. 그러므로 벗 삼기는 지극히 어려우나, 일단 삼고 나서는 변함이 없으니 이것이 군자의 벗 삼는 도리라 할 만하다.

좋은 친구를 사귀기도 어렵지만, 좋은 관계를 유지하는 것도 결코 쉬운 일이 아니다. 비록 오랜 친구라고 해도 쉽게 갈라서고 멀어지는 것이 친구

다산의 마지막 습관

관계다. 학문의 이견으로, 신념의 차이로 서로 우열을 다투다가 멀어지는 것이다. 그래서 다산은 답을 준다. 덕행, 올바른 덕을 기반으로 사귀면 변함이 없다. 자중하고 배려하는 것이 친구를 사귈 때 도리이며 넉이기에 작고 사소한 일로 멀어지는 일이 드물다.

진실한 친구를 만나는 것은 쉬운 일이 아니다. 하지만 좋은 친구를 고르기에 앞서 먼저 해야 할 일이 있다. 무엇보다도 자기 자신이 좋은 덕을 갖춘 사람이 되는 것이다. 덕불고 필유린德不孤 必有隣, 덕이 있는 사람은 외롭지 않으니 반드시 좋은 이웃이 찾아온다.

...

친구를 사귄다는 것은
또 하나의 세상과 만나는 경험이다.

익숙한 사이일수록
예의가 필요하다

不挾長 不挾貴 不挾兄弟而友 友也者 友其德也 不可以有挾也
불협장 불협귀 불협형제이우 우야자 우기덕야 불가이유협야

벗을 사귈 때는 자신이 연장자임을 내세우지 말아야 하고
신분이 높다는 것을 내세우지 말아야 하며 형제를 내세우지 말아야 한다.
벗이란 그 사람의 덕을 사귀는 것이기에 그 사이에는 어떤 것도 개입하면 안 된다.

_《맹자》〈만장 하萬章下〉

제자 만장이 벗을 사귀는 것을 묻자 맹자가 대답했던 말이다. 여기서 가장
중요한 단어는 '내세우다'라는 뜻의 '협挾'이다. 협은 원래 '갖고 있다'의
뜻이지만 여기서는 단순히 갖고 있는 데 그치지 않고 이를 내세우는 것이
다. 나이도, 신분도, 가문의 배경도 마찬가지다.

조금 더 심해지면 자신의 조건을 자랑하고 교만하게 굴기에 이른다. 이
렇게 되면 진정한 우정은 성립할 수 없다. 상대방이 그것을 받아들이든 받
아들이지 않든 마찬가지다. 만약 상대가 받아들이면 동등한 관계가 아니
라 이익에 좌우되는 관계가 된다. 상대방은 나의 신분이나 권세를 보고 사
귀는 것이 되고, 나 역시 함부로 부릴 수 있는 수족과 같은 존재로 친구를
보게 된다.

만약 받아들이지 않으면 우정이 지속되기 어렵다. 서로 지향하는 바가 다르기 때문에 다투다가 결국 곁을 떠나게 된다.

맹자는 이 말에 이어서 진정한 우정을 보여줬던 몇 사람의 사례를 말해준다. 먼저 맹헌자는 백 대의 수레를 가진 권력자로 다섯의 친구를 사귀었는데 자신이 명문가라는 사실을 내세우지 않았다. 작은 나라 비국의 군주 혜공, 큰 나라의 군주 진 평공, 요임금과 순임금, 이 모두는 권력과 부귀 그리고 나이를 내세우지 않고 진정한 우정을 나눈 사람들이다. 맹자는 결론으로 이렇게 말하고 있다.

"아랫사람으로서 윗사람을 존경하는 것을 귀한 사람을 귀하게 여긴다고 하고, 윗사람으로서 아랫사람을 존경하는 것을 현자를 존중한다고 한다. 귀한 사람을 귀하게 여기는 것이나 현자를 존중하는 것이나 그 의미는 같다."

아랫사람이 윗사람을 존경하는 까닭은 지위나 권세 때문이 아니라, 그가 보여주는 덕과 인품 때문이다. 윗사람 역시 아랫사람이 가진 능력과 지혜를 소중히 여긴다. 이처럼 덕과 인품, 그리고 지혜를 존중하고 아끼는 것은 모두 한 가지 마음이라고 할 수 있다. 소중하고 귀한 것을 진정으로 따르는 마음, 상대방을 진정으로 공경하는 마음이다. 만약 공경하는 마음 없이 가볍게 취미를 함께하거나, 오직 이해득실만을 따져 만나는 관계라면 그 우정은 오래갈 수 없다. 지금도 마찬가지지만 당시에도 그런 사귐이 많았던 것 같다.

"근래에 세상 사람들의 마음이 천박해져서 서로 기뻐하고 아무런 거리낌이 없이 지내는 것을 뜻이 맞는다고 하고, 원만해서 모나지 않은 것을 서로 좋아하고 사랑한다고 한다. 이와 같은 우정이 어찌 오래갈 수 있겠는가? 오래도록 우정을 유지하려면 반드시 서로 공경해야 한다. 임금과 신하, 친구 사이 모두 마땅히 공경을 위주로 해야 한다."《이정전서》에 실려 있는 글이다.

또한《장자전서》에는 이렇게 실려 있다. "오늘날은 부드러운 태도로 아첨 잘하는 사람을 사귀며, 서로 어깨를 치고 옷소매를 잡아당기는 것을 의기투합한다고 여긴다. 하지만 한 마디 말이라도 마음에 들지 않으면 금방 화를 낸다. 벗을 사귈 때는 서로 몸을 낮춰 겸손한 태도를 가지려고 항상 노력해야 한다. 벗 사이에 공경을 위주로 하는 사람들만이 날로 친해져 서로 발전시켜주는 효과를 가장 빨리 얻을 수 있다."

친구에게 부끄럽지 않은
사람이 된다는 것

다산도 친구에게 항상 교만하지 않은 자세를 권했다. 그가 상반된 가치관을 가진 두 친구에게 보낸 글에서 이러한 생각을 잘 알 수 있다. 먼저 사신으로 연경에 가는 교리 한치응을 전송하며, 그 얼굴에 뽐내는 빛이 있는 것을 보고 권면한 글을 소개한다. 중국이 중앙이 아니라, 내가 서 있는 곳이 바로 중앙이라는 뚜렷한 주관과, 그 사실을 친구에게 깨우쳐주고자 하는 진심이 담긴 내용이다.

대개 해가 정수리에 있는 것을 정오라고 한다. 정오를 기준으로 해가 뜨고 지는 시각이 같으면 내가 선 곳이 동쪽과 서쪽의 중앙이라는 것을 알 수 있다. 북극은 지면에서 약간 도^度가 높고, 남극은 지면에서 약간 도가 낮기는 하나, 오직 전체의 절반만 된다면 내가 서 있는 곳이 바로 남과 북의 중앙이라는 것을 알 수 있다. 이미 동서남북의 중앙을 얻었으면 어디를 가든 중국 아님이 없으니, 어찌 동국東國(당시 조선을 일컫는 말)이라고 한단 말인가? 그리고 어디를 가도 이미 중국 아님이 없는데 어찌 별도로 '중국'이라고 한단 말인가? … 내 벗 해보^{傒父}(한치응의 자)가 사신으로 연경에 가게 되자, 자주 중국에서 노니는 것으로 얼굴에 뽐내는 빛이 있었다. 그래서 내가 일부러 중국, 동국이란 말을 하며 그를 자제시키고자 이와 같이 권면한다.

또 다른 친구인 박종순^{朴鍾淳}이 중국으로 가는 것을 전송하는 글을 통해서도 친구에 대한 그의 진정성을 느낄 수 있다.

조정의 사대부로서 외국에 사신으로 가는 사람을 내가 일찍이 보았는데, 평소에 어깨를 치고 발을 맞대며 가까이 지내던 동료나 친구들을 한 번도 돌아보려 하지 않았다. 하지만 겸선^{兼善}(박종순)만은 때때로 나를 찾아왔다. 내가 이 때문에 겸선이 벼슬에 담박한 것을 알았다. 조정의 사대부로서 외국에 사신가는 사람을 내가 일찍이 보았는데, 수레가 길거리를 메우고 역관과 돈 많은 손님이 집에 가득했다. 그런데 겸선이 서장관^{書狀官}이 되어서는 문전과 집안이 평상시처럼 조용하다. 내가 이 때문에 겸선이 이익에 소탈한 것을 알았다. 대체로 벼슬에 담박한 사람은 사물을 살피는 것이 분명하고, 이익에 소탈한 사람은 부정을 다스리는

데 엄격하다. 이미 분명하고 엄격하니 서장관 임무를 수행하기에 부족함이 없는

데, 내가 또 무슨 권면할 것이 있겠는가.

다산이 두 친구를 두고 이야기한 바가 바로 겸손과 교만이다. 물론 다산은 두 친구 모두를 아끼고 사랑했지만 지위나 벼슬에 휘둘리지 않고 변함이 없는 사람이 되기를 바랐던 것이다. 중요한 임무를 맡고 나서 조금 교만한 빛을 보이는 친구에게는 겸손한 처신을 부드럽게 권했고, 겸손하고 담박한 친구에게는 진정한 칭찬을 아끼지 않았다.

친구에 대한 존중과 공경의 마음을 바탕으로 삼고, 어떤 사심도 개입시키지 않고 진심으로 조언과 격려를 아끼지 않는 사람. 바로 이런 사람이 진정한 친구일 것이다.

···

친구 사이라면 서로를
스승으로 삼을 수 있어야 한다.

다산의 마지막 습관

해야 할 일과 할 수 있는 일을
구분해야 어른이 된다

無用之辯 不急之察 棄而不治
무용지변 불급지찰 기이불치

쓸데없는 말과 급하지 않은 일은 버려두고 신경 쓰지 마라.

_《순자荀子》〈천론天論〉

급선무急先務라는 말이 있다. '서둘러서 먼저 해야 할 일'이라는 뜻으로 요즘도 곧잘 쓰이지만 알고 보면 2,300여 년 전 인물인 맹자의 말을 기록한 《맹자》〈진심 상〉에서 유래된 표현이다. 전문을 보면 이렇다.

"지혜로운 사람은 모르는 것이 없지만 눈앞에 닥친 일은 서두른다. 인한 사람은 사랑하지 않은 것이 없지만 친족과 현자를 사랑하는 일을 서둘러 먼저 한다. 요순의 지혜로도 만물을 두루 알지 못한 까닭은 먼저 해야 할 일을 서둘렀기 때문이고(요순지지이불편물 급선무야堯舜之知而不徧物 急先務也), 요순의 인으로도 두루 사랑하지 못한 까닭은 친족과 현자를 사랑하는 일을 서둘렀기 때문이다."

맹자는 지혜로운 사람과 인한 사람이 가장 먼저 서둘러 해야 할 일을 설명하면서 급선무라는 표현을 썼다. 여기서 요순은 가장 지혜롭고 훌륭하다는 중국의 전설적인 지도자를 가리킨다. 이처럼 지혜롭고 인한 사람이 모든 것을 알지 못하고 모든 사람을 사랑하지 못하는 까닭은 시급히 먼저 알고, 시급히 먼저 사랑해야 할 것이 있기 때문이다. 아는 것과 사랑해야 할 대상에도 분명한 우선순위가 있다는 것이다.

맹자의 이런 생각은 공자의 철학을 뿌리로 삼는다. 공자는 좋은 세상을 만들기 위해서는 가장 먼저 부자父子 관계가 바탕이 되어야 한다고 생각했다. 그다음으로 가족을 사랑하고, 나아가 이웃을 사랑하고, 세상 사람들을 사랑함으로써 온 세상에 사랑이 퍼져나간다는 것이다.

공자의 생각을 맹자는 이렇게 정리했다. "군자는 만물을 아끼지만 모두 인으로 대하지는 않고, 백성을 인으로 대하기는 하지만 모두 친밀하게 하지는 않는다. 먼저 친족을 친밀하게 대하는 데에서 나아가 백성을 인으로 대하고, 백성을 인하게 대하는 데에서 나아가 만물을 아낀다."

아끼는 대상이 친족에서 시작해서 백성으로, 또 만물로 확대된다는 것이다. 아무리 위대한 사람도 모든 일을 다 할 수는 없고, 아무리 훌륭한 일이라고 해도 우선순위가 있다. 맹자는 인의仁義의 근본을 이야기하면서 그 시작은 바로 친족, 즉 가족에서부터 출발해야 한다고 봤다. 바로 곁에 있는 가족부터 사랑하지 않으면서 세상을 향한 사랑을 외치는 것은 진정성이 없는 공허한 주장이라는 것이다.

《순자》〈천론〉에 실려 있는 예문 역시 같은 생각을 말하고 있다. 사람이 가장 중요하게 생각하고 시급하게 해야 할 일은 인의의 근본을 실천하는 것인데, 그것을 버려두고 다른 일에 매달려서는 안 된다는 것이다. 심지어 그런 일들은 '쓸데없는 말'과 '급하지 않은 일'이라고 순자는 말했다.

위 예문의 뒤에는 시급히, 그리고 중요하게 해야 할 일이 실려 있다. "군신 사이의 의리, 부자 사이의 친함, 부부 사이의 분별은 날마다 갈고 닦아 버려둬서는 안 된다." 바로 삼강오륜에 있는 일들이다. 우리가 잘 알고 있는 부자유친父子有親, 군신유의君臣有義, 부부유별夫婦有別, 장유유서長幼有序, 붕우유신朋友有信의 오륜 가운데 앞의 세 가지다.

살아가면서 가장 중요한 일은 나를 지키는 것이다

시간 관리에 관해서 한때 '중요한 일'과 '급한 일' 가운데 어떤 일을 먼저 해야 하는지에 대한 고민이 유행했던 적이 있었다. 리더십과 시간 관리의 대가 스티븐 코비Stephen Covey의 저서 《소중한 것을 먼저 하라》에서 비롯된 것 같다. 스티븐 코비는 급한 일에 쫓기지 말고 중요한 일에 집중함으로써 일의 원칙과 근본적인 가치를 명확히 하라고 주장했다. 일의 효율과 성과를 만들기 위해 최선의 방법을 찾을 수 있어야 한다는 것이다.

최근에는 중요하고 급한 일, 중요하지만 급하지 않은 일, 중요하지는 않지만 급한 일, 중요하지도 급하지도 않은 일 등 할 일을 네 가지로 나눠놓고 바람직한 순서를 제시하기도 한다. 이런 분류는 속도에 치이고 일에 쫓기는 현대인들의 삶을 보여준다. 일의 종류가 확대되고 다변화되면서 바람직한 시간 관리도 더 세분화될 수밖에 없었을 것이다.

다산은 가장 중요한 일을 학문이라고 보았다. 근본을 알고 사람의 도리를 바로 세우는 학문이 유일무이하게 중요하다는 것이다. 제자 정수칠에게 당부한 말이다. "학문은 우리가 하지 않을 수 없는 일이다. 옛사람은 학문이 제일의 의리라고 했으나 나는 이 말에 잘못이 있다고 생각한다. 마땅히 오직 하나뿐인(유일무이唯一無二) 의리라고 바로 잡아야 한다. 대개 사물마다 법칙이 있는데 사람이 배움에 뜻을 두지 않는다면 그 법칙을 따르지 않는 것이다. 그러므로 짐승에 가깝다고 하는 것이다."

그리고 시급한 일은 백성을 도탄에서 구하는 일이다. 다산은 수백 권의 책을 썼지만 그 근본이 되는 것은 나라와 백성을 사랑하는 마음이었다. 다산은 《경세유표》, 《목민심서》, 《흠흠신서》를 집필한 까닭에 대해 이와 같이 말했다.

경세經世란 무엇인가? 다스림을 베풀고 기강을 세워 우리의 오랜 나라를 새롭게 만들기를 생각하는 것이다. 목민牧民이란 무엇인가? 오늘날의 법으로 우리 백성을 다스리는 것이다. 한 백성이라도 그 은택을 입는 자가 있기를 바라는 것이 나의 마음이다. 흠흠이란 무엇인가? 인명에 관한 옥사는 잘 다스리는 자가 없는 것 같다. 관리에게 주어서 원통함과 억울함이 없기를 바라는 것이 나의 뜻이다.

다산은 삶에서 가장 중요한 일은 마음을 다스리고 성품을 기르는 것이라고 했다. 다시 말해 가장 중요한 일은 삶의 근본을 바로 세우는 것인데, 다산은 책을 통해 이치를 궁구함으로써 그것을 얻을 수 있다고 봤다. 나아가 스스로를 바로 세운 것을 시작으로 나라를 새롭게 하고, 백성을 잘 살

다산의 마지막 습관

게 하는 일을 시급히 해야 한다고 봤다.

오늘날 많은 사람들이 일의 우선순위와 중요도를 착각한 채 살아간다. 특히 말에 있어서는 더욱 그렇다. 말로 인해 벌어지는 다툼을 지켜보면 지극히 사소한 일들이 많다. 우연히 지나치는 말, 아무 생각 없이 던진 말로 오해가 생기고, 자존심이 상해 다투게 된다. 그리고 그것을 풀기 위해 던지는 말에서 더 큰 다툼이 벌어지고, 도저히 회복되기 어려운 상태에까지 이르기도 한다.

하지만 애초에 문제의 발단을 유심히 살펴보면 정작 중요한 말은 없다. 굳이 하지 않아도 될 말 때문에 문제가 벌어지고 또 심각해지는 것이다.

우리의 삶도 마찬가지다. 중요하지 않은 일, 하지 않아도 될 일 때문에 정말 중요한 일을 하지 못하곤 한다. 무엇보다도 문제가 되는 것은 이런 일로 인해 고민과 근심에 빠지는 것이다. 맹자는 이런 근심을 일조지환一朝之患, 즉 '하루아침에 사라질 근심'이라고 했다. 하룻밤만 지나면 없어질 근심 때문에 시간을 낭비하고 마음을 병들게 하는 것이다.

이런 쓸데없는 근심에서 벗어나는 좋은 방법이 있다. 중요한 일, 시급한 일에 집중하는 것이다. 바로 우리 삶을 통해 이뤄야 하는 일, 나 자신에서 시작해 나뿐만이 아니라 세상에 이로운 보탬이 되는 일이다.

...

인생은 짧다.
중요한 일을 시급하게 하기에도 시간이 모자란다.

경신
敬身

독립불개
獨立不改

. . . .

흔들리지 않는 마음은
단단한 몸가짐에서 나온다

굳이 가득 채우려고
애쓰지 마라

午不可長 欲不可從 志不可滿 樂不可極
오불가장 욕불가종 지불가만 락불가극

오만함을 내버려둬서도 안 되고 욕심대로 행동해서도 안 되며
뜻을 가득 채워서도 안 된다.
또한 즐거움이 극한에 이르도록 해서도 안 된다.
_《예기》〈곡례〉

백성을 다스리는 지도자에게 주는 글로《예기》〈곡례〉에 실려 있다. 함께 실려 있는 글 가운데 새겨볼 만한 지점들이 많은데 먼저 예문의 앞부분에 실린 글이다. "공경하지 않음이 없고, 깊은 생각을 하는 것처럼 엄정하고, 말을 안정되게 하고, 백성을 평안하게 하라(무불경 엄약사 안정사 안민재毋不敬 儼若思 安定辭 安民哉)."

이는 지도자의 기본적인 덕목 네 가지를 가리킨다. 공경하지 않음이 없다는 것은 몸과 마음이 수양이 된 상태를 말하고, 엄정함은 그것이 겉으로 드러나는 모습이다. 말을 안정되게 하는 것은 언행이 급박하지 않아 신중한 상태다. 지도자가 이런 자세를 갖추고 있으면 자연히 백성들은 평안해진다.

예문은 이 글 다음에 실려 있는데, 지도자가 앞의 가르침을 지키지 못했을 때 나올 수 있는 모습을 경계하는 것이다. "오만한 마음이 자라도록 내버려둬서는 안 되고, 욕심대로 행동해서도 안 되며, 뜻을 완전히 충족하도록 해서도 안 된다. 그리고 즐거움이 극한에 이르도록 해서도 안 된다."

오만함(오傲)은 공경함의 반대로, 자기 수양이 덜 되었을 때 나오는 모습이다. 사람은 지위가 높아지면 자연스럽게 자만하게 된다. 학문의 경지가 조금 올라도 마찬가지다. 이때 반드시 스스로 경계해 마음을 다스리지 않으면 절제하지 못하게 된다.

《채근담》에는 "세상을 뒤덮는 공로도 '뽐낼 긍矜'자 하나를 당하지 못하고, 하늘에 가득 찬 허물도 '뉘우칠 회悔'자 하나를 당하지 못한다"라고 실려 있다. 양명학의 창시자인 왕양명王陽明도 "인생에 있어 가장 큰 병폐는 오만할 오傲란 글자다"라고 말했다. 학문과 수양의 진정한 목적은 오만함에서 벗어나 자신을 낮출 수 있는 경지에 도달하는 것이라는 조언이다.

욕심을 다스리지 못하는 것도 마찬가지다. 모든 욕심은 무언가를 얻고자 할 때 생겨나고 자라난다. 재물도, 권력도, 학문도 마찬가지다. 스스로를 완성해가고 더 높은 경지에 오르려는 욕심을 부정하는 것이 아니다. 자기 분수에 넘치거나 의롭지 못한 욕심에 끌려 다니는 것이 문제다. 스스로 만족할 줄 모르면 더 많은 것을 얻기 위해 탐욕을 부리게 되고, 도리에 어긋나는 행동에 빠지게 된다.

뜻을 가득 채우는 것은 앞의 두 가지에 비해 긍정적이기는 하지만 역시 과도하면 바람직하지 않다. 이 역시 더 큰 것을 얻고자 하는 욕심이기 때문이다. 만약 뜻을 가득 채우고자 하는 욕심이 생긴다면 물극필반物極必反,

'사물이 극에 달하면 반드시 뒤집힌다'는 이치를 새겨야 할 때다. 그릇이 가득 차면 넘치고, 달이 가득 차면 기우는 법이다.

즐거움을 극한에 이르도록 해서는 안 된다는 가르침도 마찬가지 이치다. 순간적인 쾌락을 좇다 보면 더 큰 자극을 찾아 극단으로 치닫게 된다. 따라서 즐거움을 좇더라도 찰나적인 쾌락이 아닌 여운이 긴 즐거움을 찾아야 한다. 이를테면 스스로 성장해나가는 데서 오는 자기만족, 다른 사람을 돕는 데서 오는 즐거움이다.

이로써 보면 예문의 네 가지 덕목은 인간의 기본적인 도리에 어긋나는 일들을 바로잡아 회복하는 것을 가리킨다. 그 핵심은 욕심을 절제하는 것이다. 맹자는 말했다. "마음을 수양함에 있어 욕심을 줄이는 것보다 좋은 것은 없다. 그 사람됨이 욕심이 적다면 설사 그 본래의 마음을 보존하지 못하더라도 잃는 정도가 적다. 그 사람됨이 욕심이 많다면 본래의 마음을 보존하더라도 보존됨이 적다." 결국 수양이란 욕심을 절제하는 것 하나로 귀결된다.

지도자의 덕목도 마찬가지다. 예문에 이어서 실려 있는 마지막 문장에서는 지도자가 취해야 할 구체적인 세목을 말해준다.

"현명한 자는 친밀하게 대하면서도 공경하고, 두려워 하면서도 사랑한다. 사랑하면서도 부족한 점을 알고, 미워하면서도 선한 측면을 안다. 재물을 쌓되 유용하게 베풀 줄 알고, 편안한 것을 편히 여기면서도 의리에 맞지 않을 때는 버릴 줄 안다. 재물을 구차하게 얻으려 하지 말고, 곤란을 당해서는 구차하게 모면하려고 하지 말고, 싸움에서 이기려 하지 말고, 물건을 나눌 때는 많이 차지하기를 바라지 말아야 한다. 의심나는 일에서는

다산의 마지막 습관

자신이 바로 잡아 결정하지 말고, 생각을 솔직하게 말할 뿐 옳다고 고집하지 말아야 한다."

즐거움은 괴로움에서 나오고, 괴로움은 즐거움에서 비롯된다

예문과 함께 실려 있는 문장 전체를 새겨보면 자신이 처해 있는 상황에 예속되는 것이 아니라, 그 상황을 이겨내고 다스려야 한다는 가르침을 받을 수 있다. 좋은 상황에 취해서 자신을 잃어서도 안 되고, 나쁜 상황에 빠져 자신을 버려서도 안 된다.

다산 또한 18년간의 귀양을 견디면서 결코 즐거웠을 리는 없었을 것이다. 비록 "스무 해 동안 세상 일에 잠겨 선왕의 큰 도리를 알지 못했더니 이제야 여가를 얻었다"고 했지만, 그 마음을 다스리기는 쉽지 않았을 것이다. 다만 다산은 힘겨운 시절에서도 즐거운 순간들을 찾고자 했다. 시와 음악을 즐기고, 가까이 근무하던 목민관 중에서 마음이 통하는 벗들과 교류하기도 했다.

강진 병영에 근무하던 이중협도 그중 한 사람이었다. 다산은 이중협이 임지를 떠날 때 그 아쉬운 마음을 이렇게 표현했다.

즐거움은 괴로움에서 나온다. 그러니 괴로움은 즐거움의 뿌리다. 괴로움은 즐거움에서 나온다. 따라서 즐거움이란 괴로움의 씨앗이다. 괴로움과 즐거움이 서로를 낳는 것은 움직임과 고요함(동정動靜), 그리고 음과 양이 서로 뿌리가 되는 것과 같다. 통달한 사람은 그러한 연유를 아는지라 깃들어 숨어 있는 것을 살피고 성하고 쇠하는 이치를 헤아려, 내 마음이 상황에 응하는 것을 항상 뭇사람과 반대로 한다. 그런 까닭에 두 가지가 항상 그 취향을 나누고 그 기세를 죽이게 된다.

다산은 빈궁한 귀양 생활을 통해 삶의 즐거움과 괴로움이 서로 통하며, 상황에 휩쓸리지 않고 조용히 때를 기다리면 반드시 반전의 기회가 찾아온다는 것을 깨달았다. 바로 《도덕경》에서 말하는 물극필반의 이치다. 즐거움에 취하는 것도, 괴로움에 짓눌리는 것도, 오만함이 하늘을 찌르는 것도 모두 자신을 잃는 것이다. 어떤 상황에서도 붙잡아야 할 것은 바로 '나', 내 마음이다.

...

내가 의지할 것은
오직 흔들리지 않는 나뿐이다.

스스로를 공경해야
자신을 이겨낼 수 있다

非禮勿視 非禮勿聽 非禮勿言 非禮勿動
비례물시 비례물청 비례물언 비례물동

예가 아니면 보지 말며, 예가 아니면 듣지 말며,
예가 아니면 말하지 말며, 예가 아니면 행하지 말라.

_《논어》〈안연〉

"하지 않아야 할 것을 하지 않고, 원하지 않아야 할 것을 원하지 않는다. 이와 같을 뿐이다(무위기소불위 무욕부소불욕 여차이이의無爲其所不爲 無欲其所不欲 如此而已矣)." 맹자가 자신의 책《맹자》〈진심 상〉에서 이렇게 말했다. 그 어떤 일도, 제아무리 소중한 일이라고 해도 반드시 하지 말아야 할 일을 지킨 후에야 얻을 가치가 있다는 것이다. 여기서 하지 말아야 할 일이란 인간의 도리를 저버리고 사회를 혼란에 빠뜨리는 것이다. 부당과 불법한 일은 물론, 일을 쉽게 이루려는 편법이나 빠른 결과를 위해 함부로 일을 처리하는 졸속도 모두 포함한다.

맹자는 또한 '사람으로서 하지 않은 바가 있은 다음에 해야 할 일이 있다(인유불위야이후 가이유위人有不爲也而後 可以有爲)'고 말하기도 했다. 같은 뜻이지만, 앞으로 해야 할 일을 덧붙인 것이 다르다. 단지 하지 않는 데서 그칠 것이 아니라 당연히 해야 할 일은 할 수 있어야 한다. 애초에 잘못된 생각과 일을 배제함으로써 해야 할 일의 올바른 방향과 목적을 설정할 수 있고, 일을 하는 과정에서 반드시 정당한 수단을 사용하고 절차를 지켜야 올바른 결실과 진정한 성과를 얻을 수 있다는 가르침이다. 나아가 겉으로는 정의를 내세우면서 자기 이익을 위해 수단과 방법을 가리지 않는 위선에 대한 지적이기도 하다.

앞의 예문은 공자가 안연에게 인을 이루기 위해 해야 할 일을 일러준 것이다. 공자는 개인의 수양에서 시작해 세상을 평안하게 만드는 노력으로 나아가야 한다고 강조했다. 이러한 자신의 철학을 한 마디로 집약한 것이 바로 '인'인데, 수제자인 안연에게 가장 핵심적인 가르침을 내렸다. 다음은 《논어》〈안연〉에 실린 내용이다.

안연이 인을 묻자 공자는 이렇게 답했다. "자기를 이겨내고 예로 돌아가는 것이다. 하루만이라도 자기를 이겨내고 예로 돌아가면 천하가 인에 돌아올 것이다. 인의 실천은 자신에게 달린 것이지 다른 사람에게 달린 것이겠느냐?"

우리에게도 익숙한 '극기복례克己復禮'는 여기서 비롯된 말이다. 인의 실천은 가장 먼저 나 자신에서부터 시작해야 한다. 천하를 바꾸기 위해서는 그 어떤 다른 것이 아니라 나 자신부터 먼저 변화시켜야 하는데, 그 방법이란 바로 욕심을 이겨내고 흐트러진 예를 회복시키는 것이라는 가르침이다.

너무 포괄적인 설명이라 안연은 구체적인 실천방법을 물었다. 그러자

다산의 마지막 습관

공자가 대답해준 말이 바로 앞의 예문이다. "예가 아니면 보지 말며, 예가 아니면 듣지 말며, 예가 아니면 말하지 말며, 예가 아니면 행하지 말라."

보고 듣는 것, 말하고 행동하는 것 모두를 예에 맞게 행하라는 것으로 확실한 강조를 위해 이중부정의 어법을 쓰고 있다. 사람의 행동은 보고 듣고 말하고 행동하는 것으로 이루어져 있다. 보고 듣는 것은 외부의 자극과 영향을 받아들이는 것이고 말하고 행동하는 것은 외부에 나 자신을 드러내는 것이다.

이 모든 삶의 행위들을 예에 맞게 한다면 그것이 바로 인의 실천이며, 자신의 수양은 물론 천하가 평안해지는 길이라는 가르침이다. 평범한 사람이 이러한 가르침을 따르기는 쉽지 않을 것이다. 행하는 모든 일이 예에 맞는 것은 삶의 지향은 될지언정 그 어떤 사람도 완벽하게 지켜내기는 불가능할 것이기 때문이다. 이에 대해 주자는 일상에서 적용할 수 있는 방법을 다음과 같이 말해준다.

비례非禮는 사사로운 욕심이다. 물勿은 금함이다. 이는 마음의 주장이 되는 바요, 사욕을 이기고 예로 돌아갈 수 있는 기틀이 되는 것이다. 사욕을 이기면 행동과 그 용모, 그리고 모든 면에서 예에 맞지 않음이 없어서 일상에서 하늘의 이치에 맞지 않음이 없다.

주자는 네 가지 금지사항의 핵심을 사욕私慾, 사사로운 욕심을 이기는 것이라고 보았다. 욕심을 이겨낼 수 있다면 일상의 삶은 저절로 이치에 맞게 될 수 있다는 것이다.

마음을 하나로 붙잡지 않으면
천 갈래로 찢어져 흩어진다

다산도 이 구절에 대해 시문집에서 몇 번을 언급했다. 그만큼 공자의 가르침에 대해 공감했기 때문이다.

"예다운 것을 보고 예다운 것을 듣고 예다운 것을 말하고 예다운 것을 행하는 것은 공경(경敬)을 자기 몸에 베푸는 것이다. 어버이를 친히 모시고 어른을 어른으로 받들며 높은 이를 높여주고 어진 이를 어질게 여기는 것, 곧 효제충신孝弟忠信은 공경을 남에게 베풂을 말한 것이다."

주자가 인의 핵심을 사욕을 이기는 것으로 보았다면 다산은 공경함을 지키는 것으로 보았다. 먼저 스스로 공경함을 실천하고, 존중과 배려를 기반으로 다른 사람에게 공경함을 베풀 때 인은 자연스럽게 이루어질 수 있다는 것이다.

다산은 〈경기재잠敬己齋箴〉을 지어 이 구절에 대한 생각을 밝히기도 했다. 그중에서 핵심이 되는 구절은 이렇다.

진실로 마음을 공경 하나로 붙잡지 않으면(구망주일苟罔主一)

마음은 백 갈래 천 갈래로 달아나니(천백기왕千百其往)

간사한 것은 보지 말고(사재불시邪哉弗視)

음란한 것은 듣지 말라(음재불청淫哉弗聽)

재갈을 문 듯 철저히 삼가고(신내함궐愼乃銜橛)

정신을 가다듬고 뜻을 정하여(신응지정神凝志定)

입에서 나왔다면 도리에 맞아야 하고(출구유법出口惟法)

몸가짐은 오직 공손함으로써(시체유공施體維恭)

언제나 근본을 신중히 지켜라(신내추뉴愼乃樞紐).

수양의 근본은 공경함을 지키는 것이고, 그 실천이 바로 네 가지를 금하는 것이라는 말이다.

자신의 수양은 물론 타인을 공경함으로 대하는 일은 근본을 지키는 것이다. 오늘날 평범한 사람들이 옛 선비들을 따르기는 쉽지 않을 것이다. 다만 보는 것, 듣는 것을 분명히 구별하고, 어른답게 말하고 행동한다면 성현의 경지는 아니더라도 나날이 나아지는 자신을 만들어갈 수 있을 것이다.

…

어제보다 더 나은 오늘을 만들어가기 위해 애쓴다.
그것이 스스로에 대한 존중이다.

흔들리지 않는 마음은 단단한 몸가짐에서 나온다

몸을 단단히 하고 싶다면
말부터 단단히 단속하라

言忠信 行篤敬 雖蠻貊之邦 行矣 言不忠信 行不篤敬 雖州里 行乎哉
언충신 행독경 수만맥지방 행의 언불충신 행불독경 수주리 행호재

말이 충실하고 믿음이 있으며 행동이 진지하고 경건하면 미개한 곳에 가서도
뜻하는 바를 이룰 수 있다. 말이 충실하지 않고 믿음이 없으며 행동이 진지하지도,
경건하지도 않다면 작은 마을에서도 뜻을 이룰 수 없다.

_《논어》〈위령공衛靈公〉

《논어》〈위정〉에는 말의 충실함과 행동의 경건함에 대해 공자가 제자 자장을 가르친 고사가 나온다. 출세하는 법을 묻는 자장에게 공자가 준 가르침이다.

"많은 것을 듣되 의심스러운 부분을 빼놓고 그 나머지를 조심스럽게 말하면 허물이 적다. 많은 것을 보되 위태로운 부분을 빼놓고 그 나머지를 조심스럽게 행하면 후회하는 일이 적다. 말에 허물이 적고 행동에 후회가 적으면 출세는 자연히 이루어진다."

우리에게도 익숙한 다문궐의의多聞闕疑와 다견궐태多見闕殆의 성어가 나오는 글이다. 폭넓게 듣고 보아서 견문을 넓히는 일은 당연히 필요하지만 확실치 않은 것, 예에 어긋나는 것을 잘 분별해 제쳐 둔 다음에 말하고 행동하

다산의 마지막 습관

라는 가르침이다. 그래야 허물이 적고 후회하는 일을 만들지 않는다.

자장은 '과유불급過猶不及'의 고사로 유명한 공자의 제자다. 공자는 그를 신중하고 조심스러운 제자 자하와 비교하면서 매사에 조급하고 지나치게 적극적인 성품을 지적했다. 이처럼 적극적인 성향답게 자장은 빠른 출세를 원했다. 그래서 그 방법을 스승에게 물었는데, 공자는 제자의 성품에 맞는 가르침을 준다. 마치 동문서답과 같은 가르침인데 공자의 가르침을 풀이하면 이럴 것이다.

"너는 지나치게 성급하고 모든 것을 빨리 이루려고 하는 성품이 문제다. 이런 성품은 말과 행동의 조급함으로 드러나게 되는데, 말로 인해 허물이 생기고 행동으로 인해 후회할 일이 생기게 된다. 너는 말과 행동의 조급함만 조심하면 다른 부분은 크게 걱정할 점이 없으니 출세는 자연히 이루어질 것이다."

공자는 이처럼 경솔한 말과 행동을 경계했다. 뛰어난 재능이 있고 적극적인 성품의 사람일지라도 지나치게 성공에 집착해서는 말과 행동에 허물이 있게 되고, 결국 스스로를 망칠 수도 있다는 것이다.

〈위령공〉에 실려 있는 앞의 예문 역시 공자가 자장을 가르친 말이다. 자장은 앞의 고사에서 '출세하는 법'을 물었던 것처럼, '어떻게 처세하면 세상에서 뜻을 펼칠 수 있는지'를 스승에게 묻고 있다. 빠른 결과를 구하는 자장의 질문에 공자 역시 비슷한 가르침을 준다.

"말이 충실하고 믿음이 있으며 행동이 진지하고 경건하면 미개한 나라에 가서도 뜻하는 바를 이룰 수 있을 것이다. 그러나 말이 충실하지 않고 믿음이 없으며 행동이 진지하지도, 경건하지도 않다면 작은 마을에서도 뜻을 이룰 수 없다."

여기서 뜻하는 바를 이룰 수 있다는 것은 어느 곳에 가든지 잘 다스려 바르게 이끌 수 있음을 일컫는다. 말과 행동이 충실하고 믿음이 있으면 아무리 야만적인 곳이라고 해도 바르게 다스릴 수 있다. 만약 그렇지 않다면 아무리 작은 마을이라고 해도 제대로 다스릴 수 없다. 선비가 펼치고자 하는 뜻은 세상을 잘 다스리는 데 있고, 그 자질이란 말의 충실함과 행동의 경건함에 있다는 가르침이다.

공부했다면 나아져라, 공부했다면 활용하라

이처럼 공자의 모든 교훈과 가르침은 세상을 바르게 다스리는 것으로 집약된다. 다산은 그것을 정확히 알고 이렇게 말했다. "공자는 자로와 염구 등에게는 늘 정치적인 일을 가지고 인품을 논했고, 안자가 도를 물을 때에도 반드시 나라를 다스리는 것에서 답을 구했다. 이로써 볼 때 공자의 도는 그 쓰임(용用)이 세상을 다스리는 것임을 알 수 있다. 문장과 글자에만 얽매이고, 숨은 학자라고 자처하며 일을 이룸에 힘쓰지 않으면 공자의 무리라고 할 수 없다."

공자의 가르침이 피상적인 이론이 아니라 나라를 잘 다스리는 실용에 있다는 것이다. 이는 다산이 공자의 가르침에 빗대 학문이란 자기를 고양하는 데 그치는 것이 아니라 반드시 세상에 도움이 되어야 한다는 자신의

다산의 마지막 습관

철학을 말한 것이기도 하다.

앞의 예문에 뒤이어 공자는 보다 확실한 비유를 들어서 자장을 가르친다. "서 있을 때는 그러한 덕목이 눈앞에 늘어서 있는 듯하고, 수레에 타고 있을 때는 그것들이 멍에에 기대어 있는 듯이 눈에 보인 다음에야 세상에 통할 것이다."

서 있을 때는 물론 수레에 타고 있을 때에도 볼 수 있어야 한다는 것은 언제, 어느 상황에 있더라도 항상 염두에 두고 명심해서 행할 수 있어야 한다는 뜻이다. 출세하지 못했어도 명심해야 하고, 출세해서 수레를 타고 다닌다고 해도 역시 명심해야 한다. 공적인 일은 물론 평범한 일상에서도 잊어서는 안 된다는 뜻이기도 하다.

자장은 이 가르침을 받고 자신의 예복의 띠에 적어두었다. 예복에 새긴다는 것은 자신의 마음에 새겨 절대로 어긋나지 않겠다는 결심을 확고히 한 것이다.

《소학중주》에서 진선陳選은 예문의 글을 이렇게 풀이했다. "자신을 다함을 충이라 하고, 성실히 함을 신이라고 한다. 만은 남만이요, 맥은 북적이다. 25가구가 있는 마을을 리里라고 한다."

자신의 책 《소학지언》에서 다산은 미개한 족속을 일컫는 맥貊의 출처와 오류를 이야기하며 진선의 풀이를 정정해준다. "동북쪽에 사는 이민족을 '맥'이라고 언급한 것이 《주례》의 주석에 나온다. 진선이 맥을 가리켜 북적北狄이라고 한 것은 잘못된 주장이다."

진선은 맥을 북방의 이민족인 북적이라고 풀이했다. 하지만 다산은 《주례》의 주註를 근거로 동북쪽에 사는 이민족이라고 바로 잡았다. 학문의 엄밀함에 있어서는 다산은 타협하지 않았다. 설사 상대가 대학자라고 해도 항상 옳을 수 없고, 잘못된 것이 있다면 고쳐야 한다고 봤다.

자신이 품었던 뜻을 이루고 출세하는 것, 모두가 원하는 미래이기에 누구나 성공의 방법을 알고자 노력한다. 공부를 통해 실력을 키워 보다 많은 기회를 잡고, 그렇게 맞은 기회들을 잘 활용하기 위해 창의적인 발상도 갖추고, 경험도 풍부하게 쌓는다. 아마도 오늘날 성공의 조건은 이 정도일 것이다.

하지만 공자는 성공에 앞서, 그리고 성공에 있어 무엇보다 중요한 덕목을 알려준다. 바로 충실한 말과 경건한 행동이다. 충실한 말은 그 사람이 믿을 만하다는 것을 드러낸다. 경건한 행동은 그 사람의 품격을 보여준다. 종합해보면 성공의 조건이란 '근본에 충실할 것'이 아닐까.

···

바탕이 단단한 사람은 어떤 곳에 가서도 결국은 해낸다.
다산이 그랬던 것처럼.

다산의 마지막 습관

생각 없는 공부는 쓸모없고
공부 없는 생각은 위험하다

君子有九思 視思明 聽思聰 色思溫 貌思恭 言思忠 事思敬 疑思問 忿思難 見得思義
군자유구사 시사명 청사총 색사온 모사공 언사충 사사경 의사문 분사난 견득사의

군자는 생각해야 할 아홉 가지가 있다. 볼 때는 명확하게 보려고 생각하고,
들을 때는 또렷하게 들으려고 생각한다. 얼굴빛은 온화하게 할 것을 생각하고
용모는 공손하게 할 것을 생각한다. 말은 진실하게 할 것을 생각하며
일은 충실하게 해야 할 것을 생각한다. 의문이 있을 때는 질문할 것을 생각한다.
화가 날 때는 어려움을 생각하고 이득이 될 일을 볼 때는 의로운가를 생각한다.
_《논어》〈계씨〉

수학자이자 철학자인 파스칼은 《팡세》에서 "인간은 자연에서 가장 연약
한 한 줄기 갈대와 같은 존재지만 생각할 수 있기에 가장 존엄한 존재다"
라고 말했다. 인간은 스스로 연약하다는 것을 알고, 언젠가는 죽는다는 사
유를 할 수 있기에 존귀하다는 것이다.

공자의 가르침은 훨씬 더 실천적이고 현실적이다. 《논어》〈위정〉에 실
린 "배우기만 하고 생각하지 않으면 얻는 것이 없고, 생각만 하고 공부하
지 않으면 위태로워진다(학이불사즉망 사이불학즉태 學而不思則罔 思而不學則殆)"가
이를 잘 말해준다.

학문의 방법에 있어서 배움(학學)과 함께 중요한 축을 이루는 것이 바로
생각(사思)이다. 학문이란 지식을 습득하는 데 그쳐서는 안 되며 반드시 생

각이라는 과정을 거쳐 그 뜻을 이해하고 내 삶에 적용하고 실천하는 단계에 이를 수 있어야 한다는 것이다.

예문은 군자로서 행하는 모든 일에 반드시 생각이라는 과정이 있어야 한다고 말해준다. 이 구절에서 '생각한다'는 실천의 전 단계로, 마음에 단단히 새겨 흔들리지 않는 자세를 가리킨다.

하나하나 살펴보면 이렇다. 먼저 보고 들을 때는 밝고 올바른 것을 보고 들으려고 해야 한다. 사람은 보고 듣는 경험으로 이루어진 존재이고, 말하고 행동하는 것으로 스스로를 드러낸다. 따라서 나쁜 것을 골라 가려내야 하고 사사로이 판단해서는 안 된다. 특히 사람과의 관계나 사물을 보는 데 있어서 자신의 좁은 경험에서 비롯된 편견과 선입견에 사로잡혀 있다면 그 실체를 제대로 볼 수 없다.

얼굴빛과 용모, 그리고 말은 사람들에게 보이는 모습이다. 이때는 예의 바르고 정돈되어 있어야 하며 진실함을 바탕으로 해야 한다. 가장 이상적인 모습을 잘 말해주는 구절이 《논어》에 실려 있다. "멀리서 바라보면 위엄이 있고, 가까이 다가서면 온화하고, 말을 들어보면 엄정하다."

무조건 엄격해서도 반대로 무조건 온화해서도 안 되며 때와 상황에 따라 태도를 유연하게 바꿀 수 있어야 한다. 이 모두를 아우르는 것이 바로 배려의 마음이다. 아무리 겉으론 엄격해 보여도 마음이 따뜻하면 자연스럽게 그 성정이 겉으로 배어나게 된다.

일의 충실함과 질문하는 태도는 공적인 일에 임하는 자세를 말한다. 누구라도 자신에게 맡겨진 일은 충실하게 해내야 하고, 일에서 능력을 발휘할 수 있어야 한다. 아무리 성격이 괜찮아도 맡은 일을 제대로 못하는 사

다산의 마지막 습관

람은 사회에서 인정받기 힘들다. 흔히 하는 말로 누군가를 가리켜 "사람은 좋은데 말이야…" 하고 뒤끝을 흐린다면, 같이 일하기엔 부족하다는 의미이니 더욱 분발해야 한다.

그리고 모르는 일은 대충 넘기지 말고 분명하게 배울 수 있어야 한다. 이러한 태도는 학생뿐만 아니라 직장인들에게도 모두 해당한다. 사고란 대개 제대로 알지 못하는데도 묻지 않고 대충 짐작으로 일을 처리할 때 발생하기 마련이다.

공부란 한 번 더 생각해보는 여유를 가지기 위한 노력이다

화가 날 때 생각하라는 것은 감정을 다스리는 방법이다. '희로애락애오구喜怒哀樂愛惡懼'의 일곱 가지 감정 중에서 가장 다스리기 힘든 것이 분노다. 순간적으로 일어나고 가장 폭발적이기 때문이다. 주자는 "나의 기질상의 병통은 대부분 분노와 원망을 다스리지 못하는 데 있다"고 토로했다. 수양의 최고 경지에 이르렀던 성인조차 마음을 다스리는 데 어려움을 겪었던 것이다.

만약 분노를 불러일으킨 대상이 눈앞에 있다면 화가 화를 불러 도저히 절제하지 못하는 상황이 되기도 한다. 이때는 잠깐 멈출 수 있는 마음의 여유가 필요하다. 당장 화를 가라앉히지는 못해도 분노를 터뜨린 이후의 결과를 생각할 수 있으면 극단적인 상황에까지는 이르지 않을 것이다.

과연 나의 분노가 정말 마땅한지를 냉정하게 따져볼 수도 있다. 의외로 화는 발단이 된 최초의 상황보다는 그것을 해결하려는 과정에서 오히려 격앙되는 경우가 더 많기 때문이다.

"이득이 될 일을 볼 때는 의로운가를 생각한다"는 우리에게도 익숙한 구절이다. '견득사의見得思義'와 '견리사의見利思義'의 덕목이 바로 여기에서 유래되었다. 눈앞의 이득에 집중할 것이 아니라 먼저 그 일이 의로운지를 생각한 다음 취하라는 가르침이다. 다산은 재물에 대해 이렇게 통찰했다.

> 세간의 의식이나 재화는 모두 부질없다. 옷은 해지게 마련이고, 음식은 썩기 마련이다. 재물을 자손에게 전해도 언젠가는 흩어지고 만다. 다만 가난한 친척이나 벗과 나누는 것만이 없어지지 않는다. … 그러므로 재물을 비밀리에 숨겨두는 방법으로는 베푸는 것보다 더 좋은 것이 없다. 도둑에게 빼앗길 염려도 없고, 불에 타버릴 걱정도 없고, 소나 말이 운반해야 할 수고로움도 없이 자기가 죽은 뒤까지 가지고 가서 천년토록 꽃다운 명성을 전할 수 있다. 세상에 이보다 더 큰 이익이 있을까? 재물은 메기와 같아 단단하게 붙잡으려 할수록 미끄럽게 빠져나가는 것이다.

재물이란 가지려고 노력할수록 빠져나간다. 그리고 가지면 가질수록 누가 뺏어가지 않을까 두려워진다. 더 갖고자 하는 욕심 때문에 마음은 언제나 고달프다. 그러니 차라리 그 재물을 나눠 아름다운 이름을 남기는 것이 가장 큰 이익이며 진정한 이익이라는 말이다. 재물을 대하는 진정한 자세, '견리사의'의 실천이라고 할 수 있다.

다산의 마지막 습관

우리가 흔히 쓰는 "생각 좀 하며 살자"라는 말이 있다. 아무 생각 없이 경솔하게 행동함으로써 일도 망치고 다른 사람에게도 폐를 끼치는 사람을 타박할 때 꺼내곤 한다. 공자가 했던 가르침이 바로 그렇다. 삶의 모든 방면에서 흘러가는 대로 맞추지 말고 반드시 생각하고, 또 생각에 그치지 말고 실천하며 살라는 것이다.

그때 필요한 자세가 바로 '잠시 멈춤'이다. 중요한 일 앞에서 잠시 멈추고 숨을 고를 수 있다면 마음이 안정되고 생각할 여유가 생긴다.

그리고 파스칼이 말했듯이, 우리를 존엄하게 하는 것도 생각이다. 스스로 부족함을 깨닫고 사람과 세상 앞에 서는 것은 낮아지는 것이 아니라 하늘이 준 존엄성을 드러내는 것이다. 모멸과 몰염치의 시대를 뛰어넘을 수 있는 힘은 바로 생각하면서 사는 데 있을지도 모르겠다.

...

생각은 붙잡을수록 멀어진다.
그래서 생각하기 위해 생각을 비워야 할 때도 있다.

배움에 취한 자신에게 홀리지 말고
배움 자체에 취하라

君子 食無求飽 居無求安 敏於事而愼於言 就有道而正焉 可謂好學也已
군자 식무구포 거무구안 민어사이신어언 취유도이정언 가위호학야이

군자는 배부른 것을 구하지 않으며, 편안한 거처를 추구하지 않는다.
일은 민첩하게, 말은 신중하게 하며 도를 체득한 사람에게 나아가
자신을 바로 잡으려고 하면 '학문을 좋아한다'고 할 수 있다.

_《논어》〈학이〉

《논어》의 맨 첫 구절은 잘 알려진 "배우고 때때로 익히면 또한 기쁘지 아니한가?(학이시습지 불역열호學而時習之 不亦說乎)"다. 이 글을 통해 우리는 공자의 핵심철학은 물론《논어》의 주제를 알 수 있다. 바로 '배움'이다. 공자는 평생을 두고 배움을 추구했고, 공자의 생각과 언행을 모은《논어》또한 '배움'을 가장 중요한 주제로 강조한다. 따라서 이 책에서는 학문을 좋아하는 사람의 모습은 어떤지, 어떤 자세를 취해야 하는지도 많이 다루고 있다. 가장 잘 알려진 글이《논어》〈옹야〉에 실려 있다.

노나라 애공이 "제자 중에 누가 배움을 좋아합니까?"라고 묻자, 공자가 이렇게 대답했다.

"안회라는 제자가 배우기를 좋아해서 노여움을 남에게 옮기지 않고, 같

은 잘못을 두 번 저지르지 않았습니다. 하지만 불행히도 단명했습니다. 이제는 그런 사람이 없으니, 그 후로는 아직 배움을 좋아한다는 사람을 들어보지 못했습니다."

'불천노 불이과 不遷怒 不貳過'라는 유명한 성어가 실린 고사다. 불천노, 즉 '분을 남에게 옮기지 않는 것'은 감정을 다스리는 능력이다. 아무리 뛰어난 인물이라고 해도 화를 전혀 내지 않고 살지는 못할 것이다. 다만 화의 감정을 조화롭게 다스리는 것이 다를 뿐이다.

불이과, '잘못을 두 번 저지르지 않는다'는 자신을 돌아보는 성찰의 자세다. 이 역시 사람인 이상 잘못을 아예 저지르지 않고 살기란 어려울 것이다. 다만 잘못을 저질렀을 때 스스로 깨닫고 반성할 수 있는 삶의 태도가 다를 수는 있다. 다산은 잘못을 고치지 않는 세태에 대해 〈도산사숙록陶山私淑錄〉에서 신랄하게 비판했다.

세상의 문인이나 학자들은 한 글자나 한 구절이라도 남에게 지적을 당하면 속으로는 그 잘못을 알면서도 잘못을 꾸미고 그릇된 것을 수식하며 굽히지 않는다. 심지어는 얼굴이 벌개지고 사납게 마음에 품어두었다가 마침내 해치거나 보복하는 자까지 있다. 어찌 여기에서 보고 느끼지 못한단 말인가? 문자만 그렇겠는가. 말하고 의논하고 일을 베푸는 사이에도 이 같은 근심이 있으니, 마땅히 생각하고 살펴서 병통을 고치기를 힘써야 한다. 진실로 바른 것을 깨달으면 그 자리에서 돌이켜 기쁘게 선을 따라야만 꼴불견의 소인이 되지 않을 수 있다.

문장에서 잘못을 지적받으면 당연히 고쳐야 하듯이 삶의 도리 또한 그렇다는 것이다. 나아가 만약 잘못이 있을 때 기쁘게 고쳐 선을 따르지 않는다면 차마 볼 수도 없는 소인이 된다고 지적하고 있다.

선비는 하루에 하루만큼 성장해나간다

《논어》〈학이〉에 실린 예문도 역시 공자가 말했던 배움을 좋아하는 사람의 모습이다. 일상의 삶에서 어떤 자세를 취해야 하는지를 말해주는 것으로, 좀 더 실천적이지만 결코 만만한 가르침은 아니다. 주자는 이 문장에 대해 이렇게 설명해준다.

"편안함과 배부름을 구하지 않는 것은 뜻이 다른 데 있어 여기에 미칠 겨를이 없어서다. 일에 민첩하다는 것은 그 부족한 바를 힘씀이요, 말을 삼간다는 것은 남음(유여有餘)을 두고 감히 다하지 않는 것이다. 그러나 오히려 감히 스스로 옳다고 생각하지 않고, 반드시 도가 있는 사람에게 나아가 그 옳고 그름을 바로잡는다면 배움을 좋아한다고 할 만하다."

배불리 먹지 않고, 편안함을 추구하지 않는다는 것은 배부름과 평안함에 우선순위를 두지 않는 것이다. 그것보다 훨씬 더 중요한 일이 있기에 그것을 추구할 시간도 여유도 없기 때문이다. 물론 먹는 것과 평안함을 추구하는 것은 사람의 본성이다. 다만 맹자가 말했던 천명이 있기 때문에 그것을 극단으로까지 추구하지는 않을 뿐이다. 명은 올바른 도리를 따라 바르게 살아야 한다는 명령으로 하늘이 내려준 것이다. 《맹자》〈진심 상〉에는 이렇게 실려 있다.

"입이 맛있는 것에 대해, 눈이 미색에 대해, 귀가 아름다운 소리에 대해, 사지가 평안한 것에 대해 좋아하는 것은 본성이다. 하지만 그것을 취함에는 명이 있기에 군자는 본성이라고 하지 않는다." 사람에게는 누구나 몸의 평안을 원하는 본성이 있지만, 하늘의 도리에 맞게 바르게 살고자 하는 사람은 그것을 극단으로 추구하지 않고 절제한다는 것이다.

일에 민첩함은 맡겨진 일을 충실히 하는 것이다. 맡은 일을 충실히 해낼 수 있어야 하고, 부족한 점이 있다면 노력해야 한다. 그래서 다산은 선경후사先經後史 다음에 실용적인 공부를 게을리 해서는 안 된다고 강조했다. 심지어 선비랍시고, 공부한답시고 자기 밥벌이도 제대로 하지 못하는 사람은 사람의 도리를 못하는 사람이라고 질타하기도 했다. 제자 윤윤경에게 내린 가르침이다.

소부나 허유의 절개도 없으면서 몸을 누추한 오두막에 누이고 나무껍질로 배를 채우며, 부모와 처자식을 헐벗고 굶주리게 하고, 벗이 찾아와도 술 한 잔 권할 수 없으며, 명절에도 처마 끝에 걸린 고기는 보이지 않고 유독 빚 독촉하는 사람들만 대문을 두드리고 있으니, 이는 지혜로운 선비는 하지 않을 일이다.

말의 신중함은 실천이 따르지 않는 말, 조급한 말, 성급한 말을 경계하는 것이다. 말에 믿음이 없는 사람은 그 어떤 다른 장점이 있어도 군자가 되기에는 부족하다. 사람은 말로 자신을 드러내고, 사람들은 그 말로 그를 평가한다. 그래서 공자는 "인한 사람은 말을 조심한다"라고 했다.

마지막으로 '도를 체득한 사람에게 나아가 자신을 바로잡으려 한다'는 것은 수양과 학문에서 정진하는 자세를 말한다. 겸손하게 자신보다 더 나은 사람을 찾아 배움을 청하는 자세는 배움을 좋아하는 사람의 기본이다. 이를 위해서는 자신을 낮출 수 있는 겸손과 부족함을 인정하는 솔직함이 있어야 하고, 자신보다 더 나은 사람을 찾는 노력이 꼭 필요하다.

여기서 '찾아야 하는 더 나은 사람'이란 꼭 사람을 가리키는 것이 아니다. 책이 될 수도 있고, 다양한 배움의 원천을 찾아서 자기 부족함을 채우는 노력 역시 배움이라 할 수 있다.

배움이란 더 나은 삶을 추구하는 사람의 기본적인 자세다. 하루하루 배움을 채워나가면 하루하루 성장하는 사람이 될 수 있다. 더 나은 미래를 원한다면 현재의 자신이 어디에 위치했는가가 반드시 중요한 것은 아니다. 당장 완성된 사람, 탁월한 사람이 되어야 하는 것은 더더욱 아니다. 하루하루 꾸준히 성장하는 사람, 실력과 수양을 날마다 쌓아가는 사람이 바로 '배움의 사람'이다.

...

인간은 성장할 수 있는 만큼 존재한다.

과거에 얽매인 비난이 아니라
미래를 위한 비판을 하라

不窺密 不旁狎 不道舊故 不戱色 毋拔來 毋報往
불규밀 불방압 부도구고 불희색 무발래 무보왕

남의 은밀한 곳을 엿보지 말고 사람들을 함부로 대하지 말아야 한다.
남의 오래된 잘못을 말하지 말고 희롱하는 듯한 표정을 지어서는 안 된다.
갑작스레 오지 말며, 갑작스레 가서도 안 된다.

_《예기》〈소의少儀〉

누구나 비밀을 알고 싶어 한다. 비밀에 대한 호기심은 긍정적일 수도 있다. 새로운 것을 알고자 하는 마음은 배움의 진전을 가져올 수 있고, 호기심이 남들보다 유난히 강한 사람은 미지의 공간을 엿보다가 창의적인 결과물을 만들어내기도 한다.

하지만 정도를 벗어나면 문제가 된다. 특히 그 대상이 사람일 경우에는 더욱 그렇다. 만약 욕구를 채우기 위해서, 돈벌이의 수단으로, 자신을 과시하려고 다른 사람의 은밀한 구석을 엿보며 감추고 싶은 일들을 굳이 캐내려고 한다면 범죄행위가 된다.

그다음으로 예문에 나온 '사람들을 함부로 대하지 말라'는 말은 예의를 지키라는 것이다. 공자 철학의 핵심 실천덕목은 충忠과 서恕다. 두 글자 모두에는 마음 '심心'자가 들어 있다. 충忠은 마음(심心)의 중심(중中)을 바로 세우는 것으로, 수양의 자세다. 서恕는 마음(심心)을 다른 사람의 마음과 같이 하는 것(여如)으로 배려의 자세다.

수양이 된 사람이라야 남을 배려할 수 있다는 말은, 다르게 표현하면 다른 사람을 배려하지 않는 차원을 넘어 함부로 대하는 사람은 스스로 수양이 덜 된 속된 인물임을 드러내는 것과 같다는 말도 된다. 직장과 같은 수직적인 관계는 물론 그 어떤 인간관계에서도 마찬가지다.

'남의 오래된 잘못을 말하지 말고(부도구고不道舊故)'에서 도道는 '말하다'라는 뜻도 있다. 따라서 '도구고道舊故'는 오래전에 다른 사람이 저질렀던 잘못을 폭로하는 행위를 가리킨다. 지금 잘못하고 있는 일을 따끔하게 지적하는 것은 충고다. 하지만 그때에도 진실한 마음으로 그 일에만 초점을 맞춰 조심스럽게 건네야 한다.

하지만 이미 오랜 시간이 지난 잘못을 들춰 새삼 말하는 것은 비난의 성격이 강하다. 사람을 앞에 두고 대놓고 비웃거나 말로는 하지 않더라도 경멸하는 표정을 짓는 것 또한 사람을 업신여기는 것이다. 당연히 관계는 오래 지속될 수 없다.

'갑작스레 오지 말며, 갑작스레 가지 마라(무발래 무보왕毋拔來 毋報往)'에서 '발拔'과 '보報'는 모두 빠르다는 뜻을 가지고 있다. 지금도 마찬가지지만 사람을 맞으려면 미리 준비할 시간이 필요하다. 당연히 사전에 만나는 시간을 정해야 하고, 정한 시간은 반드시 지켜야 한다. 전혀 예상치 않고 있는상황에서 갑자기 들이닥친다든지, 논의하고 있는 이야기를 마무리하지도 않았는데 갑자기 떠나버린다면 아무리 좋은 의도를 가지고 행한 것이라고 해도 일이 제대로 성사될 수 없다.

공적인 일은 물론 사적인 관계에서도 마찬가지다. 아무리 허물 없고 친한 사이라도 오고 감을 미리 정하는 것은 당연히 지켜야 할 기본적인 예의다. 이를 어기고 만남을 가볍게 여기며 사람을 함부로 대하면 좋은 관계를 유지하기 어렵다. 주자는 좀 더 철학적인 관점에서 이 구절을 다음과 같이 해석했다.

래來와 왕往은 향하고 등진다는 뜻일 따름이다. 이 두 구절의 뜻은 '의義에 나아가기를 목마를 때에 물을 보고 달려가듯이 하며, 악에서 떠나기를 뜨거운 것을 만졌을 때와 같이 한다'라고 말함과 같다. 좋은 일을 보고 화급히 기뻐하며 빨리 시작하는 사람은 오래 견디지 못한다. 조금 지나 마음이 게을러지고 뜻이 다하면 곧 빨리 떠나니, 이른바 '그 나아감이 빠른 자는 물러남이 빠르다(기진예자 기퇴속야其進銳者 其退速也)'는 것이다.

여기서 '그 나아감이 빠른 자는 물러남이 빠르다'는《맹자》〈진심 상〉에 실려 있는 글을 인용했다. 그 전문은 "그만둬서는 안 될 일을 그만두는 자는 그만두지 않는 일이 없을 것이요, 두터이 해야 할 일에 박하면 두터이 할 일이 없을 것이다. 그 나아감이 빠른 자는 물러남이 빠르다"이다. 옳고 그름에는 타협이 있어서는 안 되며, 중요한 일일수록 함부로 결정하거나 쉽게 포기해서는 안 된다는 뜻이다. 함부로 결정하면 오류가 있을 수 있고, 쉽게 포기한다면 큰일을 이루기 힘들다.

"잘못을 고치지 못하는 것이
나의 걱정이다"

예문은 대인관계에서의 예의를 말한다. 평범하고 사소한 일을 지나치게 규제한다고 생각할 수도 있을 것이다. 갑갑하다는 느낌이 드는 것도 당연하다. 하지만 작고 사소한 일상의 예의야말로 큰일을 이룰 수 있는 기반이 될 수 있다는 점에서 보면 결코 소홀히 할 일이 아니다. 한 사람의 미래는 평생을 좌우할 결정적인 순간에서 고심 끝에 내린 각오를 보일 때가 아니라 그의 평상시 모습에서 더 잘 보이기 마련이다. 고루해 보이는 말이라도 현실에 맞게 적절히 취하면 될 일이다. 이어서 〈소의〉에는 이렇게 실려 있다.

"신을 모독해서는 안 되며 과거의 잘못을 그대로 따라서도, 미래의 일을 추측해서도 안 된다. 의복이나 이미 만들어진 물건들에 대해서 험담해서는 안 되며, 확실치 않아 의심스러운 일을 자신이 나서서 바로 잡지 말아야 한다."

여기서 특별히 주목해야 할 것은 '과거의 잘못을 그대로 따라서는 안된다'이다. 예문에서는 '남의 잘못'에 대해 언급했지만 여기서는 자신의 잘못을 말한다. 과거의 잘못을 따르는 것은 같은 잘못을 되풀이하는 것이다. 잘못을 거듭하지 않으려면 잘못에 대한 분명하고 솔직한 인정과 반성, 그리고 잘못을 되풀이하지 않으려는 결단이 필요하다.

물론 쉽지 않다. 공자조차 '잘못을 고치지 못하는 것이 나의 걱정이다'라고 말할 정도로 자신을 돌아보고 잘못을 고쳐나가는 것은 결코 쉬운 일이 아니다. 다산은 존경하던 채제공의 당호인 매선당에 기문으로 남긴 글,

〈매선당기每善堂記〉에서 이렇게 적었다.

어떤 사람이 아홉 가지 일은 모두 악한데 한 가지 일이 우연히 착하다 해도 그는 착한 사람이라고 할 수 없고, 또 아홉 가지 일은 모두 착한데 한 가지 일이 우연히 악하다고 해도 착한 사람이라고 할 수는 없습니다. 어떤 항아리가 그 전체는 모두 깨지고 주둥이만 온전하다 해도 깨진 항아리라고 하며, 그 전체는 온전한데 오직 구멍 하나만 뚫렸어도 깨진 항아리라고 합니다. 사람이 매사에 선을 다하지 못한다면, 끝내 착하지 않은 사람이 됨을 면치 못하게 될 것입니다. 사람이 선을 이루기 어려움이 이와 같습니다.

체제공은 재상을 지내며 정조의 개혁정치를 이끌던 인물로, 그 인품이 뛰어나 다산에게도 멘토가 되었다. 이러한 채제공이 "아버님이 임종하실 때 매사에 선을 다하라고 말씀하셨기에 이 액자를 보고 마음을 가다듬었지만 실천하는 일이야 내가 어떻게 하겠는가?"라고 말하자 다산이 했던 답이다.

다산은 높은 기준으로 빈틈없이 선함을 지켜나가려고 했다. 하지만 완벽할 수 없는 것이 사람이기에 매사에 선함을 지키기는 어렵다는 것을 인정했다. 우리는 말할 것도 없다. 단지 일상에서 노력해나갈 뿐이다.

사람들을 예의와 배려로 대하고, 매사에 선함을 지키고, 잘못을 반성해 돌이킬 수 있는 시작은 자신의 한계를 인정하는 일이다. 그리고 자신을 조용히 돌아볼 수 있는 신독愼獨의 자세를 갖는 것이다. 홀로 있는 조용한 시간에 자신을 돌아보고 반성과 성찰의 시간을 가질 수 있다면, 비록 잘못을 아예 하지 않는 완벽한 사람은 될 수 없을지라도 어제의 나보다 조금 더 나은 사람은 될 수 있을 것이다.

...

악은 언제 어디서나 사람과 함께하기에 피할 수 없으니
어두운 곳에서도 항상 스스로를 반추하라.

말은 뜻을 제대로
전달하면 족하다

孔子於鄕黨 恂恂如也 似不能言者 其在宗廟朝庭 便便言 唯謹爾
朝 下大夫言 侃侃如也 與上大夫言 誾誾如也
공자어향당 순순여야 사불능언자 기재종묘조정 변변언 유근이
조 하대부언 간간여야 여상대부언 은은여야

공자가 마을에 있을 때는 공손하고 과묵해 말을 못하는 사람과 같았다. 종묘나
조정에 있을 때는 명쾌하게 말했지만 신중했다. 조정에서 하대부와 말할 때는
강직한 모습이었으며 상대부와 말할 때는 부드럽고 조화로운 모습이었다.

_〈논어〉〈향당鄕黨〉

《맹자》〈만장 하〉를 보면 맹자가 네 성인聖人을 평가한 구절이 나온다.

"백이는 성인 가운데 청렴한 사람(성지청자聖之淸者)이고, 이윤은 책임을
잘 맡은 사람(성지임자聖之任者)이고, 유하혜는 화합을 잘한 사람(성지화자聖之
和者)이고, 공자는 때를 잘 아는 사람(성지시자聖之時者)이다."

이 말에 이어서 '공자는 집대성集大成한 사람이다'라는 말이 실려 있다.
집대성은 여러 가지를 모아서 하나로 완성한 것을 뜻하는 말로 오늘날에
도 많이 쓰인다. 백이와 이윤, 그리고 유하혜 모두 뛰어난 성인들이지만,
공자는 이들의 지혜와 덕을 두루 갖춘 성인 중의 성인이라는 말이다. 공자
가 성인 중의 성인으로 인정받은 까닭은 여러 가지가 있겠지만, 여기서는
때를 잘 아는 것을 내세웠다. 때를 잘 아는 것은 바로 중용中庸의 도리다.

중용은 옛 선비들의 수양에서 가장 중요한 덕목으로, 중용의 도리를 모은 《중용》에는 "군자는 때에 맞게 행동하고, 소인은 기탄이 없다(군자이시중 소인이무기탄야君子而時中 小人而無忌憚也)"라고 실려 있다. 기탄이 없다는 것은 거리낌이 없다는 것으로 때와 상황에 맞지 않게 나서는 것을 말한다. 군자는 어떤 상황에서도 적절하게 행동하지만 소인은 때와 장소에 맞지 않게 함부로 행동한다는 것이다.

예문은 《논어》 〈향당〉에 실려 있는 글로, 장소와 상황 그리고 상대에 따라서 공자가 어떻게 말했는지를 알려준다. 예문 다음은 공자가 임금과 함께할 때의 행동거지로 이어진다. "임금이 계실 때에는 공경스러우면서도 절도에 맞게 위엄을 갖췄다(군재 축적여야 여여여야君在 踧踖如也 與與如也)."

마을에 있을 때 공자는 말을 못하는 사람처럼 공손하고 과묵하게 지냈다. 마을은 사적인 자리다. 이때 가장 중요한 가치는 바로 효제孝悌, 사람을 대하는 예의다. 공자는 당대에도 이미 최고의 학자로 꼽혔지만 마을에서는 지혜나 학식을 내세우는 대신 마을의 구성원으로서 두루 어울리며 어른을 존경하고 이웃들에게 예의를 차리고자 했다. 사적인 관계에서 가장 중요한 덕목은 겸손한 태도라고 본 것이다.

종묘나 조정은 공적인 장소를 말한다. 공적인 자리에서는 당연히 엄숙하고 신중하게 말하고 행동해야 한다. 다만 옳고 그름을 따지는 데 있어서는 타협하지 않았다. 따라서 신중하면서도 명쾌하게 말했다는 것이다.

주자는 종묘나 조정에서 말하는 법, '변변언便便言'에 대해 이렇게 말했다. "변변은 말을 잘함이다. 종묘는 예법이 있는 곳이요, 조정은 정사를 보는 곳이니 말을 잘하지 않을 수 없다. 그러므로 반드시 자세히 묻고 극진히 말하되 다만 삼가며 함부로 하지 않았을 뿐이다."

이에 대해 다산은 《소학지언》에서 '변변언'은 단순히 말을 잘하는 차원이 아니라 정사政事를 명확히 구별해 행하는 것으로 보았다. "옛날에는 종묘에서 천자가 초하루를 알리는 곡삭告朔의 예를 행한 뒤 책력을 보고 정령을 반포했다. 종묘와 조정은 모두 정사가 나오는 곳이므로 '변변언'이라고 했다. 변변이란 정사를 변별하는 것이다. 만약 예법을 위주로 말한다면 한창 제사를 드릴 때는 말을 할 수 없다."

다산의 견해는 주자와는 다소 다른 듯하다. 주자와 다산의 이견에 대해 옳고 그름을 가리기는 어렵다. 단지 여기서 살펴볼 점은 학문의 시비에 있어서 다산의 확고함이다. 조선에서 신성불가침으로 여겨지던 주자라고 할지라도 학문적으로 이견이 있다면 다산은 망설이지 않고 제시했다.

해야 할 때 하고, 하지 말아야 할 때
다무는 것이 화술의 전부다

하대부와 상대부, 그리고 임금과 말할 때 각각 태도가 다른 까닭은 공자 자신의 신분과 상대의 신분에 맞게 말했기 때문이다. 그 당시 공자의 지위는 분명치 않으나 상대부와 하대부 사이에 놓였으리라 여겨진다. 따라서 공자는 하대부에게는 강직하게, 상대부에게는 온화하지만 조화롭게 말했다. 그리고 임금에게는 공경하는 태도를 취하면서도 절도와 위엄을 지켰다. 이는 지위에 따라 차별을 한 것이 아니라, 각자의 신분을 존중하면서도 자기 입장을 분명히 한 것이다.

우리는 유창한 언변을 장점으로 여기며 물 흐르듯 거침없이 자신의 의견을 전하는 능력을 부러워하곤 한다. 하지만 잡다한 지식과 전문용어를 남발하며 과시하듯 말하는 것은 진정한 말의 능력이라고 할 수 없다. 굳이 복잡하게 표현하거나 외국어를 섞어 말하는 것도 마찬가지다.

이런 사람들에게 공자는 "말이란 뜻을 전달하면 그만이다(사달이이의辭達而已矣)'라고 가르쳤다. 번드르르한 꾸밈은 있으나 뜻은 사라져버린 말을 안타까워한 것이다. 《논어》〈계씨〉에서는 "말할 때가 되지 않았는데 말하는 것을 조급하다고 하고, 말해야 할 때 말하지 않는 것은 숨긴다고 하고, 안색을 살피지 않고 말하는 것을 눈뜬장님이라고 한다"라고 좀 더 구체적으로 실려 있다. 원래는 윗사람을 모실 때 저지르기 쉬운 세 가지 잘못을 알려주는 내용이지만 말의 본질을 꿰뚫는 지적이기도 하다.

말해야 할 때 하고, 말하지 않아야 할 때는 자제하고, 숨기는 것 없이 진실하게 말한다면 그것으로 충분하다. 행동도 마찬가지다. 당당하면서도 나설 때와 나서지 않아야 할 때를 잘 구분해서 행동해야 한다.

하지만 무엇보다도 지켜야 할 것이 있다. 상대를 존중하는 마음이 바탕이 되어야 한다. 먼저 존중하면 반드시 존경으로 돌아온다.

…

"복숭아를 던져주면 오얏으로 보답받는다."
존중은 먼저 건넸을 때 돌아온다.

다산의 마지막 습관

인간은 뒤돌아볼 때마다
어른이 된다

射者 進退周環必中禮 內志正外體直然後 持弓矢審固 持弓矢審固然後
可以言中 此可以觀德行矣
사자 진퇴주환필중례 내지정외체직연후 지궁시심고 지궁시심고연후
가이언중 차가이관덕행의

활쏘기는 나아가고 물러나고 예를 표하는 것이 반드시 예법에 맞아야 한다.
안의 뜻이 바르고 밖의 몸가짐이 곧은 연후에 활과 화살을 잡음이 세심하고
견고해진다. 그다음에야 과녁을 맞힐 수 있으니, 이 활쏘기에서 덕행을 볼 수 있다.

_《예기》〈사의射義〉

유교에서 군자란 학식이 높고 행실이 바른 사람으로, 배움이 모자라고 인간성이 부족한 사람을 뜻하는 소인과 대비해 바람직한 인물이자 되고 싶은 인물을 상징한다. 따라서 군자의 자격과 자세에 대해 많은 고전에서 묘사하고 있는데, 다음은 《논어》〈팔일八佾〉에 실려 있는 글이다.

"군자는 다투는 일이 없으나, 꼭 하나 있다면 활쏘기다. 절하고 서로 양보하며 사대에 오르고, 내려와서는 벌주를 마시니 그 다투는 모습도 군자답다."

경쟁이란 상대를 이기기 위해 하는 일이니 사익을 추구하지 않는 군자와 어울리지 않는다. 하지만 활쏘기는 반드시 예를 따라야 하고, 서로 양보하는 미덕을 보일 수 있으므로 일반적인 다툼과는 차원이 다르다. 사람

이 살아가면서 경쟁을 무조건 회피할 수는 없다. 그것은 군자라고 해도 마찬가지다. 경쟁에 임해서 무조건 양보하는 것도 군자의 올바른 자세는 아니다. 경쟁에는 당당히 임해야 하되, 그 과정과 결과는 공정해야 한다. 그리고 반드시 예의를 바탕으로 하되, 겉모습에 국한되어서는 안 된다. 이중적이고 위선적인 처신이 되어 가장 비겁한 모습이 될 수 있기 때문이다.

앞의 예문은 《예기》 〈사의〉에 그 이유와 함께 실려 있다.

"활을 쏘는 것은 인仁의 길이다. 먼저 자신을 바르게 하는 것을 구한다. 몸을 바르게 한 후에야 화살을 쏘며, 맞추지 못했으면 나를 이긴 자를 원망하지 않는다. 돌이켜 나 자신에게서 잘못을 구할 따름이다(반구저기이이의反求諸己而已矣)."

활을 쏘려면 먼저 자세를 바르게 해야 한다. 그래야 올바른 방향으로 활을 쏠 수 있고, 명중률이 높아진다. 따라서 활을 쏘는 것은 자신을 바르게 수양하는 인의 철학과 같다. 인을 추구하는 사람은 항상 자신을 바르게 정리하는 것을 가장 중요한 가치로 여긴다.

또 한 가지, 활쏘기에서는 이기든 지든 승복하는 자세를 가져야 한다. 승리했다고 교만해져서는 안 되고, 패배한 상대를 따뜻하게 위로하고 격려해야 한다. 졌을 때는 자신의 부족함을 돌아보고 반성해서 다음의 승부를 기약한다. 이런 뜻을 가진 성어 '반구저기反求諸己'는 활쏘기를 넘어 일상에도 적용되는 기본적이고 중요한 덕목이다. 따라서 많은 고전에서 권면하고 있는데, 그만큼 지키기 어렵다는 반증이라고 할 수 있다. 누구나 쉽게 할 수 있다면 반복해서 권하지도 않았을 것이기 때문이다.

고개를 돌려 발자국을 확인하면
걷는 자세가 곧아진다

《논어》〈위령공〉에 실려 있는 '군자는 자기에게서 구하고 소인은 다른 사람에게서 구한다(군자구저기 소인구저인君子求諸己 小人求諸人)'도 비슷한 의미를 가진 말이다. 문제가 생겼을 때 그 책임이나 해결책을 군자는 스스로에게서 찾지만, 소인은 다른 사람의 탓을 한다는 뜻을 담고 있다. 우리 속담 '잘되면 제 탓, 못되면 조상 탓'이 소인의 행태를 잘 말해주고 있다.

문제는 내게서 비롯되었을 수도 있고, 외부에서 벌어진 것일 수도 있다. 다만 문제를 분석하기 위해 원인을 따지는 차원을 넘어 남의 탓을 하는 것으로 결론을 지으려는 사람은 문제를 해결할 수 없다. 내가 남을 탓하면 남 또한 나를 탓하기 때문이다. 결국 당면한 문제는 제쳐둔 채 원인을 서로에게 돌리는 소모적인 싸움만 거듭되면서 문제는 더욱 복잡하게 꼬인다.

《맹자》에 거듭 실려 있는 '반구저기'의 가르침은 더욱 절실하고 실천적이다. 먼저 〈공손추 상〉에서는 "인을 행하는 자는 활을 쏘는 것과 같다. 이긴 자를 원망하지 않고, 스스로를 돌이켜본다"라고 하며, 군자가 인을 행하는 자세를 활쏘기에 비유해서 말하고 있다. 〈이루 상離婁上〉에 실려 있는 다음 문장도 역시 같은 의미인데 좀 더 구체적이다.

"남을 사랑하는데 친해지지 않을 때는 자신의 인자함을 돌아보라. 남을 다스리는데 다스려지지 않을 때는 자신의 지혜를 돌이켜보라. 남을 예로써 대하는데 화답하지 않으면 자신의 공경하는 태도를 돌이켜보라. 행했는데 얻지 못하는 것이 있으면 모두 스스로에게 돌이켜 그 원인을 보아라. 내가 바르면 천하가 내게 돌아온다."

이 문장의 뜻은 사람들과의 모든 관계를 '반구저기'의 정신으로 하라는 것이다. 사람들과의 친교는 물론 사람을 다스리는 일도 마찬가지다. 이 모든 일을 '반구저기'의 정신으로 할 수 있다면 그 보상은 엄청나다고 이 문장은 말해준다. 물론 천하를 얻을 수 있다는 것은 지나친 비약으로 볼 수도 있다. 하지만 공감과 배려의 자세가 사람들의 마음을 얻을 수 있고, 사람의 마음을 얻는 사람이 성공할 수 있다는 말은 오늘날의 관점에서 봐도 충분히 수긍이 간다.

다산이 험난한 귀양 생활에서 위대한 결과를 만들 수 있었던 힘도 '반구저기'의 정신이었다. 그는 배움에 관한 퇴계의 가르침을 보면서 자신의 조급한 결점을 돌이켜봤다.

> 내가 품성이 조급해 궁리하는 데에 있어 오래 견뎌내지 못했다. 혹 하나의 사리를 궁구하다가 때로 막히어 통하지 않는 것이 있으면, 정신이 거칠고 혼미해져서 중도에 그만두지 못했는데, 독서에 특히 이런 병통이 있었다. 지금 선생이 논한 바를 보면, 그 병을 고치는 약이 절실하고 타당하여, 참으로 알고 실지로 이행한 체험에서 나온 것이다. 이러한 교묘한 비결을 얻어 이것으로 궁리하면, 뚫어서 투철하지 못하고 녹여서 소화하지 못할 근심이 없을 것이니 어찌 늘 눈여겨 보며 힘쓰지 않을 수 있겠는가.

이처럼 자신의 문제를 정확하게 진단하고, 돌이켜 고칠 수 있는 사람은

다산의 마지막 습관

나날이 성장할 수 있다. 평범한 사람들도 마찬가지다. 비록 천하를 얻을 정도의 큰일은 해내지 못할지도 모른다. 하지만 어디에 있더라도 자신의 역할을 성실하게 수행하며, 누구에게나 신임을 받는 일상의 작은 영웅은 될 수 있을 것이다.

...

'신의 한 수'는 번뜩이는 영감이 아니라
끝없이 후회했던 인간의 복기에서 나왔다.

짐승은 이빨을 드러내며 공부하는 사람을 비웃는다

士志於道 而恥惡衣惡食者 未足與議也
사지어도 이치악의악식자 미족여의야

도에 뜻을 두면서도 누추한 옷과 거친 음식을 부끄러워하는
선비와는 함께 도를 논할 수 없다.
_《논어》〈이인里仁〉

《논어》〈학이〉에는 저 유명한 성어 '절차탁마切磋琢磨'에 대한 유래가 실려 있다. 그 이야기에서 공자는 제자인 자공에게 부와 가난을 대하는 군자의 처신을 말해준다.

자공이 "가난하면서도 남에게 아첨하지 않고 부유하면서도 남에게 교만하지 않다면 어떻습니까?"라고 묻자 공자는 이렇게 답한다. "그 정도면 괜찮은 사람이다. 하지만 가난하면서도 즐겁게 살고, 부유하면서도 예를 좋아하는 것만 못하다."

이어서 자공이 물었다. "《시경》에서 말하기를 '칼로 자르는 듯, 줄로 가는 듯, 정으로 쪼는 듯, 숫돌로 광을 내는 듯하다'라고 했는데, 이를 말하는 것입니까?" 공자가 크게 칭찬하며 대답했다. "사(자공)야, 비로소 더불어

　　　　　　　　　　　　　다산의 마지막 습관

시를 말할 수 있겠구나. 지나간 것을 일러주니 알려주지 않은 것까지 아는구나."

짧은 고사지만 공자 가르침의 핵심이 담겨 있다. 수양과 학문의 길은 '절차탁마', 즉 혼신의 힘을 다해 끊임없이 계속해야 한다는 것이다. 자공은 가난한 환경에서 자긍심을, 부유한 환경에서 겸손함을 지니고 있으면 군자가 아니겠냐고 스승에게 말했다.

하지만 공자는 더 높은 단계를 이야기한다. 단순히 자신을 절제하는 정도가 아니라 그 환경에 순응하고 즐길 수 있어야 한다는 것이다. 특히 부자라면 예를 좋아해 따라야 한다고 했다. 예는 인을 실천하는 중요한 덕목으로 나를 낮추고 상대방을 배려하는 근본이기 때문이다.

《논어》〈이인〉에 실려 있는 앞의 예문은 수양의 목표인 도道와 일신의 편안함은 양립할 수 없다는 것을 말해준다. 말로만 항상 수양을 떠들 뿐 정작 실제 삶은 안이하다면 도를 추구하는 사람의 자세가 아니며, 그런 사람과는 함께 교제할 수 없다는 것이다. 주자는 위의 구절에 대해 길게 해설을 달았다.

"마음에 도를 구하고자 하면서 입과 몸의 봉양이 남만 못함을 부끄러워하면 그 식견과 취향의 비루함이 심하니, 어찌 함께 도를 논할 수 있겠는가? 생각건대 악의惡衣는 거칠고 오래된 의복을 이르고, 악식惡食은 거친 밥과 나물 따위를 이른다.

《한서漢書》〈식화지食貨志〉를 보면 배워서 벼슬자리에 있는 사람을 선비(사士)라고 했다. 그러나 사민四民(사농공상) 가운데 배움에 뜻을 둔 자가 있다면 역시 선비라고 할 수 있다. 옷은 몸을 가림을, 음식은 배를 채움을 취하니, 귀천과 상하가 각각 그 제도에 있다.

선비로서 벼슬을 하는 자는 공, 경, 대부의 뒤에 있어 그 녹봉에 한계가 있는데, 하물며 벼슬하지 않는 자는 수입이 어찌 풍족할 수 있겠는가. 그런데 나쁜 옷과 음식을 부끄러워하고 화려하고 달고 살찐 것을 구하고자 시류를 따르고 욕심을 채우고자 하면 하늘의 이치를 외면하고 염치를 잃게 된다. 결국 의가 아닌 것을 취해 채우는 데 이르지 않을 자가 드물다.

그러므로 선유先儒가 이르기를 '나쁜 옷과 나쁜 의복을 부끄러워함은 배우는 자의 큰 병통이니, 선한 마음을 보존하지 못함이 여기에서 근원한다' 했다. 선비에 뜻을 둔 자는 부디 이것을 경계할지어다."

배움을 추구하는 사람은 벼슬을 해도, 하지 않아도 그 처지가 풍족할 수 없다. 생활이 궁핍해 먹고 입는 것이 항상 모자랄 수밖에 없는데, 그렇다고 풍족함만을 추구하면 의로움을 버리게 되면서 탐욕의 길로 가게 된다. 당연히 배움의 길에서 떠나게 되고 배우는 자의 바른 자세를 유지할 수 없다. 풍요롭고자 하는 마음은 도의 마음과 동행할 수 없는 것이다.

몸을 아끼고자
마음을 잃지는 말라

다산도 풍족함을 취하고자 하는 마음을 지극히 경계했다. 아니, 오히려 더 통렬하게 지적했다. 오직 풍족한 삶을 추구하다가 삶을 헛되이 하는 자는 금수와 다름이 없다고까지 말했다. 그리고 그들을 일러 세상에서 가장 경박한 사람이라고 했다. 제자 정수칠에게 준 말이다.

우리가 배불리 먹고 따뜻하게 입으며 종신토록 근심 없이 지내다가 죽는 날 사람과 뼈가 함께 썩어버리고 한 상자의 글도 전할 것이 없다면, 삶이 없는 것과 같다. 그런 것을 일컬어 삶이라고 한다면 그 삶이란 금수와 다를 바 없을 것이다. 세상에는 제일로 경박한 사람이 있으니, 마음을 다스리고 성품을 기르는 일을 지목해 '쓸데없는 일'이라 하고, 책을 읽어 이치를 궁구하는 것을 두고 '고리타분한 이야기'라고 한다. 맹자가 말하기를 대체大體(마음)를 기르는 자는 대인이 되고, 소체小體(몸의 편안함)를 구하는 자는 소인이 된다고 했다. 저들이 소인됨을 달게 여기는데 나 또한 어찌할 것인가?

다산이 인용했던 대체와 소체는 《맹자》 〈고자 상〉에 실려 있다. 마음은 생각하는 기능이 있어서 바른 길을 알고 욕심에 휘둘리지 않지만, 그 외의 감각기관은 생각하는 기능이 없어서 선한 본심을 잃고 감정과 욕심에 좌우된다는 것이다. 그래서 맹자는 사람의 선한 본성을 간직한 마음을 잘 따르는 사람은 대인, 즉 큰 인물이 되지만 마음을 잃고 육신의 편안함만을 추구하는 사람은 소인이 될 수밖에 없다고 했다.

오늘날은 맹자나 다산의 시절과는 다르다. 올바른 삶을 산답시고 굳이 편안한 삶을 포기하는 것은 시대착오적인 생각이다. 다만 다산의 말처럼, 편안함과 안일함을 좇는 데 급급해 헛되이 흘려보내는 삶은 안타깝다.

거창하고 대단한 것을 남겨야 가치 있는 삶은 아니다. 부당한 이익에 휘둘리지 않고 충실하게 살고자 노력하는 모든 삶에는 의미가 있다.

가난은 궁핍한 상태가 아니라
더 많은 것을 가지려는 갈망에 잠식된 상태다.

남들만큼 살기 위해
스스로를 포기하지 말라

飮食之人 則人賤之矣 爲其養小以失大也
음식지인 즉인천지의 위기양소이실대야

음식을 밝히는 사람을 비천하게 여기는 까닭은
사소한 욕망을 채우기 위해 큰것을 잃어버리기 때문이다.

_《맹자》〈고자 상告子上〉

양주楊朱는 맹자와 같은 시대에 활동했던 철학자다. '위아설爲我說'이라는 극도의 이기주의를 주장했었는데, 맹자가 말했던 다음의 문장이 양주의 철학을 잘 말해준다.

"양주는 이기주의를 가장 좋다고 여겨, 자기 몸의 한 오라기 털로 천하를 이롭게 할 수 있다고 해도 하지 않는다. 사람이 각자 자기만을 생각하고 자기 이익만을 보전해 공공의 일을 철저하게 무시한다면 오히려 천하가 태평해진다고 한다."

양주의 주장은 사람들이 자기 이익을 지키는 데 충실할 때 오히려 세상이 평안해질 수 있다는 것이다. '무위자연無爲自然'을 말했던 노자의 철학을 근거로 한 것 같지만 지나치게 극단적이며 논리적이지도 않다. 개인의 이익만을 추구하면 세상이 평안해진다는 주장은 누구라도 선뜻 납득할 수 없을 것이다.

하지만 사람이 자기 이익을 바라는 것은 당연한 일이기도 하다. 양주처럼 극단적이지는 않더라도, 누구나 욕망을 채우기 위해 애쓴다. 특히 자기 몸은 아무리 작은 부분이라도 아낀다. 다른 사람의 고통에는 무덤덤해도 내 몸의 사소한 아픔을 더 안타깝게 여기는 것 또한 인간의 한계일지도 모르겠다.

하지만 자기 몸의 각 부분에 대해서는 어떨까? 맹자는 이렇게 말했다.

"사람은 자기 몸의 모든 부분을 다 아낀다. 모든 부분을 다 아끼니 모든 부분을 다 가꾼다. 자신의 몸에서 한 자, 한 치의 살도 아끼지 않는 부분이 없으니 어느 것 하나 가꾸지 않는 부분이 없다. 잘 가꾸는지 아닌지 살펴보는 방법이 따로 있는 것이 아니다. 자신에게서 무엇을 취하는지 살펴보면 된다.

몸에는 귀한 부분도 있고 천한 부분도 있다. 작은 부분으로 큰 부분을 해쳐서는 안 되고, 천한 부분으로 귀한 부분을 해쳐서도 안 된다. 작은 부분을 가꾸는 사람은 소인이 되고, 큰 부분을 가꾸는 사람은 대인이 된다.

어떤 원예사가 귀한 오동나무를 버려두고 흔한 가시나무를 가꾼다면, 그는 서투른 원예사다. 누군가 손가락 하나를 가꾸다 어깨나 등을 잃고서도 모른다면 그는 크게 어리석은 사람이다."

《맹자》〈고자 상〉에 실려 있는 글로, 맹자는 사람의 몸을 이루는 데에는 많은 부분이 있지만 그중에서도 보다 더 소중하고 귀한 부분이 있다고 말해준다. 손가락보다는 팔이나 어깨를 보호해야 하고, 나아가 머리와 같이 어깨보다 더 귀하게 보호해야 하는 부분도 있다. 그것을 무시하고 작은 부분을 지키고자 큰 부분을 포기하면 미련한 사람이 된다. 마찬가지로 〈고자 상〉에 실린 문장이다.

> 지금 어떤 사람의 무명지가 구부러져 펴지지 않는다고 하자. 아프거나 일에 지장이 있는 것은 아니지만 만약 그것을 고쳐줄 수 있는 사람이 진나라나 초나라와 같이 먼 곳에 있어도 마다하지 않는 까닭은 손가락이 남들과 다른 것이 싫기 때문이다. 손가락이 남들과 다른 것은 싫어할 줄 알면서, 마음이 남들과 같지 않은 것을 싫어할 줄 모르니, 이것을 두고 일의 경중을 모른다고 한다.

맹자가 말하는 마음이란 하늘로부터 받은 선한 본성을 가리킨다. 사람의 본성은 본래 선하다는 맹자의 '성선설性善說'이 이로부터 말미암는다. 맹자는 여기에서부터 사람이 지켜야 할 올바른 덕목인 인의예지가 발현된다고 봤다.

예문에서 말하는 사람의 큰 것은 마음 즉 선한 본성을 지키는 것이고, 사람의 작은 것은 몸의 편안함만을 추구하는 것이다. 편안해지고 싶은 마음 자체에는 별다른 문제가 없지만 편안해지고 싶어 선한 본성을 포기해버리는 것은 경중이 바뀐 일이다. 음식을 밝히는 사람(음식지인飮食之人)은 그러한 상태를 에두른 표현이다. 그런 사람은 '스스로 포기하고 스스로를 버린 사람(자포자기자自暴自棄者)'이므로 비천하게 여겨지고, 따라서 사람들 또한 그를 멀리하게 된다.

밤 한 톨 때문에
칼에 찔린 새처럼 길을 잃지 말라

다산은 《심경밀험》에서 욕망만을 좇는 모습을 가리켜 이렇게 말했다. "자기가 갑자기 죄와 허물에 빠져 부끄럽고 후회스러울 때 점검해보면 재물이 아니면 여색 때문이다. 다른 사람이 갑자기 명성이 추락하고 오명이 세상에 가득할 때 점검해보면 역시 재물이 아니면 여색 때문이다."

욕망을 채우고 큰 것을 잃어버린 사람은 결국 허물에 빠져 쌓았던 명성을 잃고 오명을 뒤집어쓰게 된다. 하지만 이익과 욕망의 유혹은 너무 강하다. 그리고 오늘날은 이익과 욕망을 적극적으로 추구하지 않고는 살아남기 힘들기도 하다. 단지 염두에 둘 것은 본성을 잃어버리지 않는 것이다. 또한 돈에 대한 분명한 가치관을 세워야 한다. 우리에게 돈이란 무엇일까? 다산은 자신이 겪은 한 가지 예를 든다.

> 저녁 무렵에 숲속을 거닐다가 우연히 한 아이를 봤다. 그 아이는 자지러지게 울어대며 참새가 뛰듯이 수없이 뛰어다니며 여러 개의 송곳날에 배가 찔린 듯, 방망이로 가슴을 얻어맞은 듯 참담하고 절박하기가 금방 죽어가는 듯한 형상을 하고 있었다. 그 까닭을 물으니 아이가 나무 아래서 밤 한 톨을 주웠는데 어떤 사람이 그걸 빼앗아갔다는 것이다.

우리는 모두 한 톨의 밤 때문에 기뻐하고, 그것을 잃으면 울고 불며 괴로워하는 아이와 같이 살고 있는지도 모른다. 재물을 얻으면 세상을 모두 얻은 것처럼 기뻐하고, 재물을 잃으면 삶의 의미를 모두 빼앗긴 것처럼 절망하고 좌절한다. 이런 삶에서 진정한 행복과 평안은 얻기 힘들다. 나는 무엇을 추구하길래 이처럼 허덕거리며 살고 있을까?

...

사막을 걷는 거북이처럼 허덕이다가,
잠시 멈춰 헤아려 본다.
나는 어디를 향해 걷고 있을까?

계고

稽古

이대사소

以大事小

· ·

강자는 머리를 숙여
자신의 정수리를 보여준다

한 가지 소원이 있다면
한 사람을 정해 그와 나란히 서라

孟子道性善 言必稱堯舜 其言曰 舜爲法於天下 可傳於後世
我猶未免爲鄕人也 是則可憂也 憂之如何 如舜而已矣
맹자도성선 언필칭요순 기언왈 순위법어천하 가전어후세
아유미면위향인야 시즉가우야 우지여하 여순이이의

맹자가 본성의 선함을 말하며 요순을 일컬었다. 그 말씀에 '순은 천하에 모범이 되어
후세에 전해질 수 있었는데, 나는 아직도 일개 시골사람에 지나지 않으니 근심할 만한
일이다. 근심한다면 어찌해야 할까? 순과 같이 되려고 노력할 뿐이다'라고 했다.

_《소학》〈계고〉

앞의 예문은 《소학》〈계고〉의 서문으로 《맹자》에 실려 있는 두 구절을 인
용해 글의 취지를 말하고 있다. 먼저 앞부분 "맹자가 사람의 본성의 선함
을 말하며 언제나 요순을 일컬었다"는 《맹자》〈등문공 상滕文公上〉에 등나라
의 세자 문공이 맹자를 만났을 때 받았던 가르침이다. 좋은 정치를 펼치기
위해서는 요순임금의 통치를 배워 행해야 한다는 내용이다.

그다음, '순은 천하에 모범이 되어 후세에 전해질 수 있었는데, 나는 아
직 시골사람에 지나지 않으니 근심할 만한 일이다. 그저 순과 같이 되려고
노력할 뿐이다'라는 구절은 〈이루 하〉에 실려 있다. 우리에게도 잘 알려진
'종신지우終身之憂'가 바로 이 구절의 앞에 실려 있다.

종신지우는 '군자가 평생을 두고 하는 근심'을 가리키는데, 지도층의

사회적 책무를 뜻하는 '노블리스 오블리제'와 비슷한 의미다. 먼저 전문을 살펴보자.

"이런 까닭에 군자에게는 종신토록 근심하는 것은 있어도 하루아침의 근심은 없다. 걱정하는 일이란 이런 것이 있다. 순도 사람이고 나도 사람인데, 순은 천하에 모범이 되어 후세에 전해질 수 있었지만, 나는 아직도 일개 시골사람에 지나지 않으니 근심할 만한 일이다. 근심한다면 어찌해야 할까? 순과 같이 되려고 노력할 뿐이다. 군자는 다른 근심할 것이 없다. 인이 아니면 하지 않고 예가 아니면 행하지 않는다. 그러므로 하루아침의 근심은 있어도 군자는 그것을 근심하지 않는다."

여기서 종신지우의 대구로 쓰인 '하루아침의 근심'은 원문이 '일조지환—朝之患'이다. 우리가 이리저리 치이면서 고민하는 일상의 근심을 말한다. 맹자는 이것을 물거품처럼 하루아침에 사라질 근심이라고 했다.

사실 우리가 일상에서 하는 근심들 가운데 상당수는 다음날 아침이 되면 사라질 것들이다. 이를테면 사소한 오해로 인한 갈등, 이미 남들은 잊어버린 작은 실수, 일어나지도 않을 내일의 걱정과 같은 것들이다. 이러한 근심은 큰 뜻을 가진 군자라면 하지도 않고, 해서도 안 된다. 이런 근심에 마음을 쓰면 큰일을 이룰 수가 없기 때문이다. 맹자가 말하는 큰일이란 사람을 사랑하고 의로운 일을 행하는 것이다.

그리고 그것을 행했던 사람으로 요순임금을 꼽는다. 비록 요순임금과 같이 위대한 인물은 아닐지라도 그처럼 되고자 노력하는 것이 바로 군자의 근심이라는 것이다. 주자는 그 이유를 이렇게 말해주고 있다. "맹자는 본성의 선함을 말씀하시되 반드시 요순을 일컬어 실증하셨다. 사람에게

인의는 밖에서 구할 필요가 없고, 요순과 같은 성인일지라도 배워서 이를
이룰 수 있었음을 알기에, 게으르지 않게 힘쓰도록 한 것이다."

그들이 도달했다면
나 또한 이룰 수 있다

우리는 흔히 위대한 업적을 이룬 사람들은 태어날 때부터 남달랐을 것이
라고 생각한다. 어릴 적부터 특별한 재능을 보이고 보통사람은 꿈도 꾸지
못할 일들을 해냈을 것이라고도 짐작한다. 하지만 여기서는 그들 역시 배
워서 이룰 수 있었다고 말한다. 따라서 평범한 사람이라도 노력만 하면 얼
마든지 요순과 같이 될 수 있다. 인의란 하늘로부터 받은 본성으로, 날 때
부터 사람 몸에 갖춰져 있기에 굳이 밖에서 찾을 필요가 없기 때문이다.
　다산은 예문에서 순임금과 같이 되고자 하는 것을 용기로 보았다. 그리
고 많은 분야의 위인들을 예로 들며 어떤 인물이든지 용기를 갖고 노력하
면 그처럼 될 수 있다고 가르친다. 아들 학유에게 준 글이다.

용이란 삼덕三德의 하나다. 성인이 개물성무開物成務(만물의 뜻을 깨달아 모든 일을 이

룸)하고 천지를 두루 다스림은 모두 용이 하는 바다. '순은 어떤 사람인가? 하고

자 하는 바가 이와 같으면 된다'는 것이 용이다. 경제의 학문을 하고자 하면 '주

공은 어떤 사람인가? 하는 바가 이와 같으면 된다'고 하고, 뛰어난 문장가가 되

고자 하면 '유향과 한유는 어떤 사람인가? 하는 바가 이와 같으면 된다'고 하면

된다. 서예의 명가가 되고 싶으면 '왕희지와 왕헌지는 어떤 사람인가?'라고 하고, 부자가 되고 싶다면 '도주공과 의돈은 어떤 사람인가?'라고 한다. 한 가지 소원이 있으면 한 사람을 목표로 정해 반드시 그와 나란히 하는 것을 기약한 뒤에 그만두어야 하니, 이것이 용의 덕이다.

인생의 바닥에 처한 사람이 한 말이라고 생각되지 않는다. 이러한 자긍심이 있었기에 최악의 상황에서도 놀라운 업적을 이룰 수 있었을 것이다. 용기란 처지나 상황에 얽매이지 않고 더 높은 이상을 이루기 위해 도전하는 것이다. 그리고 위대한 사람들처럼 나도 할 수 있다고 확신하는 것이다. 그들도 사람일 따름이며 나 역시 사람이기 때문이다.

동양철학의 근본인 삼재三才 사상은 하늘과 땅과 함께 사람을 천지를 이루는 근본이라고 보았다. 그만큼 귀한 존재이기에 사람이라면 누구든 당당한 자긍심을 가질 수 있고, 여기서 '나'를 제외할 이유도 필요도 없다.

위대한 일을 했던 사람이 소중한 존재이듯이 나 역시 소중한 존재다. 당연히 그들이 했던 일은 나도 할 수 있다. 필요한 것은 어떤 사람이 되고 싶은지 분명히 정하는 것이다. 그리고 한 걸음 내딛는다면, 이미 한 걸음 다가선 것이다.

...

앞 사람이 남긴 깊은 발자국 위를 그대로 걸어본다.
그가 성큼성큼 나아갔다면, 나 또한 그렇게 걸을 수 있다.

지금 아이가 보는 것이
평생의 기억으로 새겨진다

孟母曰 此眞可以居子矣 遂居之
맹모왈 차진가이거자의 수거지

맹모가 말하기를 '이곳은 참으로 자식을 살게 할 만한 곳이다' 하고
마침내 그곳에 거처했다.

_《열녀전列女傳》

잘 알려진 '맹모삼천지교孟母三遷之敎'의 이야기다. 그 전문은 이렇다.

"맹가孟軻(맹자의 이름)의 어머니는 그 집이 무덤과 가까웠는데, 맹자는 매번 장사지내는 일을 흉내 내며 놀았다. 맹모는 '이곳은 자식을 살게 할 곳이 아니다'라고 하며 시장 근처로 이사했다. 맹자는 이번에는 장사하는 흉내를 내며 놀았고, 맹모는 또 '이곳은 자식을 살게 할 곳이 아니다'라고 하며 이사했다. 그리고 학교 근처로 이사하자 맹자는 예를 배우고 예법을 행하는 것을 흉내 냈다. 마침내 맹모가 말하기를 '이곳은 참으로 자식을 살게 할 만한 곳이다' 하고 그곳에 거처했다."

맹자의 어머니는 환경이 자녀에게 어떤 영향을 주는지를 일찍이 간파했다. 그리고 몇 번이고 좋은 곳을 찾아 이사하는 노력을 아끼지 않았다.

이러한 통찰과 노력을 바탕으로 위대한 철학자가 길러졌을 것이다.

어린 자녀들은 스스로 바른 것을 찾아서 볼 수 있는 능력이 부족하다. 자녀들에게 올바른 것을 보게 하고 따르게 하는 것은 모두 부모의 몫이다. 이와 연관해 고사에는 자녀를 속여서는 안 된다는 것을 말해주는 이야기도 함께 실려 있다.

"맹자가 어렸을 때 옆집에서 돼지를 잡은 일이 있었다. 맹자가 어머니에게 '동쪽 집에서 돼지를 잡아서 무엇을 하려고 합니까?'라고 묻자, '너에게 주려고 잡는다'라고 농담을 하고는 곧 후회했다. '지금 막 알기 시작한 아이를 속이는 것은 불신을 가르치는 것이다'라고 생각하고는 곧바로 돼지고기를 사서 맹자를 먹였다."

이 이야기야말로 자녀 교육에서 맹모삼천지교보다도 더 중요한 교훈을 전해주고 있다. 부모는 아이 앞에서 올바른 삶의 태도와 정직한 모습을 보여야 한다. 부모가 아이에게 남을 속이는 모습을 보이는 것은 거짓을 가르치는 것과 같다. 심지어 부모가 아이를 직접 속이는 것은 거짓과 불신을 마음에 새겨주는 것이다.

다산도 두 아들에게 부치는 글에서 자식들에게 좋은 환경을 조성해주지 못했던 것을 안타까워했다.

너희들이 시장 옆에서 성장하면서 어린 시절에 접한 사람들 대부분이 문전 잡객이나 시중드는 하인배, 아전들이니 입에 올리고 마음에 두는 것이 약삭빠르고 경박해 비루하고 어지럽지 않은 것이 없었구나. 이러한 병통이 깊이 골수에 새겨져 마음에 선을 즐기고 학문에 힘쓰려는 뜻이 전혀 없게 된 것이다.

학문에 힘쓰지 않는 두 아들을 질책하면서 다산은 그들이 자란 환경을 한탄하고 있다. 다산은 맹자의 어머니처럼 이사를 통해 아이들에게 좋은 교육 환경을 조성해주지 못했다. 물론 그 당시에는 집을 옮기는 것이 쉬운 일은 아니었다. 더구나 그의 당시 형편을 감안하면 마음처럼 자녀 교육을 위해 환경을 바꾸는 것이 어려웠을 것이다.

하지만 성인이 된 아들들에게 미안한 감정을 가지면서도, 환경 탓을 하지 말라는 따끔한 가르침을 잊지 않는다. 결국 사람이 성숙해지는 데 있어 환경이 영향을 끼칠지언정, 그 환경에 휘둘리거나 또는 환경을 이겨내고 학문을 이루는 것은 모두 자신의 몫이라는 엄격한 가르침이다.

아이는 쉽게 물드니
항상 조심스럽게 마주해야 한다

한편으로 다산은 거주지의 중요성을 일러주고 그 방향을 제시해주는 것도 잊지 않았다. 비록 자신은 귀양을 오고 가문이 폐족이 되었지만 아들들에게는 서울을 떠나지 말라고 했다. 물론 오늘날과 같이 투자 가치가 있고 학군이 좋은 곳에 머물러야 한다는 뜻으로 말한 것은 아니다.

비록 폐족이 되었다고 해도 시골로 숨어들면 세상과 단절이 되고 만다. 점차 타성에 젖어 현실에 안주하게 되므로, 더 큰 이상을 위해서는 반드시 보고 듣는 것이 많은 곳에 머물러야 한다. 변화의 흐름을 읽고, 시대적 상황을 개관하고, 문화적 안목을 잃지 않고, 재도약의 기회를 잡기 위해서는 서울에 있어야 한다는 것이다.

무릇 사대부의 가법은 뜻을 얻어 벼슬길에 나서면 서둘러 언덕에 집을 세 얻어
처사의 본색을 잃지 않아야 한다. 만약 벼슬길이 끊어지면 급히 서울 언저리에
의탁해 살면서 문화文華의 안목을 떨어뜨리지 않아야 한다. 내가 지금 죄인의 명
부에 있는지라, 너희들로 하여금 잠시 시골집에 숨어지내게 했다. 뒷날의 계획
으로는 도성에서 십 리 안쪽에 거처를 정할 수 있을 것이다. 만약 가세가 기울어
능히 깊이 들어갈 수 없게 되면, 서울 근교에 머물면서 과실을 심고 채소를 기르
며 생활을 도모하다가 재물이 조금 넉넉해지기를 기다려 저자 가운데로 들어가
도 늦지 않을 것이다.

사람이 상황과 환경에 영향을 받지 않을 수는 없다. 다산도 역시 몰락
한 처지에서 아들들을 시골집에 거주하게 할 수밖에 없었다. 하지만 좀 상
황이 나아지면 반드시 도성 가까운 곳으로 옮기라고 했다. 그리고 그 방법
을 제시했는데 배울 점이 많다. 과일과 채소를 기르며 때를 기다리라는 것
이다.

다산은 농사에 대한 관점이 당시 양반들과는 근본적으로 달랐다. 농사
는 사람들이 생명을 영위하게 하는 일이며, 사람들이 인륜을 다할 수 있
게 하는 근본이라고 생각했다. 아무리 신분이 높은 사람이라도 이러한 이
치에서 벗어나지 않는다. 다산은 신분이 있으니 땅을 일궈 농사를 지을 수
없다는 생각이 허영에 불과하다고 봤다.

사람은 자기가 접하는 것에 영향을 받는다. 따라서 자녀들에게 좋은 환

경과 거주지를 만들어주는 것은 교육에서 매우 중요한 일이다. 하지만 그것에 그쳐서는 안 된다. 맹자의 어머니가 그랬듯이 거짓을 행하지 않는 부모의 모습을 보여야 한다. 자녀들에게 아무리 바르게 살아야 한다고 가르쳐도 부모의 삶이 그렇지 못하다면 바른 가르침이 될 수 없다. 오히려 부모의 말과 삶이 일치하지 않는 모습은 자녀들에게 더욱 혼란을 줄 뿐이다. 이중적인 처신과 위선을 보여주는 것이기 때문이다.

좋은 곳에 머물러 많은 것을 접하게 하고, 말이 아닌 행동으로 보여주는 부모의 삶에서 얻는 배움이 아이의 미래를 결정한다.

...

아이의 눈 속에는 부모의 품격이 깃든다.
그래서 '자식은 부모의 거울'이라는 말이 무섭다.

다산의 마지막 습관

제자는 자식이 될 수 있어도
자식은 제자가 될 수 없다

孔子嘗獨立 鯉趨而過庭 曰 學詩乎 對曰 未也 不學詩無以言 鯉退而學詩
공자상독립 리추이과정 왈 학시호 대왈 미야 불학시무이언 리퇴이학시

공자가 일찍이 뜰에 홀로 서 있을 때, 아들 리鯉가 종종걸음으로 지나가자 공자는
'너는 시를 배웠느냐?' 하고 물었다. 리가 '아직 못했습니다' 하자, 공자는 '시를
배우지 않으면 남들과 말을 할 수 없다'라고 가르쳤다. 리는 물러나 시를 공부했다.

_《논어》〈계씨〉

〈계씨〉에 실려 있는 이 글에 이어서 공자와 아들과의 대화가 계속된다.

"다음날 공자가 또 홀로 뜰에 서 있었는데 리가 종종걸음으로 지나가
자 공자는 '너는 예를 배웠느냐?' 하고 물었다. 리가 '아직 못했습니다' 하
자 공자는 '예를 모르면 몸을 바로 세울 수 없다' 하므로 리는 물러나 예를
공부했다."

원래 이 예문은 공자의 제자 진항陳亢이 공자의 아들 백어伯魚(리)와 나눈
대화다. 진항이 "당신은 아버지께 특별한 가르침을 들은 것이 있습니까?"
라고 묻자 백어가 대답한 말인 것이다. 여기서 진항이 질문했던 의도를 짐
작할 수 있다. 공자가 아들에게 무언가 특별한 가르침을 주었을 것이라는
기대와, 그 가르침을 자신도 알고 싶다는 마음이었을 것이다.

진항은 이 대화를 나눈 후에 물러나서 기뻐하며 말했다. "하나를 물어서 세 가지를 알게 됐다. 시에 대해 듣고 예에 대해서 들었으며, 군자는 자기 자식에게 거리를 둔다는 것을 알게 됐다."

시와 예는 공자가 가장 중요시했던 가르침으로, 시는 상식을 넓히고 표현력을 길러주며, 예는 대인관계에서 가장 필수적인 요소다. 하지만 시와 예에 대해서는 이미 여러 번 제자들에게 강조해왔다. 꼭 아들에게 가르침을 내린 것이 아니더라도 《논어》에는 거듭해서 시와 예의 중요성을 강조한 이야기가 나온다.

이 대화에서 생각해봐야 할 지점은 진항이 말했던 공자의 아들 교육방식이다. 공자는 아들이라고 해서 다른 제자들과 차별을 두지 않고 똑같이 가르쳤다. 보편적인 도리를 가르칠 뿐 특별히 편애하거나 남다른 가르침을 주지는 않았다. 오히려 아들에게는 보다 엄격했다고 할 수 있다. 자식을 사랑하는 마음에서 편애를 하지 않을까, 스스로 경계했던 것이다.

《맹자》〈이루 상〉에는 군자의 자녀 교육 방법과 그 이유가 좀 더 구체적으로 실려 있다.

제자 공손추公孫丑가 "군자가 아들을 직접 가르치지 않는 까닭은 무엇 때문입니까?"라고 묻자, 맹자가 대답했다. "현실적으로 어렵기 때문이다. 가르치는 사람은 반드시 바른 도리로 가르칠 텐데, 그래도 통하지 않으면 화를 내고 감정이 상하게 된다. 아들도 아버지가 화내는 모습을 보며 '아버지는 나에게 바른 도리를 가르치지만 정작 아버지의 행동은 바르지 않은 것 같구나'라고 생각한다. 이처럼 부자간에 서로 감정이 상하게 되는데 이는 옳지 않은 일이다."

아무리 뛰어난 군자라고 해도 자녀 사랑에는 예외가 있을 수 없다. 객관적이고 공정하게 대하려고 노력해도 마음이 기우는 것을 이겨내기 어렵다. 사랑이 큰 만큼 더 큰 기대를 하게 되고, 가르침을 제대로 따르지 못하는 자식을 재촉하게 된다. 물론 더 잘되기를 바라는 마음이겠지만, 다른 이들에게 하듯 감정을 숨기기가 어려운 것이다. 아비가 감정을 절제하지 못하면 자식도 감정이 상하게 되고, 그렇게 부자 간에 틈이 벌어지게 된다. 맹자는 그 해법을 이렇게 제시했다.

> 옛날에는 아들을 서로 바꾸어 가르쳤다(고자역자이교지古者易子而教之). 그리고 부자 간에는 서로 잘하라고 책망하지 않았다. 책망하게 되면 멀어지게 되고 멀어지면 이보다 더 큰 불행은 없다.

사람은 자기 논에 싹이 자란 것은 잘 알지 못한다

유교에서는 부자간의 도리를 '사랑(친애親愛)'이라고 봤다. 그리고 그 사랑은 어떤 상황에서도 해쳐서는 안 된다고 봤다. 설사 올바른 도리를 가르치는 일이라고 해도 마찬가지다. 올바른 도리를 위해 책망함으로써 사랑에 어긋난다면 오히려 더 큰 것을 잃게 되기 때문이다. 따라서 옛 군자들은 그 방법을 자녀를 직접 가르치지 않는 것에서 찾았다. 아무리 수양의 경지가 높고 학식이 뛰어난 사람도 마찬가지다. 스스로의 한계를 알았기에 선을 넘지 않도록 애초에 경계를 지어놓은 것이다.

하지만 다산은 상황이 달랐다. 험한 귀양지에 있으면서 직접 가르치고 싶어도 가르칠 수 없었다. 그래서 다산은 수많은 편지로 자식을 가르쳤다. 때로는 책망으로, 때로는 격려로, 글로 써서 보내는 가훈으로 아버지의 마음을 전했다. 직접 곁에서 보여주지 못하므로 더욱 안타까운 마음이었지만, 어떤 방식이든지 그 핵심은 올바른 도리를 가르치는 것이었다. 그에게는 자녀를 사랑하는 마음이 지켜야 할 도리를 넘어서서는 안 된다는 확고한 믿음이 있었다. 그랬기에 민망할 정도로 강하게 꾸짖을 때도 많았다.

부모가 자식을 가르치면서 저지르기 쉬운 잘못이 있다. 하나는 사랑하는 마음으로 인해 판단력이 흐려지는 것이다. 자기 자식은 무조건 착하고 바르다고 생각하고 그 잘못은 제대로 보지 못하게 된다. 《대학》에서는 "사람은 자기 자식의 악함은 알지 못하고 자기 논의 싹이 자란 것은 알지 못한다(인막지기자지악 막지기묘지석人莫知其子之惡 莫知其苗之碩)"고 했다. 전자는 사랑에 눈이 먼 것이고, 후자는 욕심에 마음이 가려진 것이다.

또 한 가지는 자식이 잘 되기 위해서라면 어떤 일도 할 수 있다는 무모한 사랑이다. 편법은 물론 불법적인 일, 도덕에서 벗어난 일을 저지르면서도 크게 가책을 느끼지 않는다. 자식을 위해서 하는 일은 무조건 용인될 수 있다고 생각하기 때문이다. 하지만 자식을 위해서 하는 일이라고 해도 부모가 하는 일은 모두 자녀에게 새겨진다.

자녀의 성공을 바라지 않는 사람은 없을 것이다. 이를 위해 자신이 가진 것을 자식에게 아낌없이 쏟아 붓는다고 해서 비난할 사람 또한 없을 것이다. 하지만 해서는 안 될 일은 반드시 선을 그어 지켜야 한다. 그 선의 기준은 단순히 법의 테두리를 벗어나지 않는다는 상식이 아니라, 자기 마음에 귀를 기울였을 때 들을 수 있는 양심의 소리여야 한다.

자식의 앞날을 위한 것이라고 해도 자식에게 부모의 불의와 부도덕을 보여주는 것보다 더 큰 불행은 없다.

···

아이에 대한 사랑이 선을 넘으면,
아이는 부모의 일부가 되어버린다.

가르침은 들려주는 것이 아니라
등으로 보여주는 것이다

公明宣學於曾子 三年不讀書 曾子曰 宣爾居參之門三年 不學何也
공명선학어증자 삼년부독서 증자왈 선이거삼지문삼년 불학하야

공명선이 증자에게 배웠음에도 삼 년 동안 글을 읽지 않자 증자가 물었다.
"선아, 네가 나의 문하에 있은 지 삼 년인데 배우지 않음은 어째서인가?"

_《설원說苑》〈반질反質〉

증자는 삼 년이나 가르친 제자가 전혀 글 읽는 모습을 보이지 않자 의구심이 나서 물었다. 그러자 공명선은 이렇게 대답했다.

"어찌 감히 배우지 않았겠습니까? 스승께서 뜰에 계시는 모습을 보니, 부모님이 집에 계시면 꾸짖는 소리가 개와 말에게조차 이르지 않았습니다. 이를 기뻐해 배웠으나 능하지 못합니다. 스승께서 손님을 응대하실 때 공손하고 검소하여 태만하지 않으시므로, 이를 기뻐해 배웠으나 능하지 못합니다. 스승께서 조정에 계실 때를 보니 아랫사람에게 엄격하면서도 상처를 주지 않으시니 이를 기뻐해 배웠으나 능하지 못합니다. 제가 이 세 가지를 기뻐해 배웠으나 능하지 못하오니 어찌 배우지 않으면서도 스승의 문하에 있었겠습니까?"

공명선이 증자에게 가르침을 받은 것은 세 가지로 모두 책이나 글이 아니라 증자의 평소 살아가는 모습에서 배운 것이다. 먼저 부모를 모시는 태도다. 공명선은 증자가 부모를 존중하고 사랑하는 마음이 삶에서 드러나는 모습을 기뻐하며 배웠다. 비록 화나는 일이 있어도 자제함으로써 부모의 마음을 상하게 하지 않으려는 노력을 본 것이다.

두 번째는 손님을 대하는 자세다. 증자는 손님을 대할 때 최대한 공손하면서도 정성을 다했다. 이를 통해 손님을 대하는 것은 겉치레가 아니라 정성의 지극함이라는 것을 배웠다. 또 한 가지는 공무에 있어서 사람을 다루는 방법이다. 아랫사람에게는 엄격하게 함으로써 공사를 분명히 구분하되 비록 잘못한 것이 있어도 지나치게 질책해 마음에 상처가 되지 않도록 주의했다. 흔히 무례함을 엄격함과 착각하는 경우가 많다. 하지만 엄격함은 반드시 배려와 사랑을 바탕으로 삼아야 한다.

이 세 가지 외에 또 한 가지 공명선이 배운 것이 있다. 바로 자신의 부족함을 인정하는 겸손이다. 공명선은 스승의 모습에서 세 가지를 배웠지만 자신이 부족하다는 것을 항상 자각하고 있었다. 이러한 자세가 있었기에 진지하게 배움에 임할 수 있었고, 하루하루 배움에 진전이 있었을 것이다.

흔히 가르침을 단순한 지식의 전달로만 생각하기 쉽다. 오늘날은 특히 이러한 현상이 더욱 심각하다. 더 좋은 결과를 얻기 위해, 시험을 통과하기 위해 배워야 하는 현실에서 어쩌면 불가피한 현상일지도 모른다.

하지만 배움이 시험지에 정답을 적기 위한 '기술'에 그쳐서는 안 된다. 진정한 가르침이란 자신보다 더 나은 제자를 길러내기 위한 '청출어람^靑_{出於藍}'의 결과를 만들어내는 것이다. 단순히 자기가 알고 있는 지식을 전달하는 것이 아니라, 삶에 임하는 바른 자세를 보여주고 그를 통해 더 많은 것을 깨우칠 수 있도록 해야 한다.

공자는 "하나를 들어 가르쳐 셋을 미루어 알지 못하면 반복해 가르치지 않는다(거일우불이삼우반 즉불복야擧一隅不以三隅反 則不復也)"라고 했다. 배움에 대한 열정과 창의성이 있어야 한다는 공부하는 자의 자질을 말한 것이지만, 가르침의 진정한 의미를 일깨워주는 말이기도 하다. 하나를 가르치면 그것을 미루어 셋을 아는 지혜, 바로 이런 자질을 키워주는 것이 스승이 해야 할 일이다.

다산은 지식이 아니라 공부하는 자세를 제자에게 전했다

다산의 제자 중에 황상이라는 아전의 아들이 있었다. 황상은 '평생을 두고 한마음으로 공부하라'는 스승의 가르침을 따라, 비록 이름이 알려지지는 않았지만 최고의 학자가 될 수 있었다. 그를 잠깐 만났던 정약전은 동생인 다산에게 이렇게 소감을 전했다. "황상의 나이가 지금 몇이던가? 월출산 아래서 이와 같은 문장이 나리라곤 생각지 못했네. 어진 이의 이로움이 어찌 넓다 하지 않겠는가?"

정약전 역시 정조로부터 인정을 받았던 최고의 학자인데, 어린 황상을 만났던 감격을 이렇게 남겼다. 황상이 다산을 만나 제자가 된 지 삼 년 반 후의 일이니 그후에도 공부에 매진했던 황상이 어떤 인물이 되었을지는 충분히 짐작할 수 있다. 비록 신분상의 제약으로 출세를 하지는 못했지만 훗날 황상은 정약전은 물론 추사 김정희까지 인정하는 학자가 되었다. 그를 만든 힘은 바로 그가 썼던 편지에서 짐작할 수 있다.

산방에 처박혀 하는 일이라곤 책 읽고 초서하는 것뿐입니다. 이를 본 사람은 모두 말리면서 비웃습니다. 하지만 그 비웃음을 그치게 하는 것은 저의 진가를 드러내 알리는 일이 아닙니다. 우리 스승님께서는 귀양살이 20년 동안 날마다 저술만 일삼아 복사뼈에 세 번이나 구멍이 났습니다. 제게 '부지런하고, 부지런하고, 또 부지런하라'는 삼근三勤의 가르침을 주시면서 늘 이렇게 말했습니다. "나도 부지런히 노력해서 이것을 얻었다." 몸으로 가르쳐주고 직접 말씀을 주신 것이 마치 어제 일처럼 귓가에 쟁쟁합니다. 관 뚜껑을 덮기 전까지 어찌 그 지성스럽고 뼈에 사무치는 가르침을 저버릴 수 있겠습니까?

여기서 복사뼈에 세 번이나 구멍이 났다는 '과골삼천踝骨三穿'라는 말이 나왔다. 다산은 제자인 황상에게 많은 것을 가르쳐줬을 것이다. 그러나 경전과 사학, 그리고 삶에 도움이 되는 실용까지 다산이 강조했던 공부를 모두 가르쳐주기에는 시간이 부족했을 것이라고 짐작할 수 있다.

다만 제자 황상이 마음에 새기고 배워 실천했던 것은 바로 학문에 임하는 다산의 자세였다. 복사뼈에 세 번이나 구멍이 날 정도로 학문에 열중하는 모습은 다른 어떤 경전에 대한 가르침보다 제자에게 큰 영향을 미쳤다. 그리고 이러한 스승의 삶과 자세를 눈으로 보고 몸에 새긴 황상은 당대 최고 학자들을 놀라게 할 정도로 뛰어난 학자로 성장했다.

인생은 두 번 경험할 수 없는 새로운 길을 가는 과정이다. 배움의 목적 가운데 하나는 항상 새롭게 마주치는 삶에서 당황하지 않고 당당하게 임할 수 있도록 하는 데 있다. 그리고 배움의 의미는 가보지 않은 길을 걸을 때마다 변함없이 올바른 방향으로 갈 수 있도록 하는 데 있다.

맹자는 지식의 근본이 되는 마음을 '옳고 그름을 가릴 수 있는 마음(시비지심是非之心)'이라고 했다. 이러한 시비지심은 바로 스승이 삶으로 보여주는 것이다. 지식은 효과적인 교수법으로 가르칠 수 있다. 공자가 말했듯이 하나를 들어주는 것이다.

하지만 나머지 셋은 삶으로 가르쳐야 한다. 올바른 마음을, 가치 있는 삶을, 흔들림 없이 살아가는 모습을 입이 아닌 삶으로 보여주는 것이다.

...

배움이라는 것은 눈으로 읽고 머리에 채우는 것이 아니라
몸으로 전해 받아 삶에 새기는 것이다.

누구나 지옥을 걷고 있으니
타인에게 관대하라

曾子曰 以能問於不能 以多問於寡 有若無 實若虛 犯而不校 昔者 吾友嘗從事於斯矣
증자왈 이능문어불능 이다문어과 유약무 실약허 범이불교 석자 오우상종사어사의

증자가 말했다. 능함으로써 능하지 못한 이에게 묻고, 많음으로써
적은 이에게 물으며, 있으면서도 없는 듯이 여기며, 꽉 찼으면서도 빈 듯이 여기며,
잘못을 범해도 따지지 않음을 예전에 내 친구가 이렇게 했다.

_《논어》〈태백〉

《논어》〈술이〉에는 공자가 수제자 안연을 가리켜 자신과 동등하다고 인정하는 말이 실려 있다. "나라에서 써주면 일하고 관직에서 쫓겨나면 숨어지내는 것, 오직 나와 너만이 이런 뜻을 가지고 있겠구나." 수많은 제자 가운데 때와 상황에 맞게 처신할 수 있는 사람은 오직 안연밖에 없을 것이라는 극찬이다.

〈위정〉에 실려 있는 고사는 더 파격적이다. 제자 자공과의 대화에서 공자는 안연을 자신보다 더 뛰어난 인물이라고 인정했다.

공자가 자공에게 "너와 회(안연) 중에 누가 더 나으냐?"라고 묻자, 자공이 대답했다. "제가 어찌 감히 회와 견주겠습니까? 회는 하나를 들으면 열을 알지만, 저는 둘을 알 뿐입니다."

공자가 말했다. "그보다 못하리라. 나와 네가 모두 그보다 못하리라."

여기서 공자는 공개적으로 자기보다 제자 안연이 더 낫다는 것을 인정했다. 스승이 제자에게 '나보다 네가 더 낫다'라고 인정하는 것은 결코 쉬운 일이 아니다. 설사 큰 용기를 내서 인정한다고 해도 단 둘이 있을 때 그렇게 속삭일 수는 있을 것이다. 하지만 공자는 다른 제자에게, 그것도 자기를 따르는 제자 자공에게 안연의 뛰어남을 인정했다. 여기서 공자의 솔직한 성품을 엿볼 수 있지만, 동시에 안연이 학문과 수양에 있어서 누구나 인정할 만한 뛰어난 경지에 도달했다는 것도 쉽게 짐작할 수 있다. 그만큼 뛰어났기에 삼천 명에 달하는 공자의 제자 중에서 수제자로 인정받을 수 있었을 것이다.

앞의 예문은 공자의 제자 증자가 친구의 뛰어남에 대해 말한 것이다. 누군지 분명히 밝히지는 않았지만, 그 친구는 안연일 것이라고 학자들은 말하고 있다. 주자는 이렇게 말했다. "마씨(마융馬融)는 이 구절에서 이야기하는 친구가 안연顏淵이라고 주장했는데, 그 말이 옳다. 안연은 오직 의리만이 지극한 가치라는 것을 알고, 남과 자신과의 차이를 보지 않았다. 그러므로 능히 이렇게 할 수 있었다."

증자도 역시 공자의 뛰어난 제자 가운데 한 사람으로 유학의 계승자로 꼽힌다. 처음에는 공자로부터 '우둔하다'고 지적을 받았지만 특유의 꾸준함과 성실함으로 공자의 학문을 이어나갈 수 있었다. 증자가 안자의 뛰어남을 인정한 부분은 다섯 가지다.

먼저 능하면서도 능하지 못한 이에게 묻고, 많으면서도 적은 자에게 묻는 것은 자신을 낮추는 겸손이다. 그리고 자신이 부족하다는 것을 인정하는 솔직함이다. 이런 사람만이 현재의 자신을 뛰어넘어 나날이 성장하는 사람이 될 수 있다.

앞에서 언급했던 고사에서 '하나를 들으면 열을 안다'의 원문은 '문일지십聞一知十'이다. 문일지십이란 단순히 재능의 뛰어남만을 가리키는 것이 아니다. 표면을 보고 감춰진 것을 아는 통찰, 연관된 것을 미루어 알 수 있는 상상, 새로운 것을 알고자 하는 열정이 뒷받침되어야 한다. 겸손함과 솔직함은 그 기반이 되는 덕목이다.

사람과 만나려거든 그의 흠집을 인정하라

있으면서도 없는 듯 여기는 것은 학문의 개념이고, 차 있으면서도 빈 듯이 여기는 것은 도와 덕의 개념이다. 도의 철학자 노자는 '도란 나날이 비워가는 것(위도일손爲道日損)'이고 '지식은 나날이 채워가는 것(위학일익爲學日益)'이라고 했다. 배움을 통해 지식을 채우고, 도를 위해 욕심을 비워나가는 것이 바로 안연의 삶의 태도였다. 하지만 안연은 스스로 내세우지 않았다. 남들이 보기에는 넘치지만, 항상 부족한 듯 여겨 노력을 멈추지 않았다.

잘못을 범해도 따지지 않는 것은 상대를 함부로 힐책하지 않는 자세다. 그리고 문제가 생겼을 때 다른 사람의 탓을 하지 않는 자세다. 사람이라면 누구에게나 부족한 면이 있고 누구든 저마다 한계가 있다는 사실에서 예외가 될 수 없다. 뛰어난 사람은 자신은 물론 타인의 한계도 인정한다. 그래서 함께 발전할 수 있도록 노력한다.

하지만 상대의 잘못을 비난하는 데 열중하는 사람은 자신의 부족함도 보지 못하는 경우가 많다. 《논어》에 실려 있는 "군자는 남의 장점을 키워주고 단점은 막아준다. 소인은 이와 반대로 한다(군자성인지미 불성인지악 소인반시君子成人之美 不成人之惡 小人反是)"가 말해주는 바와 같다.

다산이 말하는 대인관계의 해답도 같다. 평상시 올바른 처신과 행동을 하되, 반드시 먼저 베풀 수 있어야 한다고 두 아들을 가르쳤다.

내가 남에게 베풀지 않은 것을 가지고 남이 먼저 내게 베풀어주기를 바라는 것은, 너희들의 오만한 근성이 아직도 제거되지 않았기 때문이다. 이후로는 평소일이 없을 때도 공손하고 화목하고 근신하고 충성해 집안의 환심을 사도록 노력해야 할 것이요, 절대로 마음속에 보답을 바라는 오만한 근성을 남겨 두지 말아야 한다.

일가친척들에게 베풀기는 하되 보답을 바라서는 안 되며, 만약 보답을 바라는 마음이 생긴다면 오만함, 즉 수양의 부족이라는 것이다.

정약용이 제시한 인간상은 증자가 평했던 안연의 도에 가까운 사람이다. 그만큼 경지에 이른 것으로, 평범한 사람들은 따르기 어렵다고 여겨진다. 하지만 지레 포기할 필요는 없다. 그 방법도 안연이 가르쳐준다.

《맹자》〈등문공 상〉을 보면 안연이 "순임금은 어떤 사람입니까? 저는 또 어떤 사람입니까? 하려고만 한다면 누구나 그와 같을 수 있습니다"라고 말했다. 사람으로 태어나 누구나 노력을 한다면 탁월한 인물이 될 수 있다는 말이다. 심지어 순임금과 같은 전설적인 인물이라고 해도 못 오를 나무는 아니다. 안연은 어떤 사람인가? 나는 또 어떤 사람인가? 다만 노력한다면 나도 그와 같을 수 있다.

...

오늘을 품고자 하는 자는
어제의 실수를 품을 수 있어야 한다.

가장 빠른 지름길은
지름길을 찾지 않는 것이다

子游爲武城宰 子曰 女得人焉爾乎 曰 有擔臺滅明者 行不由徑
非公事 未嘗至於偃之室也
자유위무성재 자왈 여득인언이호 왈 유담대멸명자 행불유경
비공사 미상지어언지실야

자유가 무성읍의 읍재가 되자 공자가 물었다.
"너는 인재를 얻었느냐?" "담대멸명이라는 사람을 얻었습니다. 그는 길을 다닐 때
지름길로 가지 않고, 공적인 일이 아니면 저의 집에 온 적이 없었습니다."
_《논어》〈옹야雍也〉

공자에게는 삼천여 명의 제자가 있었던 것으로 알려져 있다. 그 수가 많았던 만큼 몇몇 뛰어난 제자들을 제외하고는 잘 알려지지 않은 경우가 대부분이다. 《논어》에 등장하는 제자들도 극히 한정되어 있는데, 특이하게도 직접 등장하는 것이 아니라 공자와 다른 제자와의 대화에서 언급된 인물이 있다. 위의 고사에 등장하는 담대멸명도 그중 한 사람이다.

그를 인재라고 말했던 자유는 공문십철에 꼽히는 인물로 젊은 나이에 무성의 읍재(지방관)가 될 정도의 성공을 이뤘다. 이처럼 뛰어난 인재였던 만큼 그가 추천했던 담대멸명 역시 뛰어난 인물이리라 짐작된다. 자유가 밝혔던 이유는 이렇다. "지름길로 다니지 않고 공적인 일이 아니면 상사의 집에 찾아오지 않는다."

빠른 결과를 위해 편법을 쓰지 않고, 사사로운 이익을 도모하기 위해 상사의 집을 남몰래 찾아 청탁하는 일 따위를 하지 않는다는 것이다. 주자朱子는《소학집주》에서 이렇게 풀이했다.

"지름길을 가지 않는 것은, 행동을 반드시 올바르게 해 작은 이익을 보거나 빨리 하려는 뜻이 없음이다. 공적인 일이 아니면 읍재를 만나지 않는다는 것은 스스로를 다스려 몸을 굽혀 남을 따르는 사사로움이 없음을 가리킨다."

'모로 가도 서울만 가면 된다'는 속담이 있다. 빠른 결과를 보고자 사람들은 지름길을 찾는다. 빨리 목적에 도달하는 자체야 나쁘지 않지만 자칫하면 잘못된 선택을 하게 된다. 편법을 사용하거나, 일처리를 부실하게 함으로써 벌어지는 모든 재앙은 욕심이 앞서 바닥을 다지지 않고 결과를 서둘렀기 때문에 벌어지는 것이다.

몰래 뇌물을 바치는 것도 그중 하나다. 사사로운 욕심으로 자격을 제대로 갖추지 않은 채 출세하려는 행동이기 때문이다. 공자는 이를 경계했고, 뛰어난 제자들은 공자의 가르침을 받아 공직자의 길을 바르게 가려고 노력했다. 위의 고사에서 자유가 담대멸명을 인재라고 칭찬했던 이유 또한 바로 이 가르침에 근거했다고 볼 수 있다.

담대멸명도 비록 직접 듣지는 않았을지 몰라도 스승의 생각을 정확하게 알고 있었다. 그리고 스승이 공직자의 자세로 강조했던 원칙을 분명히 지켜 일가를 이뤘다.《사기》〈중니제자열전仲尼弟子列傳〉에서는 그의 훗날을 이렇게 말하고 있다.

그는 용모가 매우 못생겨 가르침을 받으러 왔을 때 공자는 재능이 모자라는 사람이라 여겼다. 그러나 수업을 받은 후 물러나면 열심히 실천하며 수양했고, 길을 갈 때는 절대로 지름길로 가지 않았고, 공적인 일이 아니면 재상과 대부를 만나지 않았다. 남으로 내려가 양자강에 이르렀을 때는 따르는 제자가 삼백이나 되었고, 주고받는 것과 나아가고 물러나는 것이 분명해 제후들에게까지 이름이 알려졌다. 공자는 이런 소문을 듣고 "나는 말하는 것으로 사람을 판단했다가 재여宰予에게 실수를 했고, 외모로 사람을 판단했다가 자우子羽(담대멸명)에게 실수를 했다"고 말했다.

재여는 언변에 뛰어난 제자로 공문십철에 속한다. 하지만 행동이 말을 따르지 못해 공자에게 많은 질책을 받았다. 담대멸명은 내실은 충실했지만 외모로 인해 공자로부터 인정받지 못했다. 하지만 뚜렷한 원칙을 지켜나감으로써 보란 듯이 성공해 스승이 자책하도록 만들었다.

미로에서 헤매는 것을 노력으로 착각하지 마라

다산도 지름길에 대해 말했다. 다만 다산이 말했던 지름길은 그 정의가 달랐다. 공부에 있어서는 반드시 지름길을 찾아야 한다는 것이다. 얼핏 보기에는 상반된 이야기 같으나 내용을 살펴보면 전하고자 하는 뜻은 같다. 다산이 제자들에게 해주었던 말이다.

가을이 깊으면 열매가 떨어지고, 물이 흘러가면 도랑이 만들어진다. 이는 이치가 그런 것이다. 모름지기 지름길을 찾아서 가야지, 거친 돌길이나 우거진 덤불 속으로 가서는 안 된다.

과거를 위한 공부만을 중요시하는 세태를 두고 꾸짖는 말이다. 그 당시 공부 중에서는 과거의 글(과문科文)이 가장 어려웠다. 그다음이 관리의 글(이문吏文)이고 옛 경전의 글(고문古文)이 가장 쉬웠다. 그때도 빠른 출세를 원하는 사람은 오로지 과거 공부에만 매달렸다. 마치 오늘날 대학입시를 위한 공부, 취업이나 고시 공부를 위해 전력을 다하는 것과 같다.

하지만 다산의 방법은 달랐다. 옛 경전부터 공부한 다음 과거를 준비해야 한다는 것이다. 옛 경전 공부란 사람됨의 근본을 다지는 공부다. 그리고 학문의 모든 이치가 집약된 공부다. 이처럼 바탕을 든든하게 다지면 과거 공부든, 관리의 글이든 모두 쉽게 할 수 있다. 바로 공자가 말했던 일이관지一以貫之, 하나로 모든 것을 꿰뚫는 공부다.

이러한 공부의 이치를 모르고 순서를 밟아서 공부하지 않는다면 학문의 증진은 물론 출세에도 도움이 되지 않는다. 설사 운이 좋아 빠리 시험에 합격하더라도 제대로 자기 역할을 할 수 없게 된다. 근본이 서 있지 않기에 관리의 글도 제대로 쓸 수 없게 되고, 글을 요청받아도 제대로 쓸 수 없어 망신을 당하게 된다.

결국 다산이 말하는 지름길은, 빠른 결과를 얻는 방법을 배우는 것이 아니라 기반을 탄탄히 닦는 것이다. 그것을 보고 사람들은 '빠른 길을 두고 왜 둘러서 가느냐'고 묻지만, 사실은 그것이 가장 빠른 지름길이다.

빠른 결과를 만들어내는 효율과 합리를 최고의 가치로 여기는 세태다. 물론 빠른 결과와 이익을 추구하는 것이 그 자체로 잘못된 행동은 아니다. 하지만 빠른 결과를 위해 편법을 동원하고 수단과 방법을 가리지 않게 되면 더 멀리 갈 수 없고 큰일을 이루지 못하게 된다. 성공을 위해 했던 모든 일들이 오히려 앞날에 족쇄가 될 수도 있다.

설사 불법이나 편법을 저지르지 않는다고 해도 일을 이루는 데 조급해서는 일에 지장이 생기게 된다. 눈앞의 작은 이익에 급급하면 서두르다 앞으로 나아갈 수 있는 동력까지 잃게 된다. 공부도, 사회생활도 모두 마찬가지다. 뛰어난 사람들이 꿈을 이루지 못하는 사정을 들여다보면 이 때문인 경우가 많다. 눈앞의 일에 일희일비하지 말고 흔들림 없이 나아갈 것. 그것이 가장 빠른 길이다.

다산의 마지막 습관

주저하는 준마보다
꾸준히 가는 둔마가 낫다.

_〈사기〉

말은 한 사람의 입에서 나와
천 사람의 귀로 들어간다

南容 三復白圭 孔子以其兄之子 妻之
남용 삼복백규 공자이기형지자 처지

남용이 '백규'의 시구를 날마다 세 번씩 외우자,
공자가 형의 딸을 그에게 시집보냈다.

_《논어》〈선진先進〉

공자의 제자 중에 남용南容이라는 이가 있었다. 그다지 널리 알려진 제자는
아닌데 공자의 조카사위가 되었다. 남용의 이름은《논어》〈선진〉과 〈공야
장公冶長〉에서 각각 언급되는데, 앞의 예문은 〈선진〉에 실린 구절이다.

이 구절에서 남용이 공자의 조카사위가 된 이유를 알 수 있는데 상당히
의외다. 학문이 뛰어나거나 수양이 훌륭해서가 아니라 단지 '백규'라는
시구를 세 번씩 암송했기 때문이다. 도대체 '백규'라는 구절이 무엇이기
에 공자는 남용을 그토록 높이 평가했을까?

'백규'는《시경》의 〈억抑〉이라는 시에 실려 있는데, 위나라 무공武公이
스스로 경계하기 위해 지었던 시다. 무공은 군주로서 덕이 뛰어나 나라를
잘 다스렸지만 스스로 교만해지지 않기 위해 곁에 사람을 두고 항상 외우

게 했다. 한 나라의 군주가, 더구나 나라를 잘 다스린 군주가 자신을 경계하기 위해 지었던 시인 만큼 오늘날에도 새겨들을 만한 지점들이 많이 담겨 있다. 특히 지도자라면 반드시 마음에 담아야 할 금언들이 많은데, 그중에 말의 신중함을 강조했던 것이 바로 '백규'의 구절이다.

> 흰 구슬의 흠집은 갈아서 고치면 되지만 말의 잘못은 어찌할 수 없도다. 가볍게 말하지 말고 함부로 지껄이지 마라. 누구도 혀를 붙잡지 못하니 해버린 말 쫓아가 잡을 수 없도다.

말이란 한 번 입 밖으로 나오면 수습할 수 없다. 취소할 수도 없고 번복하기도 어렵다. 심지어 말은 역사적으로 오랫동안 가장 빠른 운송수단이었던 말이 달리는 것보다도 더 빨리 퍼진다. 따라서 지도자라면 자신의 말을 더욱 무겁게 여겨야 한다.

하지만 말을 다스리기는 너무 어렵다. 빠른 만큼 너무 가볍기 때문이다. 심지어 사람들은 말과 그 말을 했던 사람을 동일시한다. 사람들은 말을 통해 자신을 드러내고, 말로써 그 말을 했던 사람을 평가하기 때문이다.

공자는 이러한 말의 의미와 중요성을 알고 있었기에, 남용이 '백규'를 외우는 것을 높이 평가했다. 실제로 남용이 높은 인격을 지녔는지, 학식이 풍부했는지는 공자가 언급하지 않았기에 알 수 없다. 하지만 최소한 말을 신중하게 하려는 노력을 단 하루도 쉬지 않았다는 것만큼은 알 수 있다. 남용에 대해서 〈공야장〉에서는 이렇게 말했다.

"공자가 남용에 대해 말하기를 '나라에 도가 행해지고 있을 때는 버림

받지 않을 것이고, 나라에 도가 행해지지 않아도 형벌은 면할 것이다'라고
하며 형의 딸을 그에게 시집보냈다."

　나라에 도가 행해지든 않든 남용이 큰 해를 입지 않을 거라고 판단했던
데에는 여러 가지 이유가 있다. 앞서 〈선진〉에서 공자가 말했던 것으로 미
루어 말을 조심하는 것도 그 이유 가운데 하나일 것이다. 말을 신중하게
하는 사람은 나라가 안정되어 있을 때나 혼란스러울 때나 어떤 상황에서
도 자신을 지킬 수 있다.

허물이 부끄러운 게 아니라
허물을 고칠 줄 모르는 게 부끄럽다

《논어》〈안연〉에서 제자 사마우가 '인仁'을 묻자 공자는, "인한 사람은 말
을 신중하게 한다"라고 대답했다. 인이 무언가 거창한 것이라고 생각했
던 사마우가 "말하는 것만 조심하면 곧 그 사람을 인하다고 할 수 있습니
까?"라고 재차 묻자 공자가 말했다. "실천하는 것이 어려우니 말하는 것을
조심하지 않을 수 없다." 사마우는 말이 많고 조급한 성품이었기에 공자
가 특별히 그것을 지적한 것이다.

　공자의 핵심철학이자 이상적인 사람의 조건인 인을 이루기 위해서는
반드시 말의 능력을 바탕으로 삼아야 했다. 말을 신중하게 한다고 해서 반
드시 훌륭한 사람이 되는 것은 아니다. 하지만 훌륭한 사람은 반드시 말을
신중하게 한다. 그만큼 말의 무게를 무겁게 여기기에 그가 하는 말에는 권

　　　　　　　　　　　　　　　다산의 마지막 습관

위가 있다. 한 마디 말이 사람의 생명을 살릴 수도, 무너뜨릴 수도 있다는 것을 알기에 더욱 그렇다.

하지만 평범한 사람들은 물론 자기 수양에서 높은 경지에 오른 사람이라고 해도 말과 행동에서 어떠한 허물도 없다고 장담할 수는 없을 것이다. 단지 자신의 잘못을 깨닫고 그것을 고쳐나가는 노력이 있다면 충분하다. 앞의 예문에서 공자가 제자 남용을 인정했던 이유가 바로 여기에 있다. 남용이 자신의 부족함을 깨닫고 그것을 고치기 위해 하루에 세 번씩 자신을 돌아본 것을 높이 평가했던 것이다.

다산도 허물을 없애기보다 허물을 고치는 것을 더 중요하다고 여겨 〈도산사숙록〉에서 이렇게 말했다.

> 예로부터 성현이 다 허물을 고치는 것을 소중히 여겼고, 혹 도리어 '애초에 허물이 없는 것보다 낫다'고까지 했으니 무슨 까닭인가? 대개 사람의 정서는 매양 잘못된 곳에 대해서는 부끄러움이 성냄으로 바뀐다. 그래서 처음에는 꾸미려고 하고, 나중에는 괴격乖隔(어그러져서 동떨어짐)하게 되니, 허물을 고치는 것이 허물이 없는 것보다 어려운 까닭이다.

잘못한 사람이 도리어 화를 내는 모습은 주변에서 흔하게 볼 수 있다. 어쩌면 내가 모르는 나 자신의 모습일지도 모른다. 우리는 사람이라면 있을 수밖에 없는 허물을 부끄러워할 일이 아니라 허물을 제대로 들여다볼 줄 모르는 교만을 부끄러워해야 한다. 허물을 알고서도 고치지 않는 잘못된 자존심, 분노로 반성을 덧칠하려는 비겁함, 마음을 상해서 관계를 끊어버리는 무책임함이 마음속 깊이 감추어둔 진짜 부끄러워해야 할 모습일 것이다.

이런 모습은 말에 있어서 더욱 절실하다. 말로 다른 사람에게 상처를 주기는 쉽지만 그 잘못을 솔직히 인정하기는 어렵다. 그래서 말실수를 곧 후회하곤 하지만, 그럼에도 잘못과 후회를 거듭하는 것이 바로 감추고 싶은 우리의 모습이다. 그 감춰진 모습을 다산이 끄집어냈다.

허물을 대하는 태도에 대한 해답은 공자의 제자 남용이 가르쳐준다. 우리는 항상 실수하고 부족하기에, 날마다 절실하게 공부하고 성찰해야 한다. 말공부가 필요하다.

···

말을 알지 못하면 사람도 알 수 없다.

_《논어》

　　　　　　　　　　　　다산의 마지막 습관

갈림길 앞에서는 주저하지도, 서두르지도 말라

子路 無宿諾
자로 무숙락

자로는 승낙한 것을 묵혀두는 일이 없다.
_《논어》〈안연〉

자로는 한량 출신으로 공자의 학풍과는 가장 어울리지 않는 제자였다. 성격이 강직하고 다혈질이라 때로는 스승인 공자에게도 맞설 정도였다. 나이도 공자와 아홉 살밖에 차이가 나지 않아서, 공자가 잘못하고 있다고 생각하면 거칠 것 없이 따졌다. 물론 대부분 자로의 오해에서 비롯되었지만, 공자가 애써 변명할 수밖에 없도록 만들기도 했다. 《논어》〈옹야〉에 실려 있는 고사다.

공자가 남자南子를 만나자 자로가 이를 좋아하지 않았다. 이에 공자가 맹세하며 말했다. "내게 잘못된 것이 있다면 하늘이 나를 버릴 것이다! 하늘이 나를 버릴 것이다!"

남자는 위나라 영공의 부인으로 행실이 음란하다고 소문이 나 있었다.

이런 인물과 굳이 만났다고 하자 자로는 공자에게 화가 났던 것이다. 물론 공자가 남자와 잘못된 일을 했다고 생각하지는 않았을 것이다. 하지만 덕을 숭상하는 스승이 남들의 입에 오르내릴 행동을 한 것 자체를 자로는 잘못이라고 보았다. 그래서 거침없이 자기 생각을 말했고, 공자는 당황해서 하늘에 두 번씩이나 맹세하기까지 했다.

이외에도 자로에 대한 이야기가 《논어》에 거듭 실려 있는데, 모두 그의 성품을 잘 말해준다. 스승인 공자가 자로를 인정해줄 때도 많았지만 항상 단서가 붙어 있었다. 그만큼 자로의 단점을 공자는 심각하게 걱정했던 것이다.

"유(자로)는 강하고 용감하지만, 제 명대로 살지 못할 것이다."

"자로는 용맹을 좋아하는 것이 나보다 낫지만, 사리를 잘 헤아리지 못한다."

자로의 강한 성품을 인정하면서도 그로 인해 생길 수도 있는 문제를 항상 공자는 걱정했다. 하지만 때로는 자로의 좋은 점을 그대로 인정해줄 때도 있었다. 앞의 예문도 그중 하나다. 원래 《논어》의 원문에는 한 구절이 앞에 더 실려 있다. 그 전체를 보면 이렇다.

"한 마디 말로 소송을 판결할 수 있는 사람이 바로 유由(자로)로다. 자로는 승낙한 것을 묵혀두는 일이 없다."

주자는 원문을 이렇게 해석했다. "무숙락無宿諾에서 숙宿은 묵혀둠이니 '숙원宿怨'에서의 숙과 같다. 말을 실천함에 급해 그 승낙한 것을 묵혀두지 않는 것이다."

여기서 자로의 장점 몇 가지를 알 수 있다. 먼저 소송에서 판결을 한 마디로 정리할 수 있었다는 데에서 그의 남다른 판단력과 표현력을 짐작할 수 있다. 소송에서는 각기 다른 주장을 펴는 이들이 서로 대립해 시비를 따진다. 설사 갈등을 빚는 이들이 없다고 해도 옳고 그름의 판단을 내려야 한다. 따라서 짧은 시간에 판결을 내릴 수 있기 위해서는 반드시 남다른 판단력이 뒷받침되어야 한다.

중언부언하지 않고 한 마디로 정리할 수 있다는 것은 생각을 간략하게 표현할 수 있는 능력이 뛰어나다는 의미다. 그다음 소송을 묵혀두지 않고 즉시 실행하는 힘은 결단력에서 나온다. 지금도 마찬가지지만 옛날에 소송을 한다는 것은 반드시 억울한 사람이 있다는 의미였다. 만약 재판관이 판결을 묵혀두고 빨리 결론을 내리지 않으면 재판을 기다리는 사람은 속이 타고 원망을 하게 된다. 자로는 과단성 있는 성격답게 빠른 결론을 내려서 사람들의 원망이 없도록 했다.

식견, 두려움 없이
판단을 내리게 하는 힘

공자는 앞의 예문의 바로 다음 글에서 이렇게 말했다.

"재판에서 판결을 하는 것은 나도 남과 다를 바 없지만, 반드시 해야 할 바는 재판 자체가 없도록 하는 것이다." 이 글은 《대학》에도 실려 있는데, 이렇게 덧붙인다. "진실하지 않은 자가 교활한 궤변을 일으키지 못하도록 만들어야 한다. 백성의 마음을 크게 두려워하는 것, 이것이 '근본을 안다'

는 것이다."

공자는 재판을 잘하는 것도 중요하지만 재판이 없도록 잘 다스리는 것이 더 중요하다고 했다. 이치에 맞는 말이기는 하지만 지극히 이상적이라 현실적이지는 않은 것 같다. 아무리 평안한 세상이라고 해도 사람들 간의 다툼이나 갈등이 없을 수는 없기 때문이다.

그것을 알기에 공자 자신도 '재판을 남들과 같이 한다'고 말했을 것이다. 《대학》에서는 자기 이익을 취하기 위해 궤변과 거짓으로 재판을 일으키는 자를 경계했다. 이것을 막아주고 공정한 판결을 내릴 수 있어야 백성들이 안심하고 살 수 있는 나라가 될 수 있다.

다산은 경전과 함께 실학도 중요하게 생각했으므로, 그가 연구한 학문의 범위는 매우 방대했다. 철학, 역사, 자연과학, 의학, 예술, 행정, 법학, 음악 등 가히 조선 후기 르네상스를 개인의 몸으로 상징하는 데 부족함이 없다. 특히 형법은 백성들의 삶과 밀접한 관련이 있어서 다산이 더욱 심혈을 기울였는데, 그의 저서 《흠흠신서》가 그 결실이다.

다산도 공자처럼 재판이 필요 없는 세상을 꿈꾸었다. 하지만 그도 역시 현실적으로 인간사에서 송사가 없어진다는 것은 불가능함을 알았기에, 엄정한 법을 통해 정의를 바로 세우고 백성들의 삶에 도움을 주고자 했다. 책의 서문에서 다산은 이렇게 말했다.

사대부는 어려서부터 머리가 희어질 때까지 오직 글을 지을 뿐이라 갑자기 목민관이 되면 어리둥절하여 어찌할 바를 모른다. 도리어 아전에게 맡겨버리고 알아서 처리하지 못하는데, 돈을 중시하고 의리를 천히 여기는 간사한 아전이 어찌 때와 상황에 맞게 형벌을 처리할 수 있겠는가. 일을 다스리는 여가에 이 책을 펼쳐 공부하면서 《무원록》과 《대명률》을 참고한다면 사건을 심의하는 데 도움이 될 것이요, 하늘의 권한을 잘못 집행하지 않을 것이다.

'흠흠신서欽欽新書'에서 흠흠은 '삼가고 또 삼간다'라는 뜻이다. 그만큼 송사를 처리하는 이들이 공경하는 마음으로 판결을 내려야 함을 강조한 것이다. 백성의 삶에 직결되는 문제이기 때문이다. 그리고 판결은 하늘의 뜻을 대신 집행하듯이 신중해야 하면서도 자로의 예에서 보았듯이 신속하고 정확해야 한다.

어떻게 보면 양면적이라고 할 수 있다. 따라서 다산은 모든 목민관들이 반드시 재판을 공부해야 한다고 주장하며, 그것을 돕기 위해 직접 《흠흠신서》와 같은 책을 지었다. 그리고 참고도서까지 소개하며 정의로운 재판을 할 수 있도록 도우려고 했다. 많은 판례를 참고할 수 있으면 빠른 재판을 할 수 있다. 든든한 지식 기반이 있으면 정확한 판단을 할 수 있다. 결국 하늘의 뜻을 바르게 집행할 수 있으며, 백성의 삶에 도움이 되는 공정한 재판을 할 수 있다.

재판은 법원에서 법관들이 하는 것이다. 하지만 일상의 삶에서도 판단을 내려야 하는 경우가 많다. 이때 필요한 것이 신속한 결단과 정확한 결정이다. 묵혀두어서도 안 되고, 어긋나서도 안 된다. 선택의 갈림길에서 정확한 판단을 내리도록 해주는 것은 경험과 지식이다. 이를 일컬어 식견이라고 한다.

특히 지도자가 되면 판단을 내리고 결정을 해야 하는 일이 많다. 이때 공부도 하지 않고, 그렇다고 다양한 사례를 참고하는 것도 아니고 식견도 없는 상태에서 중요한 결정을 하고, 그 결정을 강요하는 것은 무모하다. 이와 같이 지도자의 어설픈 선택이 거듭되면 조직은 크게 흔들리게 된다. 함께하는 사람들의 마음도 떠나고 만다.

...

갈림길 앞에서 최악의 선택은 선택을 하지 않는 것이다.
판단은 누가 대신해줄 수 없고, 우리는 선택을 해야 한다.

유산은 물려주는 것이 아니라
찾도록 돕는 것이다

騎奢淫泆 所自邪也 四者之來 寵祿過也
교사음일 소자사야 사자지래 총록과야

교만과 사치, 탐욕과 방탕은 사람을 사악하게 만든다.
이 네 가지는 총애와 재물이 지나치게 많아서 생긴다.
_《좌전左傳》

위나라 장공에게 석작石碏이라는 신하가 올린 간언이다. 장공은 자식이 없어서 누이동생의 아들 주우州吁를 양자로 들였다. 그 양자가 장공의 총애를 받으면서 방탕하게 행동했지만 장공은 제지하지 않았다. 그러자 석공이 "신은 자식을 사랑하되 의로움을 가르쳐 사악한 데 빠지지 않도록 해야 한다고 들었습니다"라고 간한 다음 이어서 예문에 나오는 말을 했다. "교만과 사치, 탐욕과 방탕은 사람을 사악하게 만듭니다. 이 네 가지는 총애와 재물이 지나치게 많아서 생깁니다."

석공은 이어서 그 이유를 이렇게 말한다. "총애를 받으면서도 교만하지 않고, 교만하면서도 자신을 억제할 줄 알고, 자신을 억제하면서도 원망하지 않고, 원망하면서도 자신의 몸을 자중할 수 있는 사람은 드뭅니다." 무조건적인 총애는 사람을 교만하게 만들고, 교만은 무절제를, 무절제는 원망을, 원망은 자중할 줄 모르는 인물을 낳는다는 것이다.

그리고 여섯 가지 이치를 순리(육순六順)와 패역(육역六逆)으로 나누면서, 육순을 버리고 육역을 취하면 화를 부르게 된다고 간언했다. 여기서 여섯 가지 올바른 이치인 육순은, '임금이 의롭고, 신하가 임금의 명을 따르고, 아비는 자애롭고, 자식은 효성스럽고, 형은 동생을 사랑하고, 동생은 형을 공경하는 것'이다.

여섯 가지 패륜인 육역은 '미천한 자가 존귀한 자를 해치고, 젊은 사람이 나이 든 사람을 업신여기고, 관계가 먼 사람이 친근한 사람을 이간시키고, 새로 알게 된 사람이 오래 사귄 사람을 이간시키고, 소인이 윗자리에 앉고, 음탕한 사람이 의로운 사람을 파괴하는 것'이다. 훗날 주우는 스스로 이 말을 증명했다. 환공을 시해했다가 결국 석작에게 죽임을 당했기 때문이다.

재산을 물려주는 것은 게으름을 가르쳐주는 것이다

총애와 재물에서 비롯된 패륜인 육역을 취하면 그 결과는 패망이다. 앞서 소개했지만, 다산도 자책이나 사회적인 비난에 직면하는 까닭의 상당수는 재물과 여색 때문이라고 《심경밀험》에서 말했던 적이 있었다. 다산이 제자 윤종심을 가르친 말은 더욱 구체적으로, 재물과 여색의 무상함까지 일러준다. 곡산부사 시절에 토지문서를 보면서 느꼈던 것이다.

내가 토지문서를 살펴 그 내력을 조사해봤다. 어느 것이나 백 년 사이에 대여섯 번이나 주인이 바뀌고 심할 때는 일고여덟 번에서 아홉 번까지 바뀌었다. 그 성질이 흘러 움직이고 달아나는 것이 이와 같다. 어찌 남에게는 금방 바뀌고 내게는 오래 그대로 있기를 바라서, 아무리 두드려도 깨져 없어지지 않을 물건으로 여기겠는가? 창기는 여러 번 지아비를 바꾼다. 그런데 어찌 나에게만 수절을 지키기 바라겠는가? 토지를 믿는 것은 창기의 정절을 믿는 것과 같다.

부자는 드넓은 밭두렁을 보면서 반드시 의기에 차서 기운을 돋워 자손에게 말할 것이다. '만세의 터전을 너희에게 준다.' 하지만 진시황이 호해에게 나라를 넘길 때도 그랬음을 알지 못한다. 이 일이 어찌 믿을 만한 것이겠는가? 나는 지금 나이가 적지 않아 겪어본 일이 많다. 부를 자손에게 잇게 하려는 사람 중에 그 뜻을 이룬 자는 천 명 중에 한두 사람뿐이다.

호해胡亥는 진시황의 막내아들로 불의하게 나라를 물려받았다. 환관 조고, 승상 이사가 공모해 장자에게 양위하기로 했던 조서를 변조해 황제의 자리에 앉혔기에 애초부터 그 권력의 당위성이 없었고 자질도 부족했다. 결국 환관 조고에게 권력을 빼앗기고 꼭두각시 황제 노릇을 하다가 얼마 지나지 않아 조고에게 죽임을 당하고 말았다.

다산은 호해의 예를 들면서 그 어떠한 재물이나 권력도 영원히 계속될 수는 없으며, 거대한 나라를 물려받아도 스스로 지킬 힘이 없다면 그 무엇을 받았어도 곧 사라지고 만다고 말했다.

《한서》〈소광열전〉에는 "현명한 사람이 재산이 많으면 그의 뜻을 상하게 하고, 어리석은 사람이 재산이 많으면 허물을 더하게 된다(현이다재즉손기지 우이다재즉익기過賢而多財則損其志 愚而多財則益其過)"라고 실려 있다.

태자의 스승으로 있던 소광은 은퇴한 후에 흥청망청 재물을 허비하며 자식들에게 물려줄 생각을 하지 않았다. 집안의 어른들이 걱정하자 소광은 이렇게 말했다.

"생각해보니, 옛날에 일구던 밭과 집이 그대로 있기에 자손들이 그곳에서 부지런히 노력하면 충분히 먹을 수 있고 다른 사람들처럼 살 수 있을 것입니다. 지금 재산을 더 보태줘 지나치게 풍족하게 하는 것은 자식들에게 게으름을 가르치는 꼴입니다. 현명한 사람이 재산이 많으면 그의 뜻을 상하게 하고, 어리석은 사람이 재산이 많으면 허물을 더하게 됩니다. 게다가 부자들은 사람들에게 원망을 사기 쉽습니다. 저는 아직 자손들을 교화하지 못했기에 그들에게 허물을 더하거나 원망을 사게 하는 일은 하고 싶지 않습니다."

자식이 뛰어난 자질을 갖추고 있다면 설사 재산을 남겨주지 않아도 얼마든지 재산을 얻을 수 있다. 하지만 어리석다면 아무리 많은 재산을 남겨도 곧 탕진하고 만다. 진정으로 자식이 잘 되기를 바란다면 재산이 아니라 다른 것을 물려줘야 한다.

누구나 자식이 잘 되기를 바란다. 그래서 더 많은 학식을, 더 많은 재산을 물려주기 위해 온 힘을 다한다. 특히 사회적으로 높은 지위에 올랐던, 명망 있는 사람들에게 이러한 경향이 심하다. 자신이 누렸던 부와 권력의 즐거움과 그것이 주는 힘을 알기에 더욱 집착하는 것이다.

하지만 그 무엇을 물려주더라도 올바른 도리를 물려주지 못하면 자식의 미래는 밝을 수 없다. 설사 잠깐 그 영화를 누릴지 몰라도 그 삶은 허망하다. 오늘날 떠들썩한 현실이 이를 더욱 생생하게 보여준다.

...

유산이란
아이에게 무엇이 빛나고 있는지를
찾아주는 것이어야 한다.

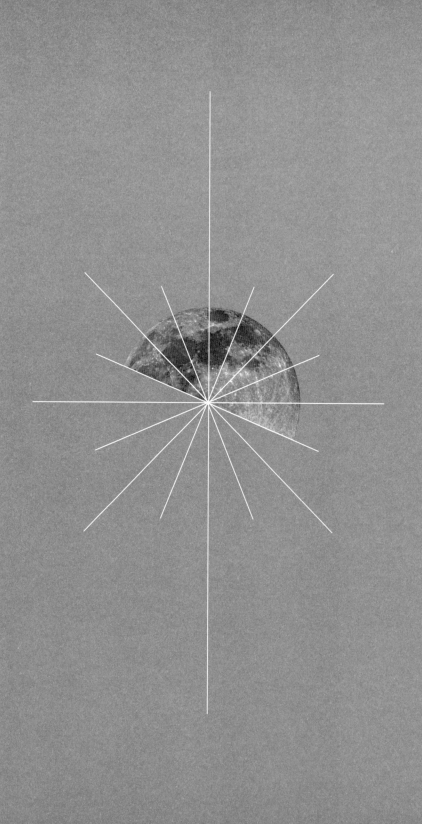

붕정만리

鵬程萬里

．．．．．．．．．．．．．．．．．．．．．．．．．．．．．．．

감히 짐작할 수 없는
말의 내공을 갖춘다

어른이라면 아이를
어른으로 이끌어줘야 한다

教小兒 先要安祥恭敬 今世 學不講 男女從幼便驕惰壞了
到長益凶狠 只爲未嘗爲子弟之事
교소아 선요안상공경 금세 학불강 남녀종유편교타괴료
도장익흉한 지위미상위자제지사

아이가 먼저 마음을 차분하게 가다듬고, 사물을 자세히 살피며,
공손하고 경건한 태도를 가지도록 가르쳐야 한다. 오늘날 사람들은 학문을 배우지
않아 남녀 할 것 없이 어릴 적부터 교만하고 게을러졌으며 자라서는 더욱 흉포해지고
사나워졌다. 이는 어렸을 때 해야 할 일을 배운 적이 없기 때문이다.

_《장자전서張子全書》

장자로 알려진 장횡거張橫渠가 쓴 글의 일부다. 장자는 북송의 유학자로 정
호, 정이, 주돈이와 함께 성리학의 체계를 세운 학자다. 이 글에서는 사람
들이 성인이 되어서 타락하는 이유를 어린 시절 교육의 부재로 보았다. 그
리고 그 해법으로 아이들에게 무엇을 가르쳐야 하는지를 말해준다. 원문
에서 안상공경安祥恭敬은 아이들이 배워야 할 네 가지다.

먼저 안安은 마음을 안정되게 하는 것이다. 아이들은 마음이 불안정해
조급하게 행동한다. 물론 아이들의 마음공부란 어른이 하는 것과 같은 마
음의 다스림이 아니다. 단지 조급한 마음을 다스리고, 차분하게 배움에 임
하고, 때와 장소에 맞지 않는 행동을 하지 않도록 안정시키는 훈련을 하는

다산의 마지막 습관

것이다.

그다음 상^詳은 모든 공부를 상세하게 배우는 것이다. 아이들은 허투루 넘어가는 법이 많다. 배움에 있어서는 더욱 그렇다. 똑똑한 아이들은 미루어 짐작해서 넘어가 버린다. 미련한 아이들은 집중력이 없어서 상세히 배우지 못한다. 그래서 모든 교육은 구체적이고 상세한 배움을 얻을 때까지 그만두지 않는 배움의 습관을 아이들에게 키워주는 것을 중시한다.

공경^{恭敬}, 공손하고 경건한 태도는 스스로 삼가고 다른 사람과의 관계에서 배려하고 예의를 지키는 것이다. 즉 자신을 바로 세우는 충^忠과 다른 사람을 배려하는 서^恕의 덕목이다. 충과 서는 공자 철학의 핵심인 인^仁을 실천하는 것으로 극기복례와 같은 뜻이다.

장자는 아이들이 어려서부터 부모와 자신을 이미 구별된 존재로 생각하기 때문에 부모에게 복종하는 것을 좋아하지 않는다고 했다. 부모와 스스로를 구별한다는 것은 아이들이 성장하면서 자의식이 강해지는 과정을 가리킨다. 고집을 부리고 부모의 가르침을 따르지 않게 되는 것인데, 이로 인한 폐해는 나이가 들수록 점차 더 심각해진다.

만약 이러한 가르침이 없이 지식을 채우는 배움에만 치중하면 진정한 배움의 목적을 잃어버리게 된다. 지식만 채워진 병든 지식인이 되는 것이다. 높은 자리에 오르면 교만해지고, 주변사람들을 배려하지 못하고 난폭한 행동을 일삼게 된다. 결국 그 어떤 자리에 올라도, 심지어 재상이 되어도 올바른 도리를 하지 못한다. 예문에 이어서 장자는 이렇게 말한다.

"자제가 되어서는 청소하는 일과 어른을 응대하는 일을 평안히 여기지 못하고, 친구를 접할 때 겸손하게 자기를 낮추지 못하고, 재상이 되어서는 천하의 어진 이에게 겸손하지 못하게 된다. 심하면 사사로운 뜻에 따라 참다운 의리義理를 모두 버리게 된다. 이는 다만 병의 뿌리가 제거되지 못해 거처하는 바와 접하는 바에 따라 자라났기 때문이다."

《집성集成》에서 엽씨葉氏는 이러한 현상이 모두 부모의 사랑이 지나쳐 가르침을 주지 않았기 때문이라고 보았다.

"후세에 소학의 가르침이 이미 폐지되고, 부모는 사랑이 지나쳐, 교만하고 나태하도록 내버려둔 채 금지하지 않으니 병의 뿌리가 이미 드러나고 자라나서 마침내 양심을 다 잃어버리게 된다. 이는 부모에게서 비롯된다. 배우는 자는 마땅히 그 병의 근원을 살펴 힘써 이겨 다스림을 가해야 하니, 이렇게 하면 구습이 점차 사라지고 도심道心이 날로 자랄 것이다."

배울 때를 놓치면
평생 어른이 되지 못한다

다산 또한 학문은 어린 시절의 교육이 근본이 된다고 생각했다. 귀양 시절에는 《소학》을 마지막 공부로 삼아 수신을 이루고자 했고, 그 노력을 바탕으로 《소학지언》을 썼다. 하지만 그에게 아이 공부는 단순한 관심의 차원이 아니었다. 다산은 진정한 학자답게 어린이 교육의 문제점을 직시하고 그 개선점을 찾으려 노력했다.

《소학보전》, 《소학주관》이 그 결실인데, 특히 《소학주관》은 당시 어린이 교육이 오직 천자문에만 집중된 것을 보고 그 대안을 제시한 책이다.

다산은 "우리나라 사람들은 주흥사周興嗣가 지은 《천자문》을 구해 어린이 교육을 시키는데 이 책은 어린아이를 가르치기에 적합하지 않다"라고 하며 그 이유를 제시했다. 문자는 비슷한 종류들끼리 모아서 가르쳐야 하는데, 천자문은 그 배열이 맞지 않아서 아이들이 배우는 데 어려움을 겪을 뿐 아니라 효율을 얻을 수가 없다는 것이다.

천지天地의 글자를 배우고 나면 일월日月, 성신星辰, 산천山川, 구릉丘陵 등 비슷한 종류를 다 알기도 전에 그것은 그만두고 오색五色을 배우라고 하고, 현황玄黃의 글자를 배우고 나면 청적靑赤, 흑백黑白, 홍자紅紫, 치록緇綠의 다른 점을 분별하기도 전에 우주宇宙를 배우라고 하니 이 무슨 가르침의 법인가? … 대체로 문자를 가르침은 맑은 청淸으로 흐릴 탁濁을 깨우치고, 가까울 근近으로 멀 원遠을 깨우치며, 가벼울 경輕으로 무거울 중重을 깨우치고, 얕을 천淺으로 깊을 심深을 깨우쳐야 한다. 두 글자씩 들어서 대조해 밝히면 두 가지의 뜻을 함께 알게 되고, 한 자씩 들어서 말하면 두 가지의 뜻을 함께 모르게 된다. 특출한 두뇌가 아니면 어떻게 깨달을 수 있겠는가?

다산의 교수법은 비슷한 것끼리 묶어서 배우는 연관학습법이라고 할 수 있다. 오늘날 학습법을 다산은 이미 이백여 년 전에 꿰뚫어봤던 것이다. 그리고 다산은 어린이 교육의 본질을 이렇게 말했다.

"어린이를 가르치는 방법은 그 식견識見(학식과 견문. 사물을 분별할 수 있는 능력)을 열어주는 데 있다. 식견이 미치는 것은 비록 한 글자 한 구절이라도 모두가 문리를 깨닫게 하는 열쇠가 되지만, 식견이 미치지 못하는 것은 비록 수많은 서적을 독파하더라도 읽지 않은 것과 같다."

《채근담》에는 "덕은 도량에 따라 커지고, 도량은 식견에 따라 커진다 (덕수량진 양유식장德隨量進 量由識長)"라고 실려 있다. 식견이란 도량을 키우고 덕을 키우는 것이다. 단순히 지식을 머릿속에 채우는 것을 공부라고 할 수는 없다.

물론 지식이 없으면 옳고 그름과 사리판단을 하는 데 어려움을 겪는 것도 사실이다. 하지만 지식만 많다고 해서 반드시 올바른 사람이 되는 것이 아니다. 오히려 그 지식이 자신을 해치고 나아가 다른 사람에게까지 해를 끼칠 수 있게 된다.

다산은 말한다. 책을 읽는 것도 배움을 얻는 것도 모두 식견을 열어주는 것을 바탕으로 해야 한다. 식견이 없으면 그 어떤 배움도 허상에 불과하다. 특히 어린이 교육은 그것이 핵심이다. 도량이 넓은 어른은 바로 여기서부터 시작된다.

...

경서를 가르쳐 줄 스승은 만나기 쉬우나
인격을 가르쳐 줄 스승은 만나기 어렵다.

_사마광

다산의 마지막 습관

예술은 지식이 놓친
'사람의 마음'을 전해준다

教人 未見意趣 必不樂學 且教之歌舞
교인 미견의취 필불락학 차교지가무

사람을 가르칠 때 그 의지와 취향을 알지 못하면 학문을 즐기지 못한다.
이때에는 잠시 노래와 춤을 가르쳐야 한다.

_《이정전서二程全書》

시와 음악은 공자의 학문과 수양에 있어서 매우 중요한 요소 가운데 하나
다. 공자는 민간에 떠돌던 시가를 모아《시경》을 편찬하고, 제자들과 아들
에게도 공부하기를 권했다. 공자 자신도 시를 외우고 다니면서 인용하기
를 좋아했다.《논어》를 보면 공자가 시와 음악에 대해서 언급했던 내용이
거듭해서 나온다. 〈위정〉에 나오는 "《시경》에 실려 있는 삼백 편의 시를
한마디로 이야기하면 '생각에 거짓됨이 없다'(사무사思無邪)일 것이다"가 대
표적인 구절이다.

공자는 시에서 사사로움이 없는 올바른 뜻을 최고의 가치로 봤다. 또
한 그는 음악에 대해서도 자주 이야기했는데, 공자 자신도 음악을 즐겼다.
〈술이〉에서는 이렇게 말한다. "공자는 사람들과 노래 부르는 자리에서 어

울리다가 어떤 사람이 노래를 잘하면, 반드시 다시 부르게 했고 뒤이어 자신이 화답했다."

일상에서 사람들과 어울려 주거니 받거니 노래와 음악을 즐기는 모습이다. 근엄한 공자가 사람들과 함께 노래를 부르는 모습을 상상하기가 쉽지 않다. 그러나 공자에게 노래는 일상이었다. 공자는 학문의 완성에 시와 음악과 같은 감성이 필요하다는 것을 분명히 알고 있었다.

오늘날 지식 공부만 강조하는 세태에서 반드시 새겨야 할 지점이다. 《악기》에 실려 있는 글이 상세하게 그 이유를 밝혀준다.

"예와 악은 잠시라도 몸에서 떠날 수 없다. 음악을 이뤄서 마음을 다스리면 조화롭고 곧고 자애롭고 신실한 마음이 솟아난다. 조화롭고 곧고 자애롭고 신실한 마음이 생겨나면 즐겁고, 즐거우면 편안하고, 편안하면 오래가고, 오래가면 그것이 곧 하늘이고, 하늘이면 신령스럽다. 하늘은 말을 하지 않아도 신실하고, 신실하면 노하지 않아도 위엄이 있다. 음악을 이룸으로써 마음을 다스리는 것이다."

음악은 조화의 예술로서 즐거움을 주고, 마음을 다스리는 데 도움을 준다. 그래서 옛 선비들은 음악으로 몸과 마음을 수양했고, 지도자들은 백성들과 함께 음악을 즐기면서 천하를 다스렸다.

예문의 글은 정이程頤가 했던 말로, 학문의 가르침에서 음악과 춤의 중요성을 알려준다. 당시 음악이란 시에 가락을 붙인 형태였다. 《이정전서》에는 위의 글에 이어서 이렇게 실려 있다.

"고대의 시 삼백 편은 모두 옛사람이 지은 것이니, 〈관수關雎〉와 같은 시는 집안을 바로잡는 시초다. 그러므로 이것을 지방 사람들에게 사용하고,

국가에도 사용해 날마다 사람들이 듣게 했다. 이들 시는 그 말이 간략하면서도 심오해 지금 사람들은 쉽게 깨닫지 못한다. 나는 따로 시를 지어 쇄소응대灑掃應對(청소하고 손님을 맞이해 응대하는 것)의 예절을 간략히 정리해 동자들이 아침저녁으로 노래하도록 하니, 이렇게 하면 마땅히 도움이 될 것이다."

《집설》에서 진씨陳氏는 이렇게 해설했다. "〈관수〉는 '주남국풍周南國風'이니 《시경》의 맨 앞머리다. 〈관수〉 등의 시는 규중에서 가르쳤으니 바로 집안을 바로잡는 기초다. 그러므로 상하 간에 함께 통용되었다. 쇄소응대 등 기본적인 일을 운문으로 만들어, 아침저녁으로 읊고 노래하게 하면 공부의 뜻과 목적을 잘 알게 되어 배움을 좋아하게 될 것이다."

"즐기는 자를 당할 수 없다는데, 어찌 예술을 무시하겠는가?"

아직 지식과 식견이 부족한 아이들에게 어려운 이론이나 도리를 말해주는 것은 효과를 보기 힘든 교육 방식이다. 잘 깨닫지도 못할뿐더러 적용해서 실천하기도 어렵다. 따라서 노래를 통해 아이들이 재미있게 외우도록 한 것이다. 춤을 추면서 노래를 부르게 하면 입과 몸을 쓰기에 쉽게 외울 수 있고, 몇 번을 거듭하면 자연히 몸에 익어 실천할 수 있게 되고, 그렇게 실천하면서 그 뜻을 서서히 깨우치게 되는 것이다. 요즘 하는 말로 재미와 공부를 겸한 에듀테인먼트Edutainment라고 할 수 있겠다.

다산도 역시 시와 음악의 중요성에 대해서 거듭 강조했다. 먼저 시에 대해서는 이렇게 말했다. '초의승 의순에게 주는 말'에 실려 있다.

시라는 것은 뜻을 말하는 것이다. 뜻이 저속하면 억지로 청고한 말을 해도 조리가 이뤄지지 않는다. 뜻이 편협하고 비루하면 억지로 통달한 말을 해도 일의 형편에 절실하지 못하다. 시를 배움에 있어서 그 뜻을 헤아리지 않는 것은 썩은 땅에서 맑은 샘물을 걸러내려는 것 같고, 냄새나는 가죽나무에서 향기를 구하는 것 같아서 평생 노력해도 얻지 못할 것이다. 그러면 어떻게 해야 하는가? 천인天人(하늘과 사람)과 성명性命(본성과 천명)의 이치를 알고, 인심人心과 도심道心의 나뉨을 살펴서, 찌꺼기를 걸러 맑음과 참됨이 발현되게 하면 된다.

시에는 반드시 바른 뜻이 바탕이 되어야 한다는 것으로 공자의 말과 상통한다. 아무리 멋진 말로 꾸며도 올바른 뜻이 없으면 세상을 밝히는 진실과 참된 아름다움은 얻을 수 없다.

또한 다산은 〈원무原舞〉에서 춤의 의미에 대해 이렇게 말했다. "춤이란 이루어진 것을 상징한다. 선조의 공이 이뤄지고, 덕이 이루어진 것을 상징하는 것이다. … 이미 춤이 있다면 반드시 성공을 상징한다. 성공을 상징하는 악樂이 있어 왕의 업적이 얼마나 어려운지를 알게 되고, 효도와 공경孝敬의 마음도 일어날 것이다. 춤을 하찮게 평가할 수 없다."

다산은 춤을 선조들의 공적을 기리고 사람의 근본을 깨닫게 하는 도구로 봤다. 사람의 근본이란 반드시 배워야 하지만 어려운 이치나 도리를 말하면 아이들이 힘들어 한다. 당연히 자기 것으로 만들기가 쉽지 않다.

따라서 춤과 노래를 활용해 쉽고 흥겹게 익히도록 하라는 것이다. 바로 감성적인 접근을 통해 교육의 효과를 높이는 것이다. 음악과 춤은 사람들에게 공감 능력을 키워주고 조화의 이치를 깨닫고 체득하게 한다. 특히 아이들에게는 더욱 그렇다.

오늘날 우리는 공부의 목적을 지식의 주입으로 알고 있다. 하지만 아이들에게 필요한 것은 단편적인 지식 몇 조각이 아니라 평생을 갖고 갈 수 있는 감수성이다. 감수성을 통해 아이들은 자신을 성찰하고, 다른 사람을 배려하며, 어려움을 이겨나갈 섬세함을 얻는다.

감성이론의 창시자인 대니얼 골먼Daniel Goleman은 감성 능력을 '자신의 감정을 잘 다스리고, 상대방의 입장에서 이해하고 좋은 관계를 유지하는 것'이라고 정의하고 있다. 공자가 강조했던 인仁의 실천 덕목인 충과 서의 정신과도 같다.

자신을 바르게 세우고, 다른 사람을 배려하는 것은 동과 서라는 공간, 옛날과 오늘날이라는 시간의 차이를 막론하고 반드시 지켜야 할 정신이다. 그 첫걸음은 아이들에게 예술을 권하는 것이다.

...

진실은 아름다움을 위해 꾸며지곤 하니
마음을 담아 노래를 부를 때에는 담백해야 한다.

남의 인격을 평가하려면
자신의 인격부터 걸어야 한다

效伯高不得 猶爲謹救之士 所謂刻鵠不成 尙類鶩者也 效季良不得
陷爲天下輕薄子 所謂畫虎不成 反類狗者也
효백고부득 유위근칙지사 소위각곡불성 상류목자야 효계량부득
함위천하경박자 소위화호불성 반류구자야

용백고를 본받으면 그만 한 사람이 되지 못하더라도 삼가고 조심하는 선비는 된다.
고니를 조각하면 고니는 완성하지 못해도 오리는 닮는다는 것이다. 두계량을
본받다가 그만 한 사람이 되지 못하면 천하의 경박한 사람이 되고 만다.
호랑이를 그리려고 하다가 그리지 못하면 개와 비슷하게 되는 것이다.

_《후한서後漢書》〈마원열전馬援列傳〉

'대기만성大器晩成'은 한 번쯤 들어봤을 것이다. '큰 그릇은 늦게 이뤄진다'
로 해석할 수 있는데, 큰 인물이 되기 위해서는 그만큼 많은 시간과 노력
이 필요하다는 의미다.

이 사자성어는《도덕경》41장에 실려 있는 "대방무우, 대기만성, 대음
희성, 대상무형大方無隅 大器晩成 大音希聲 大象無形"을 출전으로 한다. '큰 네모는 모
서리가 없고, 큰 그릇은 늦게 이뤄지고, 큰 소리는 듣기 어렵고, 큰 형상은
모양이 없다'는 뜻이다.

도는 크고 무한하기에 그 실체를 가늠하기 어렵다는 것을 비유하기 위
해 쓴 구절로, 이로 미루어보면 큰 그릇은 그 크기가 무한하기에 완성이

　　　　　　　　　　　　　　　　　　다산의 마지막 습관

될 수 없고, 항상 진행형이 될 수밖에 없음을 알 수 있다.

대기만성은 여러 고전에서 큰 인물이 어떻게 탄생하게 됐는지를 알려주기 위해 많이 인용됐다. 《후한서》에 실려 있는 마원馬援이 그 대표적인 인물이다. 마원은 후한을 세운 광무제 때의 명장으로, 전국시대 조나라의 명장 조사를 조상으로 둔 명문가 출신의 인물이었다. 하지만 훗날 조상들이 역모에 연루되어 집안이 한순간에 몰락했고, 마원 역시 어린 시절 큰 고난을 겪게 되었다.

열두 살에 고아가 된 마원이 생계를 위해 목동이 되려고 작별을 고하러 오자, 형 마황은 이렇게 충고한다. "너는 지금은 비록 어렵지만 나중에 크게 될 '대기만성형' 인물이다. 많은 경험을 쌓은 후 나라에서 크게 쓸 재목이 될 것이니 네 앞날은 네가 잘 알아서 하라."

훗날 마원은 형의 기대를 저버리지 않고 나라의 중책을 맡는 인물이 됐다. 나라에 위협이 됐던 강족光族의 침입을 격퇴하고 교지 부족의 난을 평정하는 등 공을 세워, 복파장군에 임명될 정도로 인정받았다.

마원은 교지交趾(베트남 북부지역)에 주둔하고 있을 당시 조카인 엄嚴과 돈敦에게 편지를 썼다. 조카들이 남을 비판하기 좋아하고, 경박하고 호방한 사람들과 교제하는 것을 경계하기 위함이었다.

"나는 너희가 남의 과실을 들을 때 부모의 이름을 들은 것처럼 하여, 귀로 들을지언정 입으로 말하지 않기를 바란다. 남의 장단점을 논평하기를 좋아하며 정사와 법을 함부로 시시비비함은 내가 크게 미워하는 바다. 차라리 죽을지언정 자손에게 이런 행실이 있음을 듣고 싶지 않다." 그리고 두 사람의 예를 들었는데, 바로 위 예문의 인물들이다.

"용백고를 본받으면 용백고만 한 사람이 되지 못하더라도 삼가고 조심하는 선비는 된다. 이른바 고니를 조각하면 고니는 완성하지 못해도 오리는 닮는다. 두계량을 본받다가 두계량만 한 사람이 되지 못하면 천하의 경박한 사람이 되고 만다. 이른바 호랑이를 그리려고 하다가 제대로 그리지 못하면 개와 비슷하게 되는 것이다."

"내가 먼저 포용하는데
누가 나를 업신여기겠는가?"

마원이 예를 든 용백고는 내실이 충실한 선비로서 중후하고 빈틈이 없었다. 두계량은 호방하고 의협심이 뛰어난 사람이었다. 이로써 보면 마원은 두 사람의 장점을 말한 것으로 특별히 한 사람을 폄훼한 것은 아니었다. 단지 호방하고 의협심이 있는 사람의 겉모습만 보고 배우려고 하다가는 겉은 그럴듯하나 내면의 충실함은 없는 빈껍데기 사람이 될 수도 있다는 점을 경계했던 것이다. 하지만 이로 인해 두계량은 마원에게 원한을 품게 된다. 이 편지로 인해 반대파의 모함을 받아 두계량은 관직에서 쫓겨나고, 두계량의 친구 양송의 모함으로 마원은 전사한 후에 작위를 박탈하는 치욕을 당하게 된다. 무심코 남긴 편지 한 장이 꼬리를 물고 후환을 남기게 된 것이다.

다산은 이 고사를 통해 대기만성의 가르침에서 나아가 자신만의 통찰을 얻었다. 비록 마원이 훌륭한 인물이지만 그의 언행에는 많은 아쉬움이 있다는 것이다. 다산은《소학지언》에서 이렇게 말했다.

고니는 기이한 무늬와 색이 없지만 그릴 때 의거할 것이 있어 그리기가 쉽다. 호랑이는 화려한 무늬와 신령한 위엄이 있지만 그릴 때 의거할 것이 없어서 완성하지 못하면 실물과 전혀 다르게 된다. 주석에서 '고니와 오리는 모두 새면서 비슷하지만, 호랑이와 개는 모두 짐승이면서 크게 다르므로 그렇게 말했다'라고 했는데, 본래의 뜻을 완전히 잃은 것이다. 마원은 사람의 장단점을 논하는 것으로 조카들을 경계했지만 오히려 자신이 먼저 그런 잘못을 범했다. 용백고와 두계량의 장단점을 논의했으니 말을 하면서 정작 자신을 돌아보지 않은 것이다. 그 뒤끝내 이 편지 때문에 화를 초래해 두계량에게 피해를 입었다.

다산은 이 고사가 특히 인상 깊었는지 시로도 감상을 남겨 사람들이 깊이 깨닫기를 원했다.《다산시문집》에 실려 있다.

마원이 조카 경계한 편지 뜻은 좋지만 말이 거칠어,
남 허물 평가할까 걱정하다 자신이 용백고와 두계량을 평가했네.
마원이 그 때문에 무너졌으니 말로 인해 남들의 분노 불렀고,
흠잡는 말은 마음에 남아 이 말이 끝내 한 번 터져 나왔네.
마음을 비워 너그럽게 포용한다면 어떤 사람이 나를 업신여기랴.

조카들이 타인에 대해 함부로 말할까 두려워했지만, 마원 스스로가 그러한 행동을 한 것을 안타까워한 것이다. 이처럼 남의 허물을 탓하기는 쉬

워도 자신을 돌아보기는 힘들다. 거울이 없으면 자기 얼굴을 볼 수 없는 것과 같은 이치로, 사람으로서 어쩔 수 없이 갖게 되는 한계라고 할 수 있을 것이다.

다산도 역시 그랬다. 끊임없이 수양하고 절제했지만 자신을 붙잡지 못해 안타까워했다. 이처럼 글로써, 시로써 경계했던 것은 자신을 지키기 위한 다짐이었을 것이다.

...

내가 타인을 시험하며 그 깊이를 가늠하듯,
타인 또한 내 바닥을 들여다보며 그 격을 평가한다.

악은 '평범함'과
'사소함'이라는 가면을 쓴다

勿以惡小而爲之 勿以善小而不爲
물이악소이위지 물이선소이불위

악이 작다는 이유로 행해서는 안 되며
선이 작다는 이유로 행하지 않아서도 안 된다.

_《삼국지三國志》〈촉지蜀志〉

《도덕경》〈63장〉에는 '천하난사필작어이 천하대사필작어세天下難事必作於易 天下大事必作於細'라는 유명한 성어가 실려 있다. "천하의 지극히 어려운 일도 쉬운 일에서 시작되고, 천하의 큰일도 그 시작은 미약하다"는 뜻이다. 그 어떤 어렵고 힘든 일도 시작부터 잘 대비하면 쉽게 대처할 수 있고, 아무리 크고 대단한 일이라고 해도 처음에는 작고 미약한 데서부터 시작하니 무시하거나 포기하지 말고 담대하게 일을 시작하라는 가르침이다.

《도덕경》의 저자인 노자는 더 크고 위대한 철학을 이야기했던 것이지만, 우리는 우리 삶에서 적용할 수 있는 가르침을 얻으면 충분할 것이다. 바로 다음 장인 〈64장〉에서는 우리가 좀 더 이해하기 쉽도록 가르쳐준다. "아름드리나무도 털끝 같은 씨앗에서 나오고, 높은 누대도 한 무더기 흙을 쌓는 데서 시작되고, 천릿길도 한 걸음에서 시작된다(합포지목생어호말 구층지대기어루토 천리지행시어족하 合抱之木生於毫末 九層之臺起於累土 千里之行始於足下)."

전국시대 학자 순자는 그 이유를 좀 더 구체적으로 말해준다. "아무리 가까운 거리라고 해도 걷지 않으면 도달할 수 없고, 아무리 간단한 일도 실천하지 않으면 이루지 못한다." 어떤 일이든 이루기 위해서는 반드시 시작이 있어야 하고, 시작했다면 반드시 실천하라는 가르침이다. 움직이지 않고 생각만 하고 있으면 이루어지는 일이 없다.

앞의 예문은 선악을 실천하는 관점에서 아무리 작은 일이라고 해도 소홀해서는 안 된다는 말을 하고 있다. 《삼국지》의 영웅 유비가 자신의 큰 뜻을 이루지 못하고 임종하면서 아들 유선에게 준 말이다. 물론 유비는 유선이 어리석고 부족하다는 것을 잘 알고 있었다. 그래서 책사 제갈량에게 유선을 도와 나라의 앞날을 부탁한다고 신신당부했다. 그리고 유선에게는 선악을 구분해서 실천하는 일에서만큼은 결코 타협이 있어서는 안 된다고 가르쳤다. 옳고 그른 일을 구분해서 지키는 것이 모든 일의 근본이 되기 때문이다.

악은 피할 수 없으니
쌓이지 않도록 주의하라

《한서》에 실려 있는 '승거목단 수적석천 繩鋸木斷 水滴石穿'은 이 당부에 가장 적합한 비유다. "노끈으로 톱질해도 나무를 자를 수 있고, 물방울이 떨어져 돌에 구멍을 낸다"라는 뜻을 가진 고사의 내용은 이렇다.

장괴애張乖崖가 숭양현의 현령을 지낼 때 관아의 창고지기가 돈 한 푼을 훔치는 현장을 잡았다. 장괴애가 창고지기를 장형에 처하자, 창고지기는 "이까짓 동전 한 닢으로 어찌 매질을 할 수 있다는 말이오?"라며 억울함을 호소했다.

그러자 장괴애는 "비록 하루에 돈 한 푼이라 할지라도 천 일이면 천 푼이 된다. 이는 노끈으로 나무를 자를 수 있고, 낙숫물이 마침내 댓돌을 뚫을 수 있는 것과 같다"라고 하며 그를 처벌했다. '작은 잘못을 저지를 때 바로 잡지 않으면 도덕적 불감증이 생겨 더 큰 잘못을 저지르게 된다'는 뜻으로, 우리 속담 '바늘 도둑이 소도둑이 된다'와 비슷한 의미라고 할 수 있겠다.

주자는 앞의 예문에 대해 "선은 반드시 쌓인 후에 이뤄지고 악은 비록 작더라도 두려워해야 한다(선필적이후성 악수소이가구善必積而後成 惡雖小而可懼)"라고 말했다. 선은 크게 한 번 착한 일을 한다고 해서 단번에 이뤄지지 않는다. 어떤 일에서든, 어떤 순간에서도 끊임없이 쌓아나가야 이뤄질 수 있다.

반대로 단 한 번의 잘못으로도 악에 빠질 수 있다. '이 정도면 괜찮겠지' 하는 작은 방심 또한 큰 잘못에 빠지게 한다. 남들이 보지 않는다고, 쉽게 드러나지 않는다고 행했던 사소한 잘못들이 습관이 되면서 점차 큰 잘못에 빠지게 되는 것이다. 따라서 아무리 작은 행실이라고 해도 항상 경계하며 주의해야 한다.

《소학지언》에서 다산은 "악이 작다는 이유로 행해서는 안 되며 선이 작다는 이유로 행하지 않아서도 안 된다는 경계는《주역》〈계사전〉에서 나왔으니 소열제의 말이 근거한 곳은 바로 여기다"라고 그 출처를 밝혔다.

다산은 오랜 귀양 생활에서 특히 《주역》에 관심을 가지고 깊이 연구해 《주역사전周易四箋》을 썼고, 그 책에 크게 자부심을 가졌다. 언제나 선하게 살기 위해 노력했던 자신에게 닥친 고난에 대해 《주역》에서 해답을 찾고자 했을지도 모르겠다. 〈두 아들에게 보여주는 가계(시이자가계示二子家誡)〉에서 다산은 이렇게 썼다.

> 《주역사전》은 내가 하늘의 도움을 얻어서 쓴 글이니, 절대로 사람의 힘으로 통하거나 지혜로운 생각만으로 도달할 수 있는 것이 아니다. 능히 이 책에 깊이 마음을 두고 그 오묘한 뜻을 다하는 자가 있다면 바로 자손이나 벗일 것이니, 천 년에 한 번 만난다 해도 애지중지함이 보통 정리의 배가 될 것이다.

비록 자신이 쓴 책이기는 하지만 여러 조건이 맞지 않았다면 완성할 수 없었을 것이라는 이야기다. 이처럼 어렵게 이룬 성취이니 반드시 이 책을 공부하고 그 깊은 뜻을 배워 실천할 수 있는 사람이 되라는 당부를 담고 있다.

같은 글에서 "화와 복의 이치에 대해서는 옛날 사람들도 의심해온 지 오래되었다. 충효를 행한 사람이라고 해서 반드시 화를 면하는 것도 아니고, 음란하고 방탕한 자라고 하여 반드시 박복한 것도 아니다. 다만 선을 행하는 것이 복을 받는 도가 되므로 군자는 부지런히 선을 행할 뿐이다"라고 했던 것 역시 《주역》에 근거한 글이라고 할 수 있다.

세상의 일에 정해진 법칙이란 없다. 원하는 것이 있어도 바라는 대로 되지 않는다는 것이 《주역》의 가르침이다. 그것이 하늘의 뜻, 천명天命이다. 비록 자신이 원하는 대로 되지 않을 때가 많으나, 그 어떤 상황에서도 반드시 지켜야 할 도리를 지켜 선을 행하라는 가르침이다.

그럴 때 당당히 하늘의 뜻을 기다릴 수 있기 때문이다. 《삼국지》에 실려 있는 수인사대천명修人事待天命의 성어가 이를 말해준다. 사람으로서 할 수 있는 바를 다한 후에 하늘의 뜻을 기다려야 한다.

하지만 일상의 삶에서 명확하게 선악을 구분하기는 어렵다. 특히 어려움에 처하게 되면 현실에 타협하고 싶은 마음이 고개를 든다. 쉬운 길을 찾게 되고, 길에서 조금 어긋나도 용인하게 된다.

누구에게나 이런 연약함은 있기 마련이다. 단지 어려움에 처할수록 좀더 민감하게 자신의 삶을 돌아볼 수 있으면 좋겠다. '착한 사람이 되어라!' 어려서 누누이 들었던 너무나 당연한 도리가 왜 지금은 어렵게 느껴질까?

…

악은 너무나 행하기 쉽고 흔하다.
그러나 악당은 어느 날 갑자기 나타나지 않는다.

마음을 지켜내려면
흔들리는 마음을 인정해야 한다

非澹泊 無以明志 非寧靜 無以致遠
비담박 무이명지 비영정 무이치원

마음이 담박하지 않으면 뜻을 밝힐 수 없고
마음이 안정되지 않으면 뜻을 이룰 수 없다.

《무후전서武侯全書》

제갈량이 여덟 살 난 아들 제갈첨諸葛瞻에게 보낸 편지 〈계자서誡子書〉에 실린
글이다. 짧지만 자녀에게 전해야 할 소중한 가르침을 담고 있다. 제갈량은
먼저 마음의 다스림과 검소함을 가르쳤다. 〈계자서〉는 '군자는 고요한 마
음으로 몸을 닦고 검소함으로 덕을 기른다(군자지행 정이수신 검이양덕君子之
行 靜以修身 儉以養德)'로 시작된다.

삶에서 가장 먼저 챙겨야 할 덕목은 바로 수신과 덕이며, 그 바탕이란
마음의 고요함과 생활의 검소함이라는 것이다. 마음을 다스려야 수신이
되고, 검소함이 습관으로 몸에 익어야 덕을 기를 수 있다.

다음에 실려 있는 문장이 앞의 예문이다. 원문에서 담박하다는 것은 마
음이 깨끗하고 맑아서 순수하다는 것이다. 이를테면 욕심에서 벗어난 마

음인데, 이런 마음이 있어야 검소한 삶을 누릴 수 있다. 그리고 올바른 뜻을 펼칠 수 있게 된다. 눈앞의 이익에 휘둘리면 마음이 흐려지고 행동도 저급해지게 되므로 높은 이상을 품을 수 없다.

그다음 '영정寧靜'은 마음이 평온한 경지를 일컫는다. 작은 어려움에도 쉽게 흔들리고 위기에서 평정심을 잃는 사람은 큰일을 이룰 수 없다. 당장 닥쳐온 일을 수습하기에 급급해 미래를 생각해볼 여유가 없기 때문이다.

《논어》에서는 "멀리 내다보지 못하면 반드시 가까운 곳에 근심이 생긴다(인무원려 필유근우人無遠慮 必有近憂)"라고 했다. 누구나 크고 작은 일상의 어려움과 마주치며 살아간다. 만약 이런 어려움에 쉽게 흔들리게 되면 조급해지고, 멀리 내다보며 큰 계획을 세울 수 없게 된다.

앞의 예문은 제갈량이 평생의 좌우명으로 삼을 정도로 좋아했던 구절이다. 그리고 그가 마법과도 같은 탁월한 능력을 발휘하는 데 바탕이 되어준 말이기도 하다. 치열한 전장에서 상대의 심리와 주변 환경을 읽고 이를 이용하는 것은 어떤 돌발적인 상황에서도 흔들리지 않는 마음이 없으면 불가능하다.

제갈량의 상징인 통찰력은 남다른 재치나 번뜩이는 기재가 아니라 바로 이러한 평상심에서 나왔다. 통찰력은 '표면 아래에 있는 진실을 볼 수 있는 능력'을 말한다. 제갈량은 자신의 마음을 다스릴 수 있었기에 통찰력을 얻을 수 있었고, 혼란스러운 전장에서도 휘둘리지 않고 놀라운 결과를 만들 수 있었다.

이어서 제갈량이 전한 것은 배움이다. 바로 "배우지 않으면 재능을 펼칠 수 없고 뜻이 없으면 학문을 성취할 수 없다(비학무이광재 비지무이성학非

學無以廣才 非志無以成學)"는 유명한 구절이다. 탄탄한 지식이라는 기반 없이는 큰 꿈을 이루기 어렵다. 제갈량 역시 뛰어난 행정가이자 책략가이기 앞서 유가, 법가, 도가 등 당시 제자백가에 능통한 학자였다. 어린 시절부터 갈고 닦은 다양한 공부가 군사軍師가 되는 데 바탕이 된 것이다.

그리고 제갈량은 올바르게 공부하기 위해서는 반드시 나태함과 조급함에서 벗어나야 한다고 가르친다. "게으르면 정밀하게 연구할 수 없고, 거칠고 조급하면 성품을 다스릴 수 없다. 나이는 때와 함께 달리며 뜻은 해와 함께 가버려서 마침내 마르고 시들게 되면 궁색한 곳에서 한탄한들 다시 돌이킬 수 없다."

성품이 게으른 사람은 깊은 공부를 하기 어렵고, 조급한 사람은 좋은 성품을 이루기 힘들다. 그리고 이런 폐습으로 자신을 버린 사람은 다시 되돌리기 어렵다. 결국 아무런 성취도 뜻도 없이 나이가 들어서 후회하게 되는데, 이때가 되면 아무리 후회해도 소용이 없다는 통렬한 가르침이다.

마음공부는 스스로의 연약함을 깨닫는 데에서 시작한다

제갈량은 아들이 훌륭한 인물이 되기를 원하는 간절한 심정을 편지에 담아서 보냈다. 비록 여덟 살의 어린 나이지만 제갈량의 가르침은 단호했다. 나이에 상관 없이 분명한 삶의 이치를 가르쳐야 한다는 점에서 제갈량은 타협할 수 없었을 것이다.

하지만 제갈첨은 아버지의 간절한 염원에 보답하지 못했다. 아버지가 죽은 후 중요한 요직과 지위를 모두 이어받았지만, 위나라 장수 등애의 편지에 평정을 잃고 싸우다 참담한 패배를 당해 전사하고 만다. 아버지 제갈량이 그토록 강조했던 마음의 다스림을 아들 제갈첨은 실천하지 못했던 것이다.

제갈량이 아들을 가르치면서 평온하고 안정된 마음을 강조했던 까닭은 그만큼 마음의 다스림이 중요하고, 또 실천하기 쉽지 않다는 것을 알았기 때문이다. 마음 다스림을 평생의 공부로 삼았다는 다산 역시 마찬가지였다. 혹독한 귀양살이에서 《심경》으로 마음을 다스리려 했지만 스스로 잘할 수 있을 것이라는 확신은 없었다. 그래서 "아, 능히 실천할 수 있을까"라고 한탄했을 것이다.

하지만 다산은 스스로 하나의 해법을 깨우쳐 실천했다. 바로 '마음 다스림의 시작은 자기 마음의 병을 깨닫는 것'이다.

우리가 진실로 마음 다스리는 학문에 유의한다면, 곧 마음 안에 허다한 병통이 있음을 느낄 것이다. 주자朱子는 '이같이 하는 것이 병이 됨을 알면 이같이 하지 않는 것이 약이 되는 것을 곧 알 것이니, 바야흐로 맹렬히 공부할 수 있다'고 했다. 학자가 마음의 병(심질心疾)이 있다는 것을 깨닫는 경지에 이르지 못하면, 어떻게 다스림이 순조롭고 기운이 조화로운 경지를 이루겠는가.

마음을 다스리기 위해 가장 먼저 할 일은 먼저 스스로가 가진 마음의 연약함을 인정하는 것이다. 마음에는 허다한 병이 있고, 마음은 내 말을 잘 듣지 않는다. 이와 같은 자신의 한계를 직시하고 인정해야 마음을 회복하는 일을 게을리하지 않을 수 있다.

맹자는 맑고 선선한 새벽의 기운인 평단지기平旦之氣를 말했다. 생명이 되살아나는 새벽은 낮과 밤을 지내는 동안 잃어버린 마음을 돌아보기 좋은 때다. 매일 그렇게 새벽에 깨어 스스로를 반추할 수 있는 시간을 마련할 수 있다면 조금씩 마음이 단단해질 것이다.

...

어른에게는 매일 쌓이는 세월의 독으로부터
스스로를 지켜주는 동굴이 필요하다.

홀로 깨어나 하루의 시작과 끝을 돌아보는 새벽은
그래서 자신만의 동굴이 된다.

명문가는 백 년에 걸쳐 이뤄지고
하루 만에 무너진다

成立之難 如升天 覆墜之易 如燎毛
성립지난 여승천 복추지이 여요모

명문가가 되기는 하늘을 오르는 것처럼 어렵고
몰락하기는 털을 태우는 것처럼 쉽다.

《유씨가훈柳氏家訓》

'유씨'는 당나라 사람 유변柳玭이다. 소종昭宗 시절 이사대부의 버슬을 했고, 재상으로 추천도 되었으나 환관의 참소로 등용되지 못했다. 그는《유씨가훈》을 지어서 후손들을 경계했는데, 순탄치 못했던 자신의 삶을 돌아보며 절실하게 느낀 바를 전하고 싶었을 것이다. 그는 책에서 명문가가 되기 위해서 피해야 할 다섯 가지를 이렇게 말했다.

첫째 "평안함만을 추구하고 담박한 생활을 좋아하지 않는다". 자신에게 이익이 된다고 생각하면 남들이 비난하는 말에도 걱정하지 않는다. 오직 자신의 평안함, 유익만을 구하는 사람은 다른 사람의 시선을 개의치 않는다. 즐기는 데 방해가 되기 때문이다.

둘째 "유학의 도리를 알지 못하고 옛날의 도를 좋아하지 않는다". 오히려 자신의 천박한 지식으로 남들의 학식을 비난한다. 천박한 지식이란 오직 성공, 오직 출세만을 위한 지식이다. 이런 가치관을 가진 사람은 올바른 도리를 인정하지 않는다. 오히려 성공의 걸림돌이 되기 때문이다.

셋째 "자기보다 나은 사람을 싫어하고 아첨하는 사람을 좋아한다". 남들의 선행을 들으면 미워하고 남의 악행을 들으면 들춰내고 공격한다. 모든 것을 자기중심으로 생각하고, 옳고 그름도 마찬가지다. 내가 하는 일이 무조건 옳은 것이다.

넷째 "한가하게 노는 것을 좋아하고 술을 즐겨 마신다". 술 마시는 것을 고상한 운치로 생각하고 열심히 일하는 사람들을 비속한 무리로 여긴다. 이런 습관을 기르게 되면 마음이 황폐해져 잘못을 깨달아도 뉘우치지 않게 된다.

다섯째 "벼슬을 얻는 데 급급해서 권세나 요직에 있는 사람에게 줄을 대는 데에만 열중한다". 이런 사람은 설사 작은 벼슬을 얻더라도 유지하기가 어렵다. 다른 사람들이 분노하고 시기하기 때문이다.

맹자는 자신의 책 《맹자》〈이루 하〉에서 "사람은 하지 않은 것이 있는 다음에야 하는 것이 있다"라고 했다. 무언가를 이루기 위해서는 반드시 하지 말아야 할 일을 정해서 먼저 지켜야 한다. 만약 무엇인가 성취하기를 원한다면 먼저 불의하고 부도덕한 일을 하지 않겠다는 가치관을 먼저 정립해야 한다. 유변이 책에서 명문가가 되기 위해서 하지 말아야 할 일을 먼저 정해둔 까닭은 바로 이런 이치를 알았기 때문일 것이다. 그는 결론으로 이렇게 말했다.

명문가들은 모두 조상들의 충성과 효도, 그리고 근검절약으로 쌓아 올려졌다. 그러나 자손들의 모질고, 경솔하며, 사치하고, 오만한 행동으로 모두 멸망했다. 명문가가 되기는 하늘을 오르는 것처럼 어렵고 몰락하기는 털을 태우는 것처럼 쉽다. 이와 같은 흥망성쇠를 생각하니 마음이 아프다. 너희들은 이를 뼛속 깊이 새겨 잊지 않도록 해야 할 것이다.

명문가는 하루아침에 된 것이 아니라 조상 때부터의 공덕으로 차곡차곡 쌓아 올려진 결과다. 하지만 자손들의 잘못으로 순식간에 몰락하곤 한다. 쌓아 올리기는 어렵지만 무너지기는 쉽다. 쌓아 올리기는 오랜 시간이 걸리지만 무너짐은 순간이다.《국어》에서는 이렇게 말했다. "선을 따르기는 산을 오르듯 어렵고 악을 따르기는 담이 무너지듯 순간이다(종선여등 종악여붕從善如登 從惡如崩)."

집안의 품격은
학문에서 나온다

다산의 삶은 명문가에서 한순간에 폐족으로 무너진 생생한 사례다. 자신의 잘못이라기보다는 여러 가지 외적인 요인에 의해 온 집안이 역적으로 몰렸다. 그 당시 사교로 몰렸던 서교西敎(천주교)를 믿었다는 이유도 있었지만, 그 이면에는 뿌리 깊은 당파싸움과 다산 개인에 대한 원한, 뛰어난 사람에 대한 질투가 있었다.

실제로 다산의 학문과 충성을 아끼는 사람들이 석방을 논의했지만, 그의 암행어사 시절 원한을 가졌던 인물이 반대해 무산되기도 했다. 다산의 셋째형 정약종은 사형을 당했고, 둘째형 정약전은 다산과 함께 귀양을 떠나 흑산도에 유배되었다.

집안은 최악의 형태로 몰락했지만, 다산은 희망을 놓지 않았다. 억울함을 풀고 집안을 다시 일으켜줄 사람은 두 아들이었고, 그 수단은 학문이었다. 다산은 아들들에게 자신의 결백을 밝힐 것은 바로 학문의 성취라고 말했다.

청족淸族은 독서를 하지 않아도 저절로 존경을 받겠지만, 폐족이 되어 학문에 힘쓰지 않는다면 더욱 가증스럽지 않겠느냐? 다른 사람들이 천시하고 세상에서 비루하게 여기는 것도 슬픈데, 너희들은 지금 스스로를 천시하고 비루하게 여기고 있으니, 이는 너희들 스스로가 비통함을 만드는 것이다. 너희들이 끝내 배우지 않고 포기해버린다면, 내가 지은 저술과 간추려 뽑은 것들은 장차 누가 모아서 책을 엮고 바로 잡아 보존하겠느냐. 그렇게 할 수 없다면 이는 나의 글이 끝내 전해질 수 없게 되는 것이다. 내 글이 전해지지 못한다면 후세 사람들은 단지 '대계와 옥안臺啓 獄案(탄핵과 죄상을 나열한 사헌부의 논고)'만을 의지해 나를 평가하게 될 것이니, 나는 장차 어떤 사람이 되겠느냐? 너희들은 아무쪼록 학문에 힘써 나의 이 한 가닥 문맥文脈이 너희들에게 이르러 더욱 커지고 더욱 왕성해질 수 있도록 하여라. 그렇게 되면 훌륭한 집안의 벼슬도 이러한 청귀함과 바꿀 수 없을 것이다.

여기서 다산의 가치관이 분명히 드러난다. 그는 자신의 억울함을 풀어 줄 것은 자신이 이루어낸 학문의 결실이고, 자식으로 이어지는 학문적 성취가 그 어떤 벼슬보다도 더 소중하고 귀하다고 했다. 그리고 그것을 이루게 하는 것은 성실함이라고 두 아들에게 끊임없이 강조했다. 나아가 학문뿐 아니라 삶의 모든 부분에서 올바른 뜻(성의誠意)이 없으면 그 어떤 일도 이룰 수 없음을 가르쳤다.

성실하지 못하다(불성不誠)는 두 글자에 대해서는 네가 변명할 수 없을 것이다. 네가 내 지시를 거행함에도 성실하지 못한 일이 이루 헤아릴 수 없이 많은데, 그밖의 다른 일에서랴. 앞으로는 본래의 선한 마음을 분발하여 《대학》의 '성의誠意'와 《중용》의 '성신誠身'을 써서 벽에 걸어두고 큰 용기를 분발해 다리를 튼튼히 세워 센 여울을 배로 거슬러 올라가는 방법으로 성의 공부에 매진해야 한다. 성의 공부는 가장 먼저 황당한 말을 하지 않도록 노력하는 것이니, 한 마디의 황당한 말을 세상에서 가장 큰 죄악으로 생각해야 한다. 이것이 성의 공부에서 가장 먼저 시작해야 할 부분이다.

오늘날에도 자신의 집안이 명문가가 되기를 바라지 않는 사람은 없을 것이다. 그 첫 번째 노력이 바로 집안에서 성공한 사람, 높은 지위에 오른 사람을 배출하는 것이다. 하지만 고전에서 말하는 명문가의 의미는 다르다. 유변은 반드시 정도를 밟고 바른 도리를 실천해나감으로써 명문가를 이룰 수 있다고 했다. 다산은 그 어떤 높은 벼슬보다 자신과 아들들의 학문적 성취가 더 깨끗하고 귀한 가문의 격이 된다고 했다.

수단과 방법을 가리지 않고 높은 자리에 올라 자신의 권세를 마음껏 누리는 집안을 명문가라고 할 수는 없다. 권세를 자식들에게 대물림하기 위해 온갖 편법을 쓰는 것은 명문가가 아닌 하류다. 하루하루를 성실하게 살아나가며, 자식들에게 바르게 사는 삶을 가르치는 사람들이야말로 명문가다.

...

똑바로 걸어가지 못하는 사람들이
바르게 걷는 이들의 발걸음을 무시한다.

오늘 고치지 않고
내일이 있다고 하지 말라

仲由喜聞過 令名無窮焉 今人有過 不喜人規 如護疾而忌醫 寧減其身而無惡也
중유희문과 영명무궁언 금인유과 불희인규 여호질이기의 영멸기신이무오야

중유는 남들이 잘못을 지적해주는 것을 좋아해 영예로운 이름이 길이 전해졌다.
오늘날 사람들은 자신에게 잘못이 있어도 충고해주는 것을 좋아하지 않는다.
병을 숨기고 의사를 싫어해 몸이 죽게 되더라도 깨닫지 못하는 것과 같다.

_《통서通書》

공자는 중유, 즉 자로의 용맹과 과감함은 칭찬했지만 학문과 수양의 부족함은 항상 지적했다. 한량 출신으로 늦은 나이에 공자의 문하에 들어왔기에 어쩔 수 없는 한계였을 것이다.

하지만 자로는 정사政事에 뛰어나 공문십철에 꼽힐 정도로 뛰어난 능력과 남다른 장점을 인정받았다. 앞의 예문에서도 자로의 뛰어난 점이 또 하나 드러난다. 그는 충고를 달게 받았으며 스스로 잘못을 깨닫고 그것을 고치기를 좋아했다.

잘못을 지적받기를 좋아했다는 것은 잘못을 고치기를 꺼리지 않았다는 것을 전제로 한다. 만약 고칠 것을 염두에 두지 않았다면 다른 사람의 지적을 비난으로 받아들였을 것이고, 당연히 기뻐할 수가 없었을 것이다.

《맹자》〈공손추 상〉에도 같은 글이 실려 있다.

맹자는 다른 사람의 비판을 받아들이는 것에 대해 말하면서 중국의 전설적인 황제들과 함께 자로를 예로 들었다. 우임금은 좋은 말을 들으면 기뻐하며 절을 했고, 순임금은 자신의 부족함을 버리고 타인의 장점을 기꺼이 따랐기에 위대하다고 했다. 그리고 자로에 대해서는 이렇게 칭찬했다. "자로는 사람들이 잘못을 일러주면 기뻐했다(자로인고지이유과즉희子路人告之以有過則喜)." 세 사람은 잘못을 지적받으면 모욕을 당했다고 화를 내지 않고 자신이 미처 돌아보지 못한 점을 깨닫게 해준 데 감사했다.

맹자는 그들이 왜 위대한지 이유를 들어 설명했다. "타인에게서 배워 선을 행하는 것은 타인과 더불어 선을 행하는 것이다. 그러므로 다른 사람과 함께 선을 행하는 것보다 위대한 일은 없다."

다른 사람의 좋은 점을 배워서 함께 선을 행하면 선을 행하는 사람이 늘어나게 된다. 그들이 또 다른 사람에게 좋은 영향을 끼친다면 세상에 좋은 사람이 기하급수적으로 늘어난다. 한 사람의 올바른 행동이 다른 사람에게 선한 영향을 끼치고, 함께 좋은 세상을 만들어가는 것보다 더 귀한 것은 없다. 그래서 자로의 이름이 영예롭게 전해질 수 있었던 것이다.

남의 눈 티끌은 찾기 쉬워도
자기 눈 들보를 보기는 어렵다

다산은 둘째형 정약전을 위해 지은 〈매심재기每心齋記〉에서 뉘우침에 대해 이렇게 썼다.

성인이 지은 《주역》의 64괘 가운데 많은 것이 후회(회悔)와 한스러움(인吝)으로 괘상卦象을 세웠다. 이를 볼 때 성인인들 어찌 뉘우침이 없었겠는가. 만약 성인이라고 해서 뉘우침이 없다면 그들은 우리와 같은 부류가 아니니, 무엇 때문에 흠모하겠는가? 안자顔子를 인仁하다고 하는 까닭은 같은 잘못을 두 번 저지르지 않았기 때문이고, 자로를 용감하다고 하는 이유는 자신의 잘못을 듣기 좋아했기 때문이다. 참으로 뉘우친다면 잘못은 허물이 될 수 없다.

만약 잘못을 전혀 저지르지 않고 매사가 완벽하다면 이미 사람의 차원을 벗어난 것이기에 평범한 우리가 굳이 우러러 따를 이유가 없다고 다산은 말한다. 제아무리 위대한 성인이라도 사람이라면 허물은 있다. 그럼에도 그들이 평범한 사람과 다른 점은 잘못을 즉시 깨닫고 뉘우치며 고치는 데 있다. 그들은 이익 때문에, 자존심 때문에, 사소한 일은 지나쳐버리는 무심함 때문에 잘못을 용인하지 않는다. 그리고 일상에서 날마다 반성을 실천한다. 이러한 작은 차이가 그들을 위대하게 만드는 것이다.

《채근담》에는, "작은 일을 소홀히 하지 않고, 보이지 않는 곳에서도 속이거나 숨기지 않고, 실패했을 때도 포기하지 않으면, 이것이 진정한 영웅이다"라고 실려 있다. 위대한 사람들은 위대하게 타고난 것이 아니라 작고 평범한 일상을 살아가며 항상 자신을 돌아보고 매사에 충실하고자 노력했기에 위대한 것이다.

다산은 퇴계의 편지와 문장을 보고 깨우침을 받아 쓴 〈도산사숙록陶山私

^{淑錄})에서 이렇게 썼다. 그는 학문과 글에서 자긍심과 자부심을 가졌던 것이 지나쳤음을 느끼고 깊이 반성했다.

> 내 평생에 큰 병통이 있다. 무릇 생각하는 것이 있으면 저술하지 않을 수 없고, 저술하면 남에게 보이지 않을 수 없다. 바야흐로 그 생각에 이르면 붓을 잡고 종이를 펴서 잠시도 머뭇거리지 않고 글을 쓰고, 글을 짓고 나서는 스스로 사랑하고 좋아해 조금이라도 문자를 아는 사람을 만나면 미처 내 말이 완벽한가, 편벽되지는 않았는가, 혹은 그 사람과 친밀한가 소원한가를 가리지 않고 급히 전하여 보이려 한다. 그렇게 한바탕 말하고 나면 마음속에는 도무지 한 가지도 남아 있는 것이 없다. 그로 인하여 정신과 기혈이 다 흩어지고 새어나가서 쌓이고 길러지는 의미가 없어져 버린다. 이러고서 어떻게 성령^{性靈}을 함양하고 몸과 명예를 보전할 수 있겠는가. 요즘 와서 점검해보니 모두 '가볍고 얕음(경천^{輕淺})' 두 글자가 빌미가 된 것이다. 이것은 덕을 숨기고 수^壽를 기르는 공부에 크게 해로움이 있을 뿐만 아니라 비록 언론과 문채가 다 수두룩 멋이 있다고 하나, 점차 얕고 좁아져서 남에게 존중을 받지 못하게 된다. 지금 선생의 말을 보니 더욱 느끼는 바가 있다.

퇴계가 이중구^{李中久}에게 보낸 편지에서 "나의 기^記(《도산기^{陶山記}》)와 시^詩(《도산잡영^{陶山雜詠}》)가 공에게까지 들렸다 하니 깊이 송구스럽습니다. 우스개 삼아 한 말이라 반드시 다 이치에 맞지 않을 것입니다. 가벼운 짓을 한 허물은 이미 후회해도 소용이 없습니다"라고 겸손하게 전한 말을 보고 다산은 스스로를 돌아본 것이다.

사람은 누구나 다른 사람의 잘못은 잘 보지만 자기의 잘못에 대해서는 잘 깨닫지 못한다. '자기 눈 들보는 보지 못하면서 남의 눈 티끌은 잘 본다'라는 말도 있다. 하지만 사람들의 약점은 이에 그치지 않는다. 설사 알았다고 해도 자신의 잘못은 고치기 싫어한다. 잘못을 깨닫고 고치려고 하다가도 남이 지적하는 것은 참지 못한다. 다른 사람이 충고하는 마음을 오해하거나, 혹은 진심임을 알더라도 자존심 때문에 거부한다. 그래서는 진정한 성장을 이룰 수 없다.

아무리 장점이 많은 사람이라고 해도 고치지 못하는 단점이 있다면 그 단점이 걸림돌이 될 수밖에 없다. 한 가지 단점이 많은 장점을 가려버리기 때문이다. 또한 자신을 돌이켜보며 성찰하는 자세가 없다면 성장에는 한계가 있다. 자신을 알지 못하는 사람, 솔직하게 들여다보지 못하는 사람은 끝없이 제자리걸음을 할 뿐이다.

···

다른 사람을 아는 것은 지혜로움이지만,
자신을 아는 것은 명철함이다.

_《노자》

선행

善行

일일청한

一日淸閑

· ·

하루만이라도
다산처럼 살아본다는 것

학문은 아래에서 높은 곳으로
거슬러 흐른다

自致知 至於知至 誠意 至於平天下 灑掃應對 至於窮理盡誠 循循有序
자치지 지어지지 성의 지어평천하 쇄소응대 지어궁리진성 순순유서

지식을 밝히는 단계에서 앎이 지극한 단계로 나아가며,
뜻을 정성스럽게 하는 단계에서 천하를 태평하게 하는 단계로 나아가며,
물 뿌리고 쓸고 응대하고 대답하는 소학의 가르침에서 이치를 궁구하고
본성을 모두 발현하는 단계로 나아가는 가르침의 순서가 있다.

_《이정전서》

《논어》〈헌문〉에는 "군자는 위를 향하고 소인은 아래를 향하다(군자상달
소인하달君子上達 小人下達)"라는 성어가 실려 있다. 군자는 자신을 바르게 하고
좋은 세상을 만들기 위해 높은 차원의 공부와 수양을 하지만, 소인은 자신
의 이익과 탐욕을 채우는 데 열중한다는 뜻이다.

또 〈헌문〉에는 어떻게 상달을 해야 하는지 그 방법을 일러주는 말이 실
려 있다. 바로 '하학상달下學上達'이다. 아무리 높은 이상과 품격 있는 삶을
추구하더라도 일상에서의 배움이 전제되지 않으면 안 된다는 뜻이다.

앞의 예문은 좀 더 구체적인 실천방법을 말해준다. 예문에 이어서 정호
가 그 이유를 이렇게 밝힌다. "학자들이 삶과 가까운 것은 버려두고 고원
한 것만 추구하며, 낮은 곳에 있으면서도 높은 것만 엿보는 경향이 있다.

다산의 마지막 습관

경솔하게 스스로 위대한 체하지만, 결국은 아무것도 얻지 못한다.”

삶에서 실천하지도 못하고, 평상시의 생활은 저급하면서 높은 이상만을 말하며 거만을 떠는 학자들을 꾸짖는 말이다. 이들은 결국 아무것도 얻지 못하고 실패한다.

《집설》에서 주자는 앞의 예문을 이렇게 해석했다.

“지식을 밝히는 단계(치지致知)는 내 지식을 충실히 해 그 아는 바에 다하지 않음이 없게 함이요, 앎이 지극한 단계(지치知至)는 사물의 이치를 최선을 다해 배움으로써 천하의 일에 그 지극한 선을 아는 것이니, 이것은 내가 마땅히 머물러야 할 곳이다.

뜻을 정성스럽게 함(성의誠意)은 그 마음을 성실하게 하여, 반드시 스스로 만족하고 스스로 속임이 없고자 함이다. 뜻을 스스로 속이지 않으면 마음의 본체를 물질이 동요시키지 못해 바르지 않음이 없을 것이요, 마음이 바름을 얻으면 몸이 처하는 곳이 편벽함에 빠지지 않아 닦여지지 않음이 없을 것이요, 몸이 닦여지지 않음이 없으면, 집과 나라와 천하에 미루어 나감에 기준이 되므로 곧《대학》의 순서다.”

공부는 일상을 지켜나가는 것으로 완성된다

《대학》은 증자와 그 제자들이 쓴 책으로 그 핵심은 삼강령과 팔조목이다. 삼강령은 밝은 덕을 밝히고(명명덕明明德), 백성을 새롭게 하고(신민新民), 지극한 선에 이르는 것(지어지선止於至善)으로, 지도자가 갖춰야 할 세 가지의 큰 원칙이다.

팔조목은 그 세부적인 실천 항목으로 격물格物(세상 이치를 파고든다), 치지致知(지식과 지혜를 확고하게 하다), 성의誠意(뜻을 성실히 하다), 정심正心(마음을 바르게 하다), 수신修身(스스로를 수양하다), 제가齊家(집안을 바르게 다스리다), 치국治國(나라를 잘 다스리다), 평천하平天下(세상을 평안하게 하다)로 구체적이며 단계적인 실천법이다. 대학의 핵심인 수신제가치국평천하, 즉 천하를 다스리는 큰일을 하기 위해서는 반드시 평범한 일상에서 기본을 지키는 일이 바탕이 되어야 한다는 것이다. 평범한 일상에서 기본을 지키는 것이 바로《소학》의 가르침이다.《소학》에서는 그 가르침의 순서를 이렇게 말했다.

"군자가 사람을 가르칠 때는 순서가 있다. 먼저 작은 것과 가까운 것을 가르친 다음에 큰 것과 먼 것을 가르친다. 이 말은 먼저 가까운 것과 작은 것만을 전해주고 뒤에 먼 것과 큰 것을 가르치지 않는다는 말은 아니다."

교육에서는 반드시 가깝고 작은 것을 먼저 가르친 다음에 멀고 큰 것을 가르쳐야 한다. 만약 빠른 성과를 내고자 기본을 탄탄히 하는 과정을 제대로 거치지 않고 고차원의 것부터 먼저 가르치게 되면 모래 위에 성을 쌓듯 어느 순간 무너지고 만다.

하지만 가깝고 작은 것에서 멈춘다면 학문의 진전을 이룰 수 없다. 학문의 시작은 작고 가까운 것이지만 학문의 끝은 높은 이상에 도달해야 한다. 좀 더 구체적으로 보면 이렇다. 역시《소학》에 실린 글이다.

"그들이 강론해야 할 도리는 반드시 인륜에 바탕을 두고 사물의 이치

다산의 마지막 습관

를 밝히는 것이어야 한다. 그 가르침의 내용은 물 뿌리고 쓸고 응대하고 대답하는 데서부터 시작해 효孝, 제悌, 충忠, 신信의 덕목을 수양해 예禮와 악樂에 맞게 행동하는 것이다. 배우는 사람을 이끌고 격려해 차츰 이런 덕목이 갖춰지도록 하는 것은 모두 절차와 순서가 있다. 그 요점은 선한 일을 실천하고 자기 몸을 수양해 교화가 천하에 이르도록 하는 것이다."

모든 가르침은 인륜의 근본에서부터 시작한다. 그리고 점점 더 높은 차원으로 이끌어간다. 만약 이런 근본이 없으면 세상을 평안하게 하기는커녕 자기 수양을 이룰 수 없다. 아무리 뛰어난 능력이 있어도, 학식이 높아도 마찬가지다. 출세를 할 수 있을지는 몰라도 다른 사람에게 덕을 베풀고 선한 영향을 끼치는 사람은 될 수 없다. 결국 자신까지 망치는 경우가 많다. 다산은 제자 〈윤종문에게 준 글(위윤혜관증언爲尹惠冠贈言)〉에서 공부와 독서가 인간의 본분이 되는 이유를 이렇게 밝힌다.

오직 독서라는 한 가지 일은 위로 성현을 따라가 짝할 수 있고, 아래로 뭇 백성을 길이 깨우칠 수 있으며, 그윽하게는 귀신의 정상에 통달하고, 밝게는 왕도와 패도의 방법과 계략을 도우며, 짐승이나 벌레의 부류를 초월해 큰 우주도 지탱할 수 있으니, 이것이 곧 우리 인간의 본분이다.

낮은 차원에서 높은 차원까지, 어두운 곳에서 밝은 곳까지, 미세한 이치에서부터 광대한 우주까지 두루 미치는 것이 바로 학문의 길이다. 높고 밝고 광대한 것만 추구하는 것은 진정한 학문이라고 할 수 없다. 낮고 어둡고 미세한 것에만 머물러도 안 된다.

하지만 모든 일은 반드시 여기, 낮은 곳에서부터 시작하지 않으면 이루어질 수 없다. 작은 일을 소홀히 하면서, 평범한 일상의 삶이 따르지 못하면서 높은 이상만 말하는 것은 허상이다. 그러한 사람의 삶 역시 허망하다.

어떤 자리에 있든지 자신이 밟고 있는 곳이 탄탄한 바탕 위에 있는지 발을 굴러보아야 한다. 만약 텅텅 빈 소리만 나거나 바닥이 쉽게 허물어진다면 반드시 근본을 돌아보아야 한다. 그것이 바로《소학》이 알려주는 수신의 공부라고, 다산은 말했다.

...

높이 오르고 싶다면
일상의 바닥에서부터 한 걸음씩 올라가라.

느리기에 방향이 확실하고
무겁기에 발자국이 깊다

某自守官以來 常持四字 勤謹和緩
모자수관이래 상지사자 근근화완

나는 관직을 맡은 후에 항상 네 글자를 지켜왔는데,
부지런함, 삼감, 조화로움, 느림이다.

_《송명신언행록宋名臣言行錄》

북송의 정치가인 유기지劉器之가 과거에 급제했을 때 동료 두 명과 함께 참정장관에게 인사를 갔다. 앞의 예문은 세 사람이 가르침을 청하자 장관이 해준 말이다. 말을 듣다가 한 사람이 이렇게 말했다. "저는 부지런함, 삼감, 조화로움에 대해서는 익히 들어왔습니다. 하지만 느림에 대해서는 가르침을 들은 적이 없습니다."

이에 장관이 정색하고 엄숙하게 말했다. "내가 어찌 어린 선비들에게 느려 터져서 일을 제대로 처리하지 못하도록 가르치겠는가? 다시 말하지만, 세상 어떤 일인들 바빠 서둘러서 그르치지 않는 것이 있다는 말인가?"

부지런함, 삼감, 조화로움은 배움을 얻고자 하는 사람이 추구하는 덕목이다. 이를 목표로 많은 사람들이 공부하고 수양한다. 정규 교육을 마치고 사회에 나와서도 마찬가지다. 어떤 일을 하든지 이 세 가지 덕목은 맡은 일을 잘하기 위해 반드시 필요하다. 삶에 있어서도 마찬가지다.

다산도 제자들과 아들들에게 거듭 이렇게 가르쳤다. "집안을 다스리는 요령으로 새겨둘 두 글자가 있으니 첫째는 부지런할 근勤이요, 둘째는 검소할 검儉이다. 하늘은 게으른 것을 싫어하니 반드시 복을 주지 않으며, 하늘은 사치스러운 것을 싫어하니 반드시 도움을 내리지 않는다. 유익한 일은 한순간도 멈추지 말고 무익한 것은 털끝만큼도 도모하지 마라."

또한 가승家乘(한 집안의 기록)에도 부지런할 근勤을 맨 앞에 두었다. 그다음으로는 졸拙(꾸밈이 없는 순박함)과 선善(항상 선을 추구함)을 두었다. 유기지의 가르침과 크게 다르지 않다.

《집해》에서는 앞의 예문을 이렇게 해설했다. "근勤은 정사를 행함에 부지런함이요, 근謹은 몸가짐에 삼감이요, 화和는 조화롭게 남을 대함이요, 완緩은 일을 처리함에 느긋함을 말한다." 근勤은 어떤 일을 맡아서 하든 게으르지 않고 성실하게 처리하는 것이다. 그다음 근謹은 선비의 가장 기본적인 덕목인 삼감(경敬)을 말한다. 근신할 신愼자와도 같은 뜻으로 몸가짐을 바르게 하고 공손하게 처신하는 것이다.

화和는 자신의 감정을 잘 다스리고 다른 사람과의 관계도 조화롭게 하는 것이다. 공자는 이렇게 말했다. "군자는 조화롭게 하되 같음을 추구하지 않고, 소인은 같음을 추구하되 조화롭지는 않다(군자화이부동 소인동이불화君子和而不同 小人同而不和)."

논란이 되었던 완緩은 돌아가거나 느리게 함이 아니라, 매사에 여유 있고 자세히 살핌을 말한다. 신중하게 처리하고 세밀하게 살펴 일은 물론 생활에서도 차질이 없게 하려는 것이다. 하지만 유기지와 함께 장관을 만나러 갔던 신참 급제자는 그 말을 이해하지 못했다. 일은 신속하게 처리해야 능력이 있고 효율적이라는 고정관념에 사로잡혀 있었기 때문이다.

꾸준히 연마하는 사람은
결코 실패하지 않는다

이와 관련해서 새겨볼 만한 고사가 있다. 만약 급제자가 이 고사를 알았다면 장관의 의도를 좀 더 잘 이해할 수 있었을 것이다. 《논어》〈자로〉에 실려 있다.

공자의 제자 자하가 거보의 읍재가 되었다. 비록 크지 않은 고을이었지만 잘 다스리고 싶은 마음에 좋은 정치를 묻자 공자는, "빨리 성과를 내려고 욕심 부리지 말고 작은 이익에 마음을 빼앗기지 말라(무욕속 무견소리無欲速 無見小利)"고 했다.

그리고 그 이유를 이렇게 설명했다. "빨리 성과를 보고자 하면 도달할 수 없고, 작은 이익에 마음을 빼앗기면 큰일을 이룰 수 없다(욕속즉부달 견소리즉대사불성欲速則不達 見小利則大事不成)." 빠른 결과를 원하면 누구나 마음이 조급해진다. 특히 다른 사람과 비교하는 마음이 생기면 더욱 그렇다. 조급하고 초조한 마음에 무리한 일, 정도를 벗어난 일을 하게 되면서 오히려 일은 더 늦어지고 만다.

또 작은 이익을 탐하게 되면 당장의 손익에 급급하기에 원대한 계획은 세울 수 없다. 크고 위대한 일은 그에 걸맞은 기다림과 노력이 필요하다. '대기만성'이 말해주는 바와 같다. 일에 있어서도 노력 없이 성과를 내려고 하면 큰 그릇은 만들 수 없다. 학문과 수양에도 같은 이치가 적용된다.

다산이 제자 황상을 가르친 데서 그 진정한 뜻을 알 수 있다. 황상은 다산의 수제자로 꼽히며, 비록 아전의 아들이라는 신분의 제약은 있었지만 훗날 훌륭한 문인이 되었다. 황상이 처음 다산을 찾아왔을 때 이렇게 말했다. "선생님, 저에게는 세 가지 단점이 있습니다. 너무 둔하고, 앞뒤가 꽉 막히고, 사리분별을 못합니다." 그러자 다산은 이렇게 가르쳐줬다.

> 배우는 사람에게는 큰 병통이 세 가지가 있다.
> 첫째, 한 번 보고 척척 외우는 사람은, 그 뜻을 음미하지 않아 금세 잊어버린다.
> 둘째, 제목만 던져 줘도 글을 짓는 사람은, 똑똑하지만 오히려 글은 가볍다.
> 셋째, 한 마디만 해도 금세 알아듣는 사람은, 곱씹지 않아 깊이가 없다.

당장 보기에 뛰어난 재능에는 한계가 있다. 자기 재능만 믿어 게을러질 수 있고, 스스로 노력하지 않기에 깊은 학문을 이룰 수 없고, 얼핏 보아도 알게 되므로 고민이라는 과정을 거치지 않게 된다. 차라리 처음에 좀 아둔해도 알고자 하는 열의, 생각에 생각을 거듭해 도달한 깊은 깨달음이 학문에서는 더 가치가 있다. 스승이 일깨워준 '새로운 자신'을 돌아본 황상은 단점을 발판삼아 배움에 정진해, 훗날 추사 김정희도 인정할 정도의 명문장가가 되었다.

당장 무언가를 보여주기 위해 조급해할 필요는 없다. 또 단기적인 실적에 집착해서 초조해할 것도 없다. 처음에는 반짝반짝 빛나던 인물들이 어느 순간부터 사라지는 까닭은 모두 초조함과 조급함 때문이다. 어떤 일이든 눈앞의 성과에 일희일비하는 것은 바람직하지 않다. 자기가 맡은 일을 묵묵히 해내면서, 꾸준히 자신을 연마하는 사람이 결국에는 이긴다.

《순자》에는 "멈추지 않고 새기면 쇠와 바위도 조각할 수 있다(결이불사 금석가루鍥而不捨 金石可鏤)"라고 실려 있다. "반걸음, 반걸음 쉬지 않고 걸어가면 절름발이도 천 리를 갈 수 있고, 한 줌 흙이라도 끊임없이 쌓으면 언덕을 만들 수 있다"도 역시 순자가 말했다.

중요한 것은 속도가 아니라 방향이다. 그리고 꾸준함이다. 옳은 방향으로 쉬지 않고 갈 수 있다면 결국 일은 이루어진다.

...

속도는 상대적인 것이다.
중요한 것은 나에게 맞는 호흡이다.

인간은 자신의 죽음을
자각하는 순간부터
스스로에게 솔직해진다.

_《정약용의 고해》 중에서

스스로에게 너그럽다면
모두에게 부끄러워진다

勤於職事 其他不敢不愼 乃所以求知也
근어직사 기타불감불신 내소이구지야

맡은 일을 부지런히 행하고 그 밖의 일에는 감히 삼가지 않음이 없다.
이것이 내가 남들이 알아주기를 구하는 나만의 방법이다.

_《동몽훈童蒙訓》

여형공呂滎公은 젊은 시절부터 벼슬을 하면서 남이 천거해주기를 바라지 않
았다. 그 아들 순종舜從 역시 벼슬을 했는데, 그 역시 남들이 알아주기를 구
하지 않았다. 사람들이 비웃으며 놀렸다. '그렇게 해서 누가 알아주느냐?'
그때 순종이 했던 말이 앞의 예문이다.

　사람은 누구라도 자신을 알아주기를 원한다. 영천공과 그 아들 순종도
마찬가지였다. 하지만 두 사람은 자신을 드러내는 방법이 달랐다. 권세 있
는 사람을 찾아가거나 자신의 능력을 자랑하며 여기저기 드러내지 않았
다. 단지 묵묵히 맡은 일을 열심히 하며 겸손과 절제로 평상시 언행을 지
켜나갔다. 그때 사람들은 그의 명성이 아닌 실질을 보게 되는 것이다.《집
해》에서는 이렇게 해설해준다.

다산의 마지막 습관

"순종은 영공의 둘째 아들이니, 이름은 의문疑問이고, 순종은 자字다. 영공은 평생 남이 천거해주기를 구하지 않았다. 그러므로 순종 역시 아버지의 뜻을 이어 말하기를 '맡은 일을 부지런히 행하고 그밖의 일에는 감히 삼가지 않음이 없다. 이는 비록 알아주기를 구하지 않으나 남이 반드시 알아준다'고 했다. 공자가 말하기를 '나를 알아주지 않음을 걱정하지 말고, 알아주기를 구하라'고 했으니, 순종이 이와 비슷하다."

공자가 말했던 "나를 알아주지 않음을 걱정하지 말고, 알아주기를 구하라(불환막기지 구위가지야不患莫己知 求爲可知也)"는 《논어》〈이인〉에 실려 있다. 지위가 없음을 걱정할 것이 아니라 그 자리에 설 수 있는 능력을 갖추기 위해 노력하라는 뜻이다.

《논어》에는 같은 뜻을 가진 말들이 많이 실려 있다. 그만큼 사람들이 자신을 드러내고자 하는 욕심이 크고 절제하지 못하기 때문에 계속 강조했다고 볼 수 있다. 〈학이〉의 "남이 나를 알아주지 않음을 걱정하지 말고 내가 남을 제대로 알지 못함을 걱정하라(불환인지부기지 환부지인야不患人之不己知 患不知人也)", 〈헌문〉의 "남이 나를 알아주지 않음을 걱정하지 말고 자신의 능력이 없음을 걱정하라(불환인지부기지 환기불능야不患人之不己知 患其不能也)"도 모두 같은 뜻의 성어다.

예문에서 '맡은 일을 부지런히 행하라'는 일을 성실하게 하는 것이다. 맡은 일에 최선을 다하는 것은 일을 하는 사람의 본분이다. 아무리 도덕적이고 인격이 훌륭하다고 해도 맡은 일을 제대로 해내지 못하면 결격이 될 수밖에 없다. 성품만큼 능력도 키워야 한다.

다산 또한 "학문의 가장 중요한 요지는 효제로 근본을 삼고, 예악으로 아름답게 꾸미고, 정치와 형벌로 도움을 주고, 병법과 농학으로 이익을 주어야 한다는 것이다"라고 말했다. 경전을 통해 사람의 근본과 도덕성을 함양해야 하지만 반드시 세상을 바르게 다스리고 이익을 줄 수 있는 실용적인 공부도 게을리해서는 안 된다는 가르침이다.

자신의 나약함과 타협하면 타인의 불의에도 타협하게 된다

'그밖의 일에는 삼가지 않음이 없다'는 바로 '신독愼獨'의 자세다. 신독, 즉 '홀로 있을 때도 어긋남이 없어야 한다'는 것은 《중용》과 《대학》에 거듭 실린 가장 중요한 군자의 수양 자세다. 이를 두고 대부분 공간의 개념으로 이해했지만 다산의 해석은 달랐다. '홀로 거처하는 곳'이 아니라 '혼자만 아는 일'로 넓게 해석함으로써 사람들과 함께 있는 장소에서도 반드시 신실함을 지켜야 한다고 본 것이다. 《심경밀험》에서 다산은 이렇게 말했다.

> 사람들이 훤히 드러나고 밝은 곳인 종묘와 조정의 자리에서는 그 안색을 바르게 하고 말을 잘해 그 뜻이 하고자 하는 바를 행한다. 그런데 그 결과가 혹은 사사로움을 따라 공익을 없애고, 혹은 파당을 지어 위엄을 세우고, 혹은 현인을 죽이고 백성을 해치는 것으로 끝나곤 한다. 이것이야말로 소인들이 악을 행하는 것이 아니란 말인가? 그들이 마음과 지식을 써서 간사하고 음험한 짓을 할 때, 다른 사람들은 그를 충직하다고 여기더라도 스스로는 자신의 간사함을 아는 경우

가 매우 많다. 이와 같은 것이 남들은 알지 못하지만 자기 혼자서 안다는 것이 아니겠는가?

이처럼 다산은 학문과 수양에 대해서도 뚜렷한 주관이 있었다. 단지 유학의 종주국이라고 해서, 혹은 성인의 해석이라고 해서 무조건 그 길을 따르지 않았다. 헛된 명성이 아닌 오직 실질만이 수양의 핵심이며 지켜야 할 도리라는 것을 분명히 했다.

목민관에게 주었던 충고도 마찬가지였다. 자리에 목을 매지 않고, 남들의 시선이나 평판에 매달릴 것이 아니라 스스로 옳다고 생각하는 길을 가라고 권했다. 영암군수 이종영에게 당부한 말이다.

녹과 지위를 다 떨어진 신발처럼 여기지 않는 자는 하루도 수령의 지위에 앉아 있어서는 안 된다. 흉년에 백성들의 조세를 면해줄 것을 요구하다가 상관이 들어주지 않으면 벼슬을 버리고 떠난다. 상사의 부당한 요구는 거절했으나 알아듣지 못하면 벼슬을 버리고 떠나간다. 나의 예모禮貌(예절에 맞는 몸가짐)에 손상이 생기면 벼슬을 버리고 떠나간다. 상관이 언제나 나를 휙 날아가 버릴 새처럼 생각한다면 내가 요구하는 바를 감히 듣지 않을 수 없을 것이고, 나에게 무례함을 저지르지 못할 것이다. 그러면 정치하는 일이 물 흐르듯 쉽다. 하지만 만약 구슬을 품은 자가 힘센 사람을 만난 것처럼 조마조마하고 부들부들 떨며 오로지 구슬을 빼앗길까 두려워한다면, 오히려 그 지위를 보전하기가 어렵다.

요즘은 자기 홍보의 시대다. 성공하려면 소통하고 타협할 줄 아는 협상의 능력이 필요하고 효과적으로 나의 실력을 드러낼 줄도 알아야 한다. 하지만 그 바탕이 되는 것은 확신을 주는 든든한 실력 자체다.

실력은 부족한데 남들이 알아주기만을 바란다면 사람들의 시선에서 자유로울 수 없다. 소신을 지키기보다 타협하게 되고 절충하게 된다. 이것이 거듭되면 불법과 불의에 빠지게 된다. 특히 공직에 있는 사람이라면 반드시 자신이 옳다고 하는 바를 지켜나갈 수 있어야 한다. 사람들의 평판도, 윗사람의 신임도 바른길을 버리고 오직 자리를 지키려고만 하면 잃고 만다.

···

**스스로가 구부러졌는데
다른 사람을 바로 펼 수는 없다.**

다산의 마지막 습관

세월을 견디고 비바람을 버텨야
나이테가 쌓인다

人有三不幸 小年登高科 一不幸 席父兄弟之勢爲美官 二不幸
有高才能文章 三不幸也
인유삼불행 소년등고과 일불행 석부형제지세위미관 이불행
유고재능문장 삼불행야

사람에게는 세 가지 불행이 있다. 첫째는 어린 나이에 높은 관직에 오르는 것,
둘째는 부형의 권세에 힘입어 관직에 오르는 것,
셋째는 뛰어난 재주로 문장에 능한 것이다.
_《이정전서》

일찍 높은 관직에 오르는 것, 권세 있는 부모를 만나는 것, 남들보다 뛰어난 능력을 발휘하는 것, 이 세 가지는 누구나 원하는 것이다. 출세가 보장되고 남들보다 먼저, 그리고 손쉽게 성공할 수 있기 때문이다. 하지만 정이程頤는 그것이 인생에서 가장 큰 세 가지 불행에 속한다고 했다.

아마 고개를 갸웃하게 될 텐데, 그 이유를 잘 말해주는 고사가 있다. 바로 '지상병담紙上兵談'이다. '종이 위에서 펼치는 용병술'이라는 말인데, 경험이 없는 이론만의 병법은 실제 전쟁에서는 전혀 쓸모가 없다는 뜻이다. 《사기》〈염파인상여열전廉頗藺相如列傳〉에 실려 있다.

조사趙奢는 명재상 인상여, 명장군 염파와 함께 조나라의 부흥을 이끈 인물이다. 조사는 원래 나라의 세금을 거둬들이는 관리였으나 엄정한 일

처리로 추천을 받아 혜문왕에게 발탁되었고, 장군이 된 후 수많은 전쟁에서 공을 세웠다. 그에게는 조괄趙括이라는 아들이 있었는데, 어릴 적부터 병법의 이론에 통달해 아버지인 조사조차 이론으로는 그에게 당할 수가 없을 정도였다. 조괄은 자신의 재능을 여기저기 뽐내고 다녔고, 그의 어머니도 아들의 재능을 자랑스러워했다. 하지만 아들이 재능을 뽐낼수록 조사는 아들을 인정하지 않았고, 오히려 걱정스러워했다. 부인이 그 이유를 묻자 조사는 이렇게 대답했다.

"전쟁이란 죽고 죽이는 곳인데 괄이는 전쟁을 너무 쉽게 이야기하고 있소. 그 아이가 말하는 것은 '병법서에 적혀 있는 것일 뿐(지상병담紙上兵談)' 실제 전장에서는 쓸모가 없소. 그 아이를 장군으로 삼지 않으면 그만이지만, 부득이 장군으로 임명한다면 조나라 군대를 파멸시키는 자는 틀림없이 괄이가 될 것이오."

실제로 훗날 진나라가 침공하자 조괄은 그의 명성을 들은 효성왕에게 발탁되어 대장군이 되었다. 남편의 이야기를 기억했던 조괄의 어머니는 왕을 찾아가 아들의 발탁을 취소해달라고 호소했다. 아들의 출세보다는 나라의 안위를 더 걱정했기 때문이다.

하지만 왕은 고집을 꺾지 않았고, 조괄은 왕의 기대를 듬뿍 받으며 군대를 지휘했으나 계책에 빠져 처절한 패배를 당하게 된다. 자신은 화살에 맞아 죽었고, 사십만 명의 병사는 지도자를 잃고 우왕좌왕하다가 진나라에 항복한다. 진나라는 이들을 모두 생매장해 죽인다.

당시 조나라와 진나라의 충돌을 가리켜 '장평대전長平大戰'이라고 하는데, 역사상 가장 참혹한 전쟁 가운데 하나로 꼽힌다. 군주 하나의 잘못된 판단과 멋모르고 나선 백면서생 하나의 실책이 이와 같은 참혹한 결과를 만든 것이다.

조괄의 고사를 보면 정이가 말했던 '인생삼불행人生三不幸'에 대해 절실히 공감하게 된다. 조괄은 최고 명문가의 아들로, 어린 시절부터 아버지에게 병법을 배웠고 타고난 재능으로 아버지를 능가하는 병법의 이론가가 되었다. 그로 말미암아 이름을 높이게 되었고 나라가 위기에 빠진 중요한 시기에 대장군의 직책을 맡아 벼락출세를 했다. '인생의 불행이 되는 세 가지 요건'을 제대로 갖췄다고 해도 과언이 아니다. 그 결과는 참혹했다. 자신은 물론 수많은 병사들이 목숨을 잃었고 부흥하던 나라마저 위기에 빠뜨리고 말았다.

'인생삼불행'이 단순한 불행을 넘어 위험한 까닭은 너무 이르게 오른 자리이기에 합당한 덕과 경륜을 갖지 못하는 경우가 많기 때문이다. 타고난 재능과 학식이 있더라도 덕과 인격이 뒷받침되지 못하면 교만해질 수밖에 없고, 경험과 경륜이 부족하기에 조그만 위기가 닥쳐도 제대로 대응하기가 쉽지 않다.

숨은 질기고 삶은 기니
한때의 성패로 평생을 재단하지 말라

다산의 삶을 보면 정도의 차이는 있지만 역시 인생삼불행의 요건을 갖추고 있다. 병조판서, 의정부 좌찬성 등의 관직을 지냈던 선조들이 있었고,

아버지 역시 호조좌랑의 벼슬을 지냈다. 다산도 어린 시절부터 시와 문장에 탁월한 능력을 발휘해 주위의 기대를 받았다. 일찍이 성균관에 들어가고, 규장각 월과에서 수석을 차지해 말과 호랑이 가죽을 상으로 받는 등 정조의 총애를 독차지했다. 훗날 젊은 나이에 병조참의의 벼슬까지 올랐으나 그 이후의 인생은 고난의 연속이었다.

다만 다산은 불행을 받아들이는 마음가짐이 달랐다. 그는 고난의 시기를 오히려 자신이 가장 좋아하고 잘할 수 있는 학문에 매진할 수 있는 여가로 받아들였다.

정약용의 삶은 닥쳐온 불행이 그 자체로 인생의 비극인 것이 아니라 그것을 어떻게 받아들이느냐에 따라 달라지는 문제임을 우리에게 잘 보여준다. 불행은 자신을 깊은 구렁텅이로 빠뜨리는 인생의 걸림돌이 될 수 있지만, 삶에서 내 격의 깊이를 더하는 값진 경험이 될 수도 있는 것이다.

다산은 그 당시 과거제도의 폐해를 거론하며 진정한 행운과 불행에 대해 이와 같이 시사점을 던졌다.

어쩌다 요행으로 과거에 급제하고 명성을 얻게 되면 아버지는 효자를 뒀다고 대견해하고, 임금은 양신을 얻었다고 경하한다. 일가친척들은 사랑하고 친구들은 존대한다. 그러나 역경에 빠져 뜻을 얻지 못한 사람은 아무리 훌륭한 행실이 있고, 훌륭한 지혜를 지녔어도 거개가 실의에 빠져 초췌한 모습으로 한을 품은 채 죽어가고 만다.

다산은 시험 한 번에 인생의 성패가 갈리는 제도의 폐습을 질타했다.

정작 실력은 없으면서 부모의 도움으로 운 좋게 과거에 급제하면 그때부터는 모두의 추앙을 받는다. 이런 세태는 오늘날에도 마찬가지다. 부와 권력을 가진 사람을 부모로 두면 온갖 권리를 누리고, 실력보다는 배경에 의존해 남들보다 앞선 곳에서 출발한다.

하지만 많은 경우 이들의 삶은 시작만큼 순탄치는 못했다. 모든 것을 부모로부터 받았지만 오만에 빠져 사람을 존중할 줄 모르고, 자신을 다스리지 못해 큰 위기에 빠지고 말기 때문이다. 다산은 이것을 알았기에 두 아들에게 절실하게 당부했다.

> 폐족 중에 걸출한 선비가 많은데, 이는 하늘이 폐족에게 재주 있는 사람을 내어 후대하는 것이 아니라 영달하려는 마음이 학문을 하려는 마음을 가리지 않으므로 책을 읽고 이치를 연구해 그 진면목을 알 수 있기 때문이다.

폐족이 된 것을 진정한 학문을 이루는 기회로 받아들이자는 것이다. 폐족 가운데 뛰어난 성취를 이룬 이들이 많은 까닭은 하늘이 불쌍히 여겨 복을 내린 것이 아니라 불행을 통해 고난의 의미를 알고, 자신의 때로 만들수 있었기 때문이다. 바로 다산 자신의 삶에서 우러난 가르침이다.

...

**도자기의 빛깔은 뜨거운 가마 속에서
오래 구워진 다음에야 완성된다.**

형제는 또 다른 나이니
우애란 말도 새삼스럽다

天下難得者兄弟 易求者田也 假令得田地 失兄弟心如何
천하난득자형제 이구자전야 가령득전지 실형제심여하

가장 얻기 힘든 것이 형제요, 구하기 쉬운 것은 토지다.
설사 땅을 얻었다 해도 형제를 잃는다면 어찌 하겠는가.

_《북제서北齊書》〈순리열전循吏列傳〉

《맹자》〈진심 상〉에서는 "두세 살 어린아이도 제 부모 사랑할 줄 모르는 아이는 없고, 자란 후에 형을 공경할 줄 모르는 사람은 없다"라고 했다. 맹자가 인의란 사람이 하늘로부터 받은 선한 본성임을 가르치면서 했던 말이다. 하늘로부터 받았기에 반드시 지켜야 하고, 배우지 않고도 할 수 있다는 것이다. 그 전문은 이렇다.

"사람이 배우지 않아도 할 수 있는 것은 양능良能이고, 생각하지 않아도 아는 것은 양지良知다. 두세 살 어린아이도 제 부모 사랑할 줄 모르는 아이는 없고, 자란 후에 형을 공경할 줄 모르는 사람은 없다. 어버이를 친애하는 것은 인仁이고, 웃어른을 공경하는 것은 의義다. 다른 까닭이 있는 것이 아니라 천하의 누구에게나 통하는 도道이기 때문이다."

다산의 마지막 습관

부모를 사랑하는 것은 인의 도리이고, 형을 공경하는 것은 의의 도리다. 따라서 이 도리들은 천하에 통하는 보편적인 도리다. 어느 누구도 부인할 수 없고, 어느 곳에서도 당연히 지켜야 한다. 시간이 지나면서 바뀌는 것도 아니다.

하지만 배우자와 자식은 소중히 여기면서 부모와 형제의 도리에 대해서는 관심이 점차 희박해지는 것이 현실이다. 특히 형제간에는 그 정도가 더 심하다. 부모를 부양하는 일이나 재산 문제로 등을 돌리고 원수지간이 되는 형제도 많이 있다. 이런 현상은 이미 오래전부터 있어온 일이기도 하다. 《북제서》에 실린 고사다.

북제北齊 때 임하고을에 살던 보명普明 형제가 전답을 두고 몇 년째 다투고 있었다. 고을 태수인 소경蘇瓊이 그 모습을 보고 이들을 불러 타이른다. "천하에 가장 얻기 힘든 것이 형제요, 구하기 쉬운 것은 토지다. 설사 토지를 얻었다 한들 형제의 마음을 잃는다면 어떻게 하겠는가?" 이 말은 들은 형제는 부끄럽게 여기고 화해를 하게 되었다.

재물은 누구나 노력하면 구할 수 있다. 하지만 피를 나눈 형제는 자기 뜻대로 구할 수 없다. 특히 부모가 나이가 들었거나 타개한 다음이라면 형제는 다시 얻기가 불가능하다. 그만큼 소중한 존재지만 형제간의 우애는 잘 지켜지지 못한다. 혼자 힘으로는 될 수 없고 함께 노력해야 하기 때문에 더 어렵다.

《안씨가훈》에는 "자기 자식은 사랑하면서 동생은 사랑할 줄 모른다"라고 실려 있다. 동생도 마찬가지다. 형을 부모처럼 사랑하지 않는다. 이러한 현상이 다음 세대로 내려가면서 형제 사이는 점점 더 소원해지고, 멀어지게 되는 것이다.

"형은 먼저 태어난 나이고
동생은 나중에 태어난 나다"

다산에게는 두 아들 학연과 학유가 있었다. 가까이서 가르치며 함께 할 수 없기에 더욱 안타까웠고, 혹여 두 아들이 우애를 잃지 않을까 걱정이 떠나지 않았다. 하물며 집 뒤꼍에서 노는 병아리를 보면서도 다산은 형제간의 우애를 떠올렸다. 〈병아리를 관찰한 이야기(관계추설觀鷄雛說)〉에 실려 있는 이야기다.

"옛날 정자程子가 병아리를 관찰했는데, 그것을 보고 인仁이라 했다. 내 집은 서울 안에 있지만 해마다 닭을 한 배씩 기르며 병아리를 즐겨 관찰하곤 했다. 막 알을 까고 나오면 노란 주둥이는 연하고 연두색 털이 송송 돋았다. 잠시도 어미 곁을 떠나지 않고, 어미가 마시면 저도 마시고 어미가 모이를 쪼면 저도 쫀다. 화기애애하여 새끼를 사랑하는 마음과 어미에게 효도하는 마음이 모두 지극하다.

조금 자라 어미 곁을 떠나면 형제끼리 서로 따른다. 어디를 가도 함께 가고, 깃들일 때도 같이 깃들인다. 개가 으르렁거리면 서로 지켜주고, 솔개가 지나가면 함께 소리친다. 그 우애의 정이 기쁘게 관찰할 만하다. 효제라는 것은 인을 이루는 근본이다. 너희들은 아직 어린 병아리다. 비록 부모만 사랑할 수는 없겠지만, 형제간에 정을 돈독히 하려 하지 않는다면,

저 미물이 너희를 비웃고 천하게 여길 것이다."

병아리를 보며 느끼는 다산의 감정이 절절하다. 흔히 볼 수 있는 병아리의 습성을 통해 그 속에 깃든 인의 이치를 깨닫고 아들들에게 가르쳤다. 공허한 이론이나 이상을 말하는 것이 아니라, 주위의 흔한 것들에서 가장 소중한 인의 이치를 깨닫고 전했다.

이 편지를 받은 두 아들은 아버지의 절실한 마음을 느끼고 우애를 더욱 돈독히 할 수 있었을 것이다. 다산은 〈곡산향교에서 효를 권하는 글〉에서는 이렇게 썼다.

"지금 부부간에는 의가 좋아 금슬을 타는 것 같으면서도 형제간에는 우애가 없다. 친구 간에는 서로 어울려 생사를 걸고 자신을 허락하면서도 형제끼리는 길에서 스치는 행인같이 대하니, 성인의 가르침에 합당한가?

성인이 세운 다섯 가지 교훈에는 아내와 친구가 끼어 있지 않다. 다섯 가지 가르침은 곧 부모 형제와 아들이다. 형제는 나와 더불어 부모를 같이 했으니 이 또한 나일 따름이다. 형은 먼저 태어난 나요, 아우는 뒤에 태어난 나다. 다만 얼굴 모양과 나이가 다를 뿐인데, 구태여 둘로 구분해 서로 우애하지 않으니 이는 나로서 나를 멀리하는 것이다. 이 어찌 잘못된 일이 아니겠는가?"

그리고 다산은 하나의 예를 들어주는데 그 의미가 절절하다.

여기에 나무 하나가 있다고 보자. 한 가지는 울창하고 다른 하나는 시들었다면 사람들이 이를 보고 혀를 차며 애석하게 여기지 않을 자가 없을 것이다. 어떤 형제 두어 사람이 한쪽은 부귀영화를 누리고, 다른 한쪽은 빈한과 고초를 겪고 있는데 서로 돌보지 않고 각자 자기 처자만 사랑한다면, 사람들이 볼 때 어찌 지각 없는 초목을 보는 것과 같겠는가? 아예 대면하지도 않고 혀를 차면서 죄를 받을 것이라고 가여워할 것이다. 이 어찌 부끄럽고 두려운 일이 아니겠는가?

어릴 적 한 학교에 형이나 누나, 혹은 언니가 함께 다니는 것처럼 좋은 일이 없었다. 친구나 선배들이 괴롭힐 때 형이 나타나면 가장 든든한 의지처가 될 수 있었다. 어릴 때는 이처럼 우애를 자랑하지만 자라서 각각 가정을 꾸리게 되면 점점 멀어지는 경우가 많다. 심할 경우 남보다 못한 정도가 아니라 서로 원수가 되기도 한다.

'세상에서 가장 구하기 힘든 것이 형제다'라는 말은 너무나 익숙하지만, 고초를 겪으며 서로 의지했던 다산 형제들의 삶에 대입해보면 흔하게만 들리지 않을 것이다. 형이든 동생이든, 먼저 깨달은 사람이 먼저 다가서야 한다. 마음에만 두고 기다리기만 하면 어떤 일도 일어나지 않는다.

…

우리는 형제를 함부로 대하면서
'형제'라는 표현을 흔하게 쓴다.

다산의 마지막 습관

누구나 누군가의
귀한 아들이고 딸이다

陶淵明 爲彭澤令 不以家累自隨 送一力 給其子 書曰 汝旦夕之費 自給爲難
今遣此力 助汝薪水之勞 此亦人子也 可善遇之
도연명 위팽택령 불이가루자수 송일력 급기자 서왈 여단석지비 자급위난
금유차력 조여신수지로 차역인자야 가선우지

도연명이 팽택현의 현령이 되었을 때 가족을 데려가지 않았다.
그는 편지를 써 시종에게 들려 아들에게 보냈다. "네가 생활비를 스스로
마련하기 힘들 것 같아서 이 사람을 보낸다. 나무하고 물 긷는 수고를
이 사람이 도울 것이다. 이 사람 또한 남의 자식이니 잘 대우해야 한다."

_《송명신언행록》

"마구간에 불이 났었는데, 공자가 퇴근해서 사정을 듣고는 '사람이 다쳤느냐?'라고 물었다. 그리고 말에 대해서는 묻지 않았다."《논어》〈향당〉에 실려 있는 고사다.

공자의 사상은 지배계층을 위한 통치철학에 어울린다고 알려져 있다. 백성과 여성에 대해 차별적이라는 평가도 있다. 이러한 오해를 풀어주는 것이 바로 위의 고사다. 그 당시 말은 한 집안에서 가장 값비싼 재산이었다. 하지만 공자는 사람의 안위는 물었지만 말에 대해서는 언급하지 않았다. 사람이 다치지 않았으면 되었다는 것이다.

공자는 지배계층에 대해서는 엄격한 수양과 절제를 요구했지만, 백성

은 사랑과 보살핌의 대상으로 보았다. 사람은 지위나 성별이 아니라 그 자체로 존엄하다는 것이 바로 공자의 생각이었다. 공자가 제자 번지에게 '인仁은 사람을 사랑하는 것이다(애인愛人)'라고 가르쳤던 것이 공자의 핵심 철학을 잘 말해준다. 다산은 인에 대해 이렇게 풀이했다.

"두 사람(이인二人)이 바로 인仁이 된다. 아버지를 효도로 섬기는 것이 인이고, 형을 공손으로 섬기는 것이 인이고 임금을 충성으로 섬기는 것이 인이고, 벗과 신의로 사귀는 것이 인이고, 백성을 사랑으로 섬기는 것이 인이다. … 인을 행함이 자기에게서 비롯되니 '자기를 이기고 예로 돌아오는 것이 곧 공문孔門(공자의 문하)의 바른 뜻이다. 성誠이란 서恕를 성실히 행하는 것이고 경敬이란 예로 돌아오는 것이다."

사랑은 부모와 형제에서 시작하지만, 누구에게나 차별 없이 베풀어져야 옳다는 것이다. 신분이 낮은 백성도 반드시 사랑으로 섬기는 대상이라는 것에서 예외가 될 수 없다. 그리고 그 시작은 바로 자신을 바르게 하는 극기여야 한다. 자신이 바르지 않은 사람이 다른 사람을 사랑하고 배려하기란 어렵기 때문이다.

앞의 예문은 송나라의 대표적인 은거 시인 도연명이 실천했던 인의 정신을 말해주는 고사다. 도연명은 관직에 있던 마흔한 살 나이에 소인들에게 굽실거려야 하는 생활이 싫어 유명한 〈귀거래사歸去來辭〉를 남기고 고향으로 돌아갔다. 그리고 죽을 때까지 약 이십여 년 동안 농사를 지으며 은둔생활을 했다.

그는 벼슬자리에 있을 때 아들에게 부릴 사람을 보내면서 특별히 '잘 대우하라'고 당부했다. 그 사람 역시 다른 이의 소중한 자식이므로 내 자식이 귀하듯이 그도 귀하게 여길 수 있어야 한다는 것이다. 이러한 도연명의 가르침이야말로 진정한 자식 교육이라고 할 수 있다. 사람은 어떤 일을 하든지 소중한 존재이므로 귀하게 여겨야 한다는 당부는 지식이 아닌 스스로의 삶으로 인륜을 가르쳐주는 것이기 때문이다.

올바른 인륜을 지녔다고 해서 어떤 일에서든 반드시 성공하고 출세를 할 수 없을지도 모른다. 하지만 그보다 더 소중한 가치, '사람다운 삶'은 살아갈 수 있다.

이와 비슷한 고사가 《후한서》〈유관열전〉에도 실려 있다. 유관은 갑작스러운 일을 당하더라도 급하게 말하거나 서두르는 기색을 보인 적이 없었다. 부인이 유관을 시험해보려고 했다. 아침에 조회 준비를 마친 것을 보고 계집종을 시켜 관복에 국을 쏟아 더럽히도록 한 것이다. 계집종이 황급히 엎지른 것을 수습하려 하자, 유관은 말소리나 표정에 전혀 흔들림이 없이 천천히 말했다.

"네 손이 국에 데지는 않았느냐?"

유관의 급하지 않은 태도는 성품이라고 할 수 있다. 하지만 어떤 상황에서도 흔들리지 않는 여유는 단순히 느긋한 성격 때문이 아니라 스스로 절제하고 사랑을 실천하는 성품에서 나온다. 그러한 바탕이 있기에 유관은 돌발 상황에서도 자신의 곤란보다는 아랫사람의 안위를 먼저 걱정할 수 있었던 것이다.

존경은 받는 것이지
빼앗는 것이 아니다

　진정한 도량이 있는 사람, 스스로 올바른 도리에 바로 서 있는 사람은 다른 사람을 소중히 여긴다. 특히 자기가 데리고 있는 사람, 다스리는 사람을 사랑으로 대한다. 항상 올바른 도리와 사랑을 말하는 사람이라고 해도 정작 자기 곁에 있는 사람을 사랑하지 않으면 공허한 외침에 불과하다. 위선까지는 아니라 해도 실천이 따르지 못하는 겉치레에 불과한 것이다. 다산은《목민심서》를 그런 마음으로 썼다.

> 각 고을의 수령은 백성과 가장 가까이 있는 관직이기에 다른 관직보다 그 임무가 더 중요하다. 그러므로 반드시 덕행과 신망, 위신이 있는 적임자를 선택해 임명해야 한다. 또한 수령은 언제나 청렴과 검소함을 생활신조로 삼아, 명예나 재물을 탐내지 말고 뇌물을 결코 받아서는 안 된다. 나아가 수령은 백성에 대한 봉사 정신을 기본으로 국가의 영(정령政令)을 빠짐없이 두루 알리고, 백성들의 뜻이 어디에 있는지 그 소재를 상부에 잘 전달하며, 상부의 부당한 압력을 배제해 백성을 보호해야 한다. 수령이라면 백성을 사랑하는 애휼정치愛恤政治(불쌍히 여기고 은혜를 베푸는 정치)에 최선을 다해야 한다.

　다산의 이 당부는 당시 지방에서 백성을 다스리는 목민관을 향한 것이지만, 오늘날 모든 지도자에게도 해당한다. 특히 사람들 위에 군림하려는 사람은 더욱 절실히 새겨야 한다. 《신자愼子》에는 "성인이 천하를 통치할 수 있는 바탕은 받는 것에 있지 빼앗는 것에 있지 않다(성인지유천하야 수지야 비취지야 聖人之有天下也 受之也 非取之也)"라고 실려 있다.

자신의 부와 지위, 그리고 권력으로 군림하는 것은 존경을 빼앗으려고 하는 행동이나 다름없다. 진정한 존경은 상대방을 존중하는 데서 나온다. 먼저 상대를 인정하고 존중하면, 신뢰와 존경의 마음은 자연스럽게 돌아올 것이다.

···

누구에게나 예를 다한다면
아무도 당신을 함부로 하지 못할 것이다.

오직 사람만이 마음을
소리로 듣고 부끄러워한다

天知神知我知子知 何謂無知
천지신지아지자지 하위무지

하늘이 알고 귀신이 알고 내가 알고 그대가 아는데,
어찌 아는 이가 없다고 하는가?

_《후한서》〈양진열전楊震列傳〉

양진이 천거한 왕밀이 창읍의 수령이 되었다. 양진에게 감사 인사를 드리면서 황금 열 근을 바쳤다. 그러자 양진이 말했다. "나는 그대를 아는데 그대는 어째서 나를 알지 못하는가?"

이에 왕밀이 "늦은 밤이라 아무도 모를 것입니다"라고 답하자 양진이 이렇게 말했다.

"하늘이 알고 귀신이 알고 내가 알고 그대가 아는데, 어찌 아는 이가 없다고 하는가?" 왕밀은 더 말을 잇지 못하고 부끄러워하며 물러났다.

양진이 왕밀을 천거했던 이유는 그 사람됨과 능력을 인정했기 때문이다. 사심 없이 천거했기에 당연히 보답을 바라지 않았을 것이다. 하지만 왕밀은 은혜를 입고도 가만히 있는 것은 도리가 아니라고 생각했다. 어떻

다산의 마지막 습관

게 보면 수긍이 가는 생각이다. 또한 은밀하게 보답한다면 누구에게도 누가 되지 않을 것이라고 믿었다.

하지만 양진은 보통 사람과는 달랐다. 그래서 왕밀에게, "나는 그대를 아는데 그대는 어째서 나를 알지 못하는가?"라고 물었을 것이다. 자신은 사심이 없이 오직 사람됨과 능력만을 믿고 천거했는데 어떻게 사적으로 은혜를 갚으려고 하느냐는 물음이다. '내가 사람을 잘못 본 게 아닌가' 하는 안타까움도 있었을 것이다.

양진이 "하늘이 알고 귀신이 알고 내가 알고 그대가 아는데 어찌 아는 이가 없다고 하는가?"라고 했던 데에는 두 가지 의미가 있다.

하나는 누구도 모르는 비밀은 있을 수 없으며 설사 둘만 아는 비밀이라고 해도 언젠가는 밝혀져 치욕을 안길 수도 있다는 통찰이다. 그만큼 사람의 마음이란 흔들리기 쉽다는 것이다. 이를 말해주는 고사가 있다. 한나라 경제 때 제후였던 오왕이 반란을 일으키려 하자 그 신하인 매승이 오왕을 만류하기 위해 쓴 상소문에 실려 있는 글이다.

"남들이 듣지 못하게 하려면 애초에 말을 하지 않으면 되고, 사람들이 모르게 하고 싶으면 그런 행동을 하지 않으면 됩니다." 만약 은밀히 감추고자 하는 일이 있다면, 최선의 방법은 그 일을 하지 않는 것이다. 말도 마찬가지다. 남들이 들으면 부끄러운 말은 하지 않아야 한다.

또 하나는 아무도 모르는 곳에서도 반드시 자신을 지켜야 한다는 신독의 자세다. 신독이란《중용》,《대학》등 가장 중요한 경전에 거듭 실린 수양의 자세다. 아무도 보지 않는 곳에서도 자신을 바르게 하는 경지라고 할 수 있다. 앞서 언급했던 적이 있는데, 그만큼 수양에 있어서 중요한 덕목이기 때문에 거듭 이야기한다. 《대학》에는 이렇게 실려 있다.

"그 뜻을 성실히 한다는 것은 스스로 속이지 않는 것이니 나쁜 냄새를 싫어하듯 하며 좋은 빛을 좋아하듯 한다. 이것이 스스로 삼감이니, 군자는 반드시 홀로 있을 때 신실해야 한다. 소인은 한가하게 있을 때 못하는 짓이 없다가 군자를 보고 난 뒤에 슬며시 나쁜 행실을 가리고 선한 것만 드러내지만, 사람들이 알아보기를 마치 자신의 폐부를 보는 듯 환히 볼 것인데 그렇다면 무슨 유익함이 있겠는가. 이를 일컬어 '내면의 성실함이 겉으로 드러난다'고 하는 것이다. 때문에 군자는 반드시 홀로 있을 때 삼간다. 증자가 말하기를 '열 눈이 보고 열 손이 가리키니 무섭구나'라고 했다. 부는 집을 윤택하게 하고 덕은 몸을 윤택하게 한다. 마음이 넓고 몸은 편안하니 그러므로 군자는 반드시 그 뜻을 성실히 해야 한다."

〈전6장〉에 실려 있는 글로 '군자는 반드시 그 홀로 있을 때 삼간다(고군자필신기독야故君子必慎其獨也)'가 신독을 말해준다. 그 뜻을 성실히 한다는 뜻의 '성誠'을 이루기 위해서는 반드시 혼자 있을 때도 삼갈 수 있어야 한다는 것이다.

나는 나에게만큼은
손가락질을 받고 싶지 않다

오랜 귀양살이에서 다산이 무엇보다도 지키려 했던 것 또한 바로 부끄러움을 아는 것이었다. 남들이 알면 부끄러운 일, 무엇보다도 스스로 부끄러운 일은 하지 않으려고 했다. 귀양이 풀려서 집으로 돌아갈 수 있는 기회를 맞는다고 해도 마찬가지였다. 그는 차라리 귀양지에서 생을 다하더라도 스스로 부끄러운 일은 하지 않겠다고 결심했다. 다산은 당시 권력자에게 청원의 편지를 보내서라도 귀양을 풀어보자고 청하는 아들 학연에게 이렇게 편지를 보냈다.

돌아가고 돌아오지 못하는 것이야 큰일이기는 하지만 죽고 사는 일에 견준다면 하찮은 일이다. 사람이란 생선을 버리고 곰 발바닥을 취해야 할 때가 있는 법이다. 하물며 사소한 일로 남을 향해 꼬리를 흔들며 동정을 구걸한다면, 만에 하나 국경에 난리가 일어나면 임금을 저버리고 오랑캐에 투항하지 않을 자가 몇이나 되겠는가? 내가 살아 돌아오는 것도 운명이요, 끝내 돌아가지 못하는 것 또한 운명이다. 그러나 사람의 도리를 닦지 않고 천명만 기다린다면 이치에 합당치 않다. 나는 사람의 도리를 이미 다했다. 그럼에도 돌아가지 못한다면 이 또한 운명일 따름이다. 강씨의 자식이 어찌 나를 돌아가지 못하게 할 수 있겠는가? 마음을 편히 갖고 염려하지 마라. 잠시 세월을 기다리는 것이 합당한 도리인즉, 다시는 이러쿵저러쿵하지 마라.

당시 다산은 귀양살이를 끝낼 수 있었지만 그에게 원한을 품고 있던 권신들이 반대해서 결국엔 돌아올 수 없었다. 아들이 답답한 마음에 이들에게 사죄의 편지를 보내 석방을 도모하자고 권하자 다산은 아들에게 이렇게 답했다.

다산 자신도 역시 고단한 귀양살이에서 풀려나고 싶은 마음은 간절했을 것이다. 하지만 불의한 자에게 고개를 숙이는 것은 차라리 타향에서 죽을지언정 할 수 없었다. 이 편지를 보낸 후 얼마 지나지 않아 다산은 유배에서 풀려 고향으로 돌아올 수 있었다.

사람들은 누구나 곤란에 처하면 굽히고 싶은 마음이 생긴다. 남들이 알지 못하는 일, 사소한 일, 혹은 남들도 다 한다고 여겨 무뎌진 일에는 쉽게 타협한다. 물론 수양의 최고 경지에 이른 사람들처럼 엄격하게 도덕성을 지키는 것은 쉽지 않은 일이다. 하지만 그렇다고 스스로를 포기해서는 안 된다.

타협하고 싶을 때마다 새겨야 할 것은 '부끄러운 일은 아닌가?'라고 자문하며 스스로를 돌아보는 자세다. 부끄러움이란 마음의 소리를 들을 때 생겨나는 감정이다. 마음(심心)에 귀(이耳)를 기울일 때 생겨나는 감정, 부끄러움(치恥). 스스로 절제할 수 있는 가장 큰 힘이다.

...

**아직 부끄러운 줄을 안다면
더 나아질 수 있다.**

다산의 마지막 습관

스스로를 과시하고자
정의와 상식에 기대지 말라

范忠宣公戒子弟曰 人雖至愚責人則明 雖有聰明恕己則昏
爾曹但常以責人之心責己 恕己之心恕人 不患不到聖賢地位也
범충선공계자제왈 인수지우책인즉명 수유총명서기즉혼
이조단상이책인지심책기 서기지심서인 불환부도성현지위야

범충선공이 자제를 가르쳤다. "사람이 어리석더라도
남을 꾸짖는 데는 밝고, 총명하더라도 자기를 용서하는 데는 어둡다.
너희들이 항상 남을 꾸짖는 마음으로 자신을 꾸짖고, 자기를 용서하는 마음으로
남을 용서한다면 성현의 경지에 이르지 못함을 근심하지 않을 것이다.

_《송명신언행록》

공자의 제자 번지가 무에서 노닐다가 공자에게 물었다. "감히 덕을 숭상하는 것과 사특함을 다스리는 것과 미혹됨을 분별하는 것에 대해 여쭙겠습니다." 이 물음에 공자는 "참 좋은 질문이구나!" 하고 칭찬한다. 항상 엉뚱한 것을 물어서 공자에게 혼나곤 했던 번지가 칭찬을 받은 흔치 않은 풍경이다. 그리고 공자는 이렇게 제자를 하나하나 깨우쳐 준다.

"일을 먼저 한 후에 얻으면 덕을 숭상하는 게 아니겠는가. 자신의 추악한 면을 다스리되 남의 추악한 면을 다스리려 함이 없으면 사특함을 다스리는 게 아니겠는가. 하루아침에 화남으로 그 몸을 망각해 어버이에게까지 이르도록 한다면 미혹됨이 아니겠는가."

일하지 않으면서 받기를 원한다면 욕심을 다스리지 못하는 것이다. 땀을 흘리지 않고 소득을 노리는 것은 덕이 있는 사람이 할 일이 아니다. 자기의 악한 면을 다스리지 않으면서 다른 사람의 악함만을 탓한다면 정의롭지 못한 것이다. 분노에 휘둘려 남에게 폐를 끼친다면 절제하지 못하는 것이다. 감정을 다스리지 못하면 자신은 물론 부모에게도 곤란이 닥치게 된다. 그리고 이 모두는 바로 가르침을 제대로 행하지 못하는 사람의 모습이다.

범충선공이 말했던 앞의 예문은 공자의 가르침 가운데 두 번째, 자신의 악한 면을 다스리지 못하면서 남의 악함을 다스리려 해서는 안 된다는 가르침을 주고 있다. 정의롭지 못할 뿐만 아니라 사특한 일이라는 것이다. 그리고 이러한 스스로의 악한 면을 다스릴 수만 있다면 성현의 경지에 이를 수 있다고 말한다.

하지만 사람들은 자신에게는 너그럽고 남에게는 엄격한 면을 보일 때가 많다. 인간이기에 가지는 어쩔 수 없는 한계일 것이다. 공자는 끊임없이 사람들의 이러한 모습을 경계했다. 공자의 핵심철학인 서恕 역시 자신을 대하듯 남을 대하기 어렵기에 철저히 수양해야 한다는 가르침이다.

《여형공잡지》에는 "내가 원하지 않는 것을 남에게 하지 말라(기소불욕물시어인己所不欲勿施於人)"라는 공자의 핵심철학을 일상에서 실천하는 방법이 나온다.

"자기 결점을 찾아서 고쳐야 하지만 남의 결점에는 관대해야 한다. 자기 결점을 고치려고 하면 밤낮으로 점검해 조금이라도 미진한 점을 발견했을 때 마음에 부끄러움이 남는다. 그렇다면 어떻게 남을 점검할 겨를이 있겠는가?"

스스로 부족함을 깨닫고 공부에 매진한다면 남의 결점에 눈을 돌릴 여유가 없어진다. 밤낮으로 자신을 둘러본다면 누구나 자신의 부족함을 깨닫게 되기 때문에, 반성하고 성찰하기에도 바빠 남을 둘러볼 여유도 관심도 없어진다.

하지만 자신에 대해 자만한다면 남의 결점을 찾게 된다. 그리고 교만한 마음으로 스스로를 남과 비교하게 된다. 자신보다 모자란 사람을 보고서는 안도하게 되고, 또 쉽게 비난하기도 한다. 심지어 주변 사람들을 비교하면서 장단점을 따진다. 공자와 제자 자공의 고사가 이를 잘 말해준다. 자공이 사람들을 비교하자 공자가 말했다.

"사賜(자공의 이름)는 현명한가 보구나. 나는 바빠서 그럴 겨를이 없다."

비난에는 자격이 필요하고, 자격을 갖추면 비난하지 않는다

자신의 부족함을 알고 수양하는 사람은 남과 비교할 시간이 없다. 스스로의 부족함이 안타깝고, 더 나은 사람이 되고 싶은 마음에 조급해진다. 뛰어난 사람일수록 더욱 그렇다. 다산 또한 그랬다. 다음은 사촌동생 공권公權이 '강릉의 문장가 최동호崔東浩의 시를 품평해달라'고 청하자 다산이 망설이며 했던 말이다.

내가 남의 시권試券을 열람한 것이 백을 헤아릴 정도인데, 굳이 헐뜯어야 할 것인가? 사람들이 싫어할 것이다. 그렇다면 칭찬해야 하는가? 그것은 내가 싫어하는 것이다. 그러므로 이런 일을 만나게 되면 이마에 주름부터 잡히고 눈썹이 곤두선다.

다산은 함부로 다른 사람을 평가하지도 비판하지도 않고자 했다. 그러면서도 최동호의 문장이 뛰어남을 확인하고는 서둘러 그가 머무는 곳으로 달려갔다. 남을 함부로 평가하지 않지만 뛰어난 점을 보면 사심 없이 인정했던 것이다.

오늘날에도 자신의 이익과 성공을 위해 남을 공격하는 사람이 많다. 심지어 자신에게 비슷한 허물이 있는데도 짐짓 감춰두고 남을 공격하는 이중적이고 위선적인 처신을 하는 사람도 있다. "나의 단점으로 다른 사람의 단점을 공격한다"의 뜻을 가진 이단공단以短攻短의 자세다.

또한 상대의 잘못이나 사회적 불의를 보고 분개하지만 정작 자기 자신에게도 그런 모습이 있음은 알지 못한다. 이런 사람들에게서 쉽게 찾을 수 있는 특징은 주로 공개적인 곳에서 자신의 의를 드러내려고 애쓰는 것이다. 이런 풍조가 심하기에 '내로남불'이라는 해괴한 신조어까지 생기게 됐을 것이다.

자신을 돌아보는 일이 쉽지 않았기에 옛 선비들은 끊임없이 자신을 돌아보기 위해 수양을 쉬지 않았다. 자신의 수양뿐만이 아니라 세상의 풍조가 그렇게 흘러갈 것이 두려웠기 때문이다. 그들은 먼저 자신을 바로 잡아야 세상을 바로 잡을 수 있고, 사람들에게 '올바르게 살자'라고 주장할 수 있는 자격이 주어진다는 것을 알고 있었다.

선비들은 스스로에 대한 엄격함이 다른 이들을 배려할 수 있는 근원이 된다는 것 또한 알고 있었다. 이러한 자세를 말해주는 성어가 있다. "다른 사람을 대할 때는 봄바람처럼 부드럽게 하고, 스스로에 대해서는 가을 서리처럼 엄격하게 하라(대인춘풍 지기추상^{待人春風 持己秋霜})."

안타깝게도 선비들의 자세를 입으로만 떠들 뿐 거꾸로 행하는 사람이 많다. 더 안타까운 점은 이런 자신의 모습을 전혀 깨닫지 못하는 것이다. 그리고 가장 안타까운 점은 알면서도 짐짓 모른 체한다는 것이다.

···

사람은 자신과 비슷한 모습과 맞닥뜨렸을 때
비난하고 혐오한다.
그래서 어른은 눈앞에 선 괴물이
혹시 거울에 비친 자신이 아닐까 점검한다.

기본으로 돌아간다는 것

다산의 마지막 습관

1판 38쇄 발행 2023년 13월 22일
2판 1쇄 발행 2023년 11월 29일
2판 2쇄 발행 2025년 1월 22일

지은이 조윤제
펴낸이 고병욱

펴낸곳 청림출판(주)
등록 제2023-000081호

본사 04799 서울시 성동구 아차산로17길 49 1010호 청림출판(주)
제2사옥 10881 경기도 파주시 회동길 173 청림아트스페이스
전화 02-546-4341   **팩스** 02-546-8053

홈페이지 www.chungrim.com   **이메일** cr2@chungrim.com
인스타그램 @chungrimbooks   **블로그** blog.naver.com/chungrimpub
페이스북 www.facebook.com/chungrimpub

ⓒ 조윤제, 2023

ISBN 978-89-352-1443-3 03100

※ 이 책은 저작권법에 따라 보호를 받는 저작물이므로 무단 전재와 무단 복제를 금합니다.
※ 책값은 뒤표지에 있습니다. 잘못된 책은 구입하신 서점에서 바꾸어 드립니다.
※ 청림출판은 청림출판(주)의 경제경영 브랜드입니다.